U0650486

基于 IATF16949 质量管理体系实战应用

王继武　著

中国铁道出版社有限公司

CHINA RAILWAY PUBLISHING HOUSE CO., LTD.

图书在版编目(CIP)数据

基于 IATF 16949 质量管理体系实战应用/王继武
著. —北京:中国铁道出版社有限公司,2022.9
ISBN 978-7-113-29424-3

Ⅰ.①基… Ⅱ.①王… Ⅲ.①制造工业-工业企业
管理-质量管理-研究-中国 Ⅳ.①F426.4

中国版本图书馆 CIP 数据核字(2022)第 118523 号

书　　名:**基于 IATF16949 质量管理体系实战应用**
JIYU IATF16949 ZHILIANG GUANLI TIXI SHIZHAN YINGYONG
作　　者:王继武

责任编辑:王　佩	**编辑部电话:**(010)51873022	**电子邮箱:**505733396@qq.com

封面设计:仙　境
责任校对:孙　玫
责任印制:赵星辰

出版发行:中国铁道出版社有限公司(100054,北京市西城区右安门西街 8 号)
印　　刷:北京铭成印刷有限公司
版　　次:2022 年 9 月第 1 版　2022 年 9 月第 1 次印刷
开　　本:710 mm×1 000 mm 1/16　**印张:**13.75　**字数:**270 千
书　　号:ISBN 978-7-113-29424-3
定　　价:79.00 元

版权所有　侵权必究

凡购买铁道版图书,如有印制质量问题,请与本社读者服务部联系调换。电话:(010)51873174
打击盗版举报电话:(010)63549461

前 言

· 缘 起

市面上关于质量管理体系的书籍不算很多，大致可以分为两类：一类是专注于质量管理体系标准条款解释的，读起来不乏让人感觉太理论化，非专业人士读起来较吃力，最麻烦的是读完后不知道如何应用；另一类是将一堆程序文件和表格堆砌在一起，读起来让人感觉与自己公司的程序文件和表格差不多，也不知道这些文件为什么要这样编写。再者，如果读者真想看程序文件或表格，上网搜索即可，完全没必要花钱买书。

当然以上两点都不是我写这本书的理由，那是什么原因促使我写一本关于质量管理体系的书呢？

第一，因为汽车行业管理的成熟度非常高，其供应链非常复杂，一辆汽车由1.5万~2万个零部件构成，涉及30多个行业，是一个产业关联度极高、涉及面极广的行业。管理大师 Peter F. Ducker 把汽车工业称为"工业中的工业"（The industry of industries），对管理要求极高。IATF 16949:2016 是汽车供应链企业建立质量管理体系的基本方法，涵盖了汽车供应链企业经营和管理的各个方面，如战略、销售、设计、采购、生产、质量、物流和人力资源等，事实上它已经超越了质量管理体系的范畴。准确地说，IATF 16949:2016 是一个被质量管理体系耽误了的企业运营管理体系。

中国的经济发展具有巨大的成长潜力，越来越多的企业管理者对提升企业运营管理有强劲的需求。无论读者是否身在汽车行业，IATF 16949:2016 这个企业运营标准都值得研究和借鉴。

第二，读书的目的是思考和交流。ISO/TS 16949 在国内的推动大约是在 2002 年前后，那时笔者已开始为企业提供 ISO/TS 16949:1999 咨询服务。ISO/TS 16949:1999 发展到今天已改版为 IATF 16949:2016，到目前已二十余年，企业也从对 ISO/TS 16949 的无知和盲从状态逐步走向成熟并开始面对它的挑战。笔者二十多年时间一直从事咨询和培训工作，服务过数百家客户，其中很多是汽车零部件企业，与这些企业不同部门的人士都有过交流或合作,交往期间他们也会向笔者提出各种关于 ISO/TS 16949 或 IATF 16949:2016 实施方面的问题或见解。这是一件很好的事情,说明企业界的人士对标准开始不盲从了。

管理是一门实践的科学,没有放之四海皆准的理论,不是管理者掌握几个规则就能管好一个公司,而是需要进行大量的思考和实践才能产生成效。笔者正是受这些企业界人士的启发,开始思考能否将他们关心的问题集结出版,除了自己能深入思考之外,还可以同企业界的朋友们进行更加广阔和深入的交流。

第三,质量管理体系的贯标从 1990 年初期开始在国内兴起,到 2000 年左右达到第一个高峰,那时候企业能通过认证是一件激动人心的事。此后它在国内的地位开始有所滑落,相关的从业人员士气低落,企业界对贯标也抱怨颇多。这其中的缘由三言两语很难说得清。笔者这些年的观察和体会就是不管是企业界还是体系贯标的从业人员,都将目光过多地聚焦在认证证书上了。要解决这个问题,我们还是要回归到商业的本质上来:创造价值。同样的道理,我们须着重考虑 IATF 16949:2016 应该如何建立和实施才能支持企业的运营,才能为汽车供应链创造更多的价值。

• 结构安排

本书从制造业运营管理的角度来探讨企业如何有效实施 IATF 16949:2016 质量管理体系,抛弃此类书籍从贯标的角度来编写的通用方式。书中首次提出质量管理体系"4+4"模型,第一个"4"基于企业运营实践的需求,笔者将 IATF 16949:2016 质量管理体系分为四大模块:经营模块、管控模块、产品模块和保障模块,打破按质量管理体系条款章节顺序的解读模式。这四个模块构成一个企业的有机体,是每个生产型企业都不可或缺的。经营模块相当于企业的"大脑",管控模块相当于企业的"四肢",产品模块相当于企业的"心脏",保障模块相当于企业的"免疫系统"。企业管好他们才能健康、可持续性地经营。

针对每个模块,笔者首先梳理对应 IATF 16949:2016 条款的逻辑关系,其中偶尔还会涉及 ISO 9001:2015 的某些条款,然后在每个模块中整理出若干个知识点,抽取条款的核心要求,最后从运营的角度对这些核心要求进行解读。笔者力求分析深入、逻辑清晰、以案例引导,使读者只需花半个到一个小时的时间,就能对 IATF 16949:2016 某个知识点的来龙去脉了解清楚。当然,企业的管理实践千差万别,IATF 16949:2016 条款则是相对不变的,笔者期望读者能多从自己企业运营的角度去思考,如何借力标准条款的要求和原理来指导自己的工作。

第二个"4"是指体系四要素模型,这是笔者在多年的咨询和培训工作中逐渐整理提炼出来的。该模型指出一个完整的体系,它包括目标、流程/规范、评价反馈机制和能力建设四个要素,指导企业如何基于运营需求去策划、建立一个具体的管理体系。

• 写作目的

编写本书的目的是希望让更多的企业能借鉴汽车供应链管理百余年的经验,而不是仅仅教企业如何去获得认证证书。笔者会向读者逐条逐字解释标准的含义,希望读者学后可以借力 IATF 16949:2016 标准条款辅助企业的运营更有成效。

企业运营不是为了满足标准的需求,但标准应服务于企业运营。笔者对 IATF 16949:2016 标准条款的解读只是其中的一种,如果能使读者有所触动,或者读者能据此提出自己的看法,这本书的目的就实现了,于笔者而言,也算是做了一件有价值的事。

• 致　谢

这本书的顺利完成,首先要感谢来自全国各地的客户,是他们的支持让笔者能坚持到今天,也从他们身上学到了书本上没有的经验和智慧,对笔者启发良多,受益匪浅。

其次,要感谢所有的合作伙伴们,是他们用辛勤的劳动为笔者创造了一个施展才华的平台。

当然,还要感谢中国铁道出版社有限公司的大力支持,让本书能顺利出版。

最后,我要感谢我的家人,感谢她们的爱、鼓励和包容,容忍我常年在外地出差,即便在家也花很多时间坐在电脑前面。

受限于本人的能力和水平,书中不妥之处在所难免,敬请读者批评指正。

王继武
2022 年 1 月 21 日

目　录

第一章

▶ 体系和流程：森林与树木的关系

1.1 什么是体系

《ISO 9000:2015 质量管理体系 基础和术语》第 3.5.1 条款将体系（system）定义为：相互关联或相互作用的一组要素。这个定义太学术化、太笼统，让一般的读者不知所云，很难有效指导企业去构建一个体系。读者即便理解这句话的意思，也没有办法用简单的语言表达出来，导致沟通不畅。

企业的运营实践告诉我们，一个体系最少应包括以下四个要素，见表 1-1：

表 1-1　体系的组成要素

要　　素	ISO 9001:2015 相关条款
目标（Why）	4.4.1 a
流程/规范（How）	4.4.1 b,f
评价反馈机制（How much/How many）	4.4.1 c,g
能力建设（People）	4.4.1 d,e

1.1.1 目标

任何体系都是为实现某个业务目标而建立的。比如：采购体系是为生产部门提供物料，确保交付的连续性，同时还要满足成本控制的要求；研发体系的目的是满足顾客的需求，将需求转化为具体的产品，且具备某种竞争优势。

ISO 9001:2015 条款"4.1 理解组织及其环境"要求："组织应确定与其宗旨和战略方向相关并影响其实现质量管理体系预期结果的能力的各种外部和内部因素。"即高层管理者根据对经营环境分析的结果确定企业的使命和预期目标，体系的目标要支持公司级的使命和目标。

不同的体系在企业的运营中扮演不同的角色，厘清两个层级目标之间的关系，有助于保持体系之间的协同和整合（align and integrate）。比如：采购体系和研发体系之间需要协同和整合。新产品的开发需要新物料或新零件，采购以此驱动供应商的新产品开发或新供应商的寻源与开发。如果采购体系与研发体系脱节,那么采购体系的目标就会受到质疑;如果研发体系与采购体系脱节,不及时提供物料或零件的规格需求,就会导致采购作业无法及时启动,那么研发体系的目标就很难达成。

目标属于顶层设计的范畴,体系的建立和实施中有很多问题源于目标的模糊与不一致。

1.1.2　流程/规范

流程/规范是达成目标的手段和方法,它是由一系列具体的活动组成,这些活动有逻辑关系。比如:采购体系的流程包括供应商开发流程、询价议价流程、采购流程、付款流程等;研发体系的流程包括市场调研流程、产品开发流程、样品制作和管理流程、研发预算管理流程、项目管理流程等。

管理者在流程中需要对每个活动进行规范,保持流程执行的一致性和一贯性。比如:对账和支付是付款流程中两个重要的活动,企业需要规范对账单的格式和内容、支付的日期和方式,让活动的参与各方对活动有明确的预期,从而减少各种无效的沟通和工作。

流程和规范的建设犹如高速公路网的建设,路线的规划、车道的多寡、何处需要设置出入口、枢纽互通立交桥等都需要策划者深思熟虑,最终才能让车辆安全、有效抵达目的地。流程之间是通过其输入和输出进行联结的,正确的输入和输出是流程运行的润滑剂。

ISO 9001:2015 条款"0.3 过程方法"给出了"单一过程要素示意图"(图 1-1),该示意图描述了一个过程或流程的全部要素。

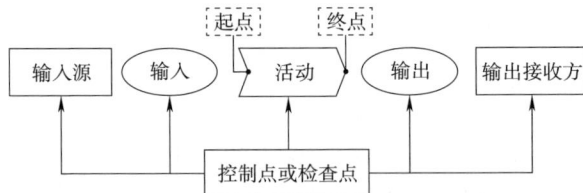

图 1-1　单一过程要素示意图

一个管理规范的企业往往不缺少流程,但执行时总会出现这样或那样的问题,其中的核心原因有两个:

一是没有清楚界定流程的起点和终点。这样导致流程之间扯皮,执行者不能准确把握开始和结束点,就会把责任推给他人,导致产生很多无效的沟通和作业。二是没有定义流程的控制点或检查点。这样就没有抓住流程的核心要害,于是开始将流程复杂化,比如增加更多的审批环节,导致人浮于事,没有人真正负责,出了问题互相推诿,最后不了了之,流程也就失效了。

【案例 1-1】分粥流程

运营现状：古代某个战乱时期，粮食欠收，山上的庙里 7 个负责后勤的和尚为每天的分粥工作而发愁……

运营目标：建立公平、高效的分粥流程。

计划的解决方案：

方案一：专人负责分粥；

方案二：每周轮流分粥；

方案三：德高望重者分粥；

方案四：建立分粥委员会、监督委员会；

方案五：每周轮流分粥，分粥人最后领粥。

问题：

- 和尚们该如何选择？
- 控制点或检查点为何？
- 对我们有何启发？

显而易见，方案五是最好的。它可以保障每个人分配到分量相等的粥，操作简单高效。在这个方法中，"分粥人最后领粥"是控制点，如果分配不均，分粥人就会领到分量最少的一碗粥，所以他会很努力地将分粥工作做得尽可能平均。其他四个方案都缺乏有效的控制点，即便方案四中有监督委员会，但时间久了，它可能和分粥委员会同流合污，而且这个监督委员会也增加了流程的运行成本。

流程的设计者或管理者应该在流程的某个环节设定至少一个控制点，上面的分粥流程是在"活动"环节设置了控制点，如果没有这个控制点或控制点选择错误，流程很难产生企业预期的结果。

对企业管理者的启发：

- 流程的设计不能以君子为基准，人性都有自私的一面；
- 流程应规范事、约束人，体现交易和博弈的结果，要符合自然规律和人性；
- 不好的流程会使人变坏，好的流程会避免使人变坏；
- 流程尽可能简单、易操作。

简而言之，合理的流程和规范可以让企业运营更具稳定性，更有效地预防问题的产生。

1.1.3　评价反馈机制

评价反馈机制包括以下三个步骤：

（1）衡量实际绩效；

（2）将实际绩效与目标进行比较；

（3）采取管理行动来纠正偏差。

为了确定实际工作的绩效究竟如何，管理者首先要收集必要的信息。这些信息来自：个人的观察、统计报表、口头汇报和书面报告。如果管理者能将这四种信息结合起来，可以大大增加信息的可信度。其次是衡量什么，这个问题是比如何衡量更关键的一个问题，如果错误地选择了衡量指标，将会导致严重的不良后果。衡量什么在很大程度上决定于体系的目标；然后就是将这些实际的工作绩效与目标进行比较确定偏差，管理者应该注意偏差的大小和方向。最后就是采取管理行动。管理者可以在三个行动方案中进行选择：什么也不做；改进实际绩效；修订目标。显然什么也不做很容易理解，这里主要讨论后两种情况。

如果偏差是实际的绩效欠佳带来的，那么管理者就应该采取纠正措施。其具体方式可以是：调整流程或规范、调整组织结构、采取补救措施或提升人员的能力；偏差也可能是来自不现实的目标，也就是目标定得太高或太低。降低目标是一件很麻烦的事情，如果某个部门的工作绩效与目标差距太大，对偏差的抱怨通常会转到目标上，比如销售人员会将没有完成销售任务归咎于太高的销售目标。因此，管理者在制定目标和修订目标时，都必须相当的慎重和严谨。

评价反馈机制是一个在衡量、比较和管理行动之间的连续流动过程，在流程实施的不同阶段进行比较，然后决定是采取纠正措施、修订目标或是什么也不做。

1.1.4　能力建设

以上三个要素的所有内容都要靠人员的参与才能完成。能力建设的核心内容包括：如何将这些人员进行编组、如何定义人员能力的需求和如何对人员进行赋能。

建立组织结构就是如何对人员进行编组，确定汇报关系和人员的岗位。组织结构是帮助管理者实现目标的手段。如果公司的目标或体系的目标发生了变化，那么管理者就要对组织结构进行调整，通过有效地配置资源，对工作绩效进行反馈和评价来保持流程间的协同。

流程或规范是由很多具体任务组成的，这些任务的组合就形成了岗位。这个组合不是随机的，因此管理者必须对岗位进行有意识的设计安排，以反映流程的要求和人员的技能。

目前的竞争环境要求企业拓宽管理宽度，实现组织结构的扁平化以减少流程的纵向变差，同时减少管理费用的支出，增进流程的纵向交流；岗位设置的另一个要求就是减少劳动分工，强调专业化的高度劳动分工会导致对立情绪，不利于组织的合作和横向沟通，体系的策划要考虑促进岗位工作的多样化和跨专业团队的建设；最后组织结构和岗位设置要促进分权化，职权和职责要向下委让，并尽可能接近顾客，以应对快速变化的顾客需求。

体系四要素的相互关系如图 1-2 所示：目标是管理者预期的结果，流程/规范和评价反馈机制是两根支柱，结果与支柱要相匹配。高标准的目标，就要匹配高标准的流程/规范与评价反馈机制，否则体系的结构就不稳固。能力建设是体系的动力来源，可以驱动其他三个要素进行 PDCA 循环，让体系保持足够的适应力和驱动力，推动企业经营绩效的提升。

"体系四要素"模型是笔者在多年的咨询和培训工作中逐渐整理提炼出来的，在实际工作中产生了良好的效果。读者根据这个模型来策划和建立管理体系，可以是针对公司级（company）的管理体系，或者是针对业务单元（division）的管理体系，也可以是针对职能领域（function）的管理体系，甚至一个工作小组（work group）都可以建立相应的管理体系。

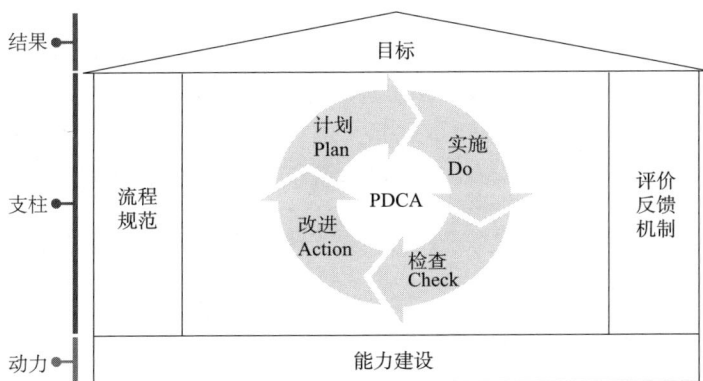

图 1-2 "体系四要素"模型

1.2 有了流程，为什么结果还不好

很多管理者常常将不良的工作绩效归咎于员工的执行力不好，他们的理由是公司已经建立了相应的流程，结果不好当然是员工执行不到位，于是在公司开展各种形式的执行力培训，然后发现效果也不是很理想。

通过前面的分析我们知道，流程只是体系的一部分。大部分通过 IATF 16949：2016 质量管理体系认证的企业也只是建立了流程而已，而且所建立的流程也仅仅是符合 IATF 16949：2016 标准条款的要求，能不能满足企业运营的需求还很难说。这也是很多管理者对体系的误会，以为建立了流程就是有体系了。

一个完整有效的体系包含表 1-1 中的四个要素，缺一不可，少了其中的一个或多个都不能称之为体系。如果没有明确的目标，员工不知道为何而做，就会缺乏将工作做好的意愿或方向。如果没有流程/规范,就会缺乏一致性的路径,那么不同的人就会用不同的方法完成工作,当然就会产生不同的工作结果,于是体系的运行就依赖个人的努力和能力。这样的体系无法传承,缺乏可持续性。如果缺乏评价反馈机制,体系就不会自我纠错,不能适应外部和内部的变化,可能产生与目标背道而驰的结果。良好的评价反馈机制能将目标和流程/规范两个要素更好的协同,让体系更加稳健。如果没有能力建设,那其余三个要素就没有实施的主体。能力建设的核心是将个人能力转化为组织能力,个人能力来自其工作经历,这些经历要选择性地融入目标、流程/规范和评价反馈机制三个要素中,才能转化为新的组织能力。这个新能力又会指导其他三个要素的自我成长和优化,换句话说,能力建设是体系自我成长和优化的源动力。

如果某个业务职能部门无法产生预期的结果,则其管理者应该思考,体系中的四个要素是否健全,或者该要素的策划是否存在缺陷,不要将责任推给员工的执行力,这是最不负责的态度。

综上所述,体系与流程的关系如同森林与树木的关系,树木是森林中最重要的一部分,没有树木何谈森林。能力建设是森林的土壤和养分,为树木的成长提供能量,维系森林的可持续性。树木的汰旧换新就是反馈机制和评价,不适合的和没有竞争力的树木要逐步淘汰,新的树木才能有机会生长,整个森林就更加健康。

【案例 1-2】某汽车零部件企业的业务运营体系

该企业的业务运营体系如图 1-3 所示。

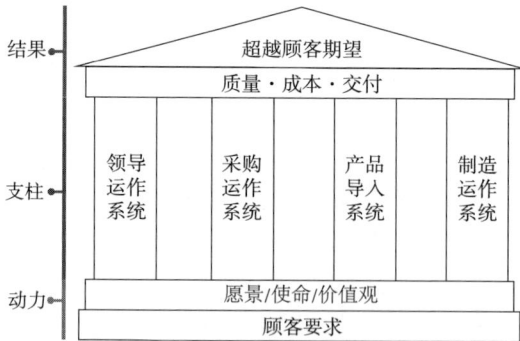

图 1-3　某汽车零部件企业的业务运营体系

该公司的业务运营体系由四个模块构成:领导运作系统、采购运作系统、产品导入系统和制造运作系统。

领导运作系统包括六类流程:组织、财务、环境、人力资源(HR)、信息技术(IT)和法务。它确保为满足顾客要求所需要资源的识别、获取、配置和管理,为业务运营创建内部环境。

　　采购运作系统包括三类流程：供应商选择、采购和供应商开发，以确保供应链能持续支持产品导入运作系统和制造运作系统。

　　产品导入系统包括五类流程：方案创建、设计和开发、设计验证、试生产和量产。产品导入系统确定了如何将产品概念转化为可制造产品的过程。

　　制造运作系统包括七类流程：物料计划与管理、制造工程、现场作业、质量控制、设施设备管理、EHS 管理和持续改进。制造运作系统定义了按照顾客要求的节拍制造和交付合格产品所需的过程。

　　以上各类流程都可以进一步细化，如供应商选择流程包括：自制与采购分析作业、寻源定点作业、供应商评估调查作业、供应商批准作业、供应商合同管理作业。

案例点评

　　很显然，该企业的业务运营体系没有机械地照搬 IATF 16949 的条款结构，虽然这个运营体系很容易取得第三方认证，但不是以认证为目标而策划建立的。它的终极目标是超越顾客的期望，再将其联结到质量、成本和交付三大类目标（可以分长期和短期），四大运作系统都是围绕这个目标来建立和实施的。整个业务运营体系的策划、建立符合体系四要素理论，该运营体系具有很好的适用性和扩充性，能根据公司的战略目标进行调整，以服务于业务运营。

第二章

▶ 管控模块：如何实施与监控流程

企业的质量管理体系就如同国家的法律体系，需要用一套书面文件描述出来，让所有员工在执行具体的任务时，做到有法所依。我们把一套书面文件称之为质量体系文件，这套质量体系文件能否被执行，全靠人员的能动性和主动性，没有全员的参与和担当，再漂亮的质量体系文件都是一堆纸，对企业没有任何价值。质量管理体系是否能有效地实施，协助企业实现业务目标，高层管理者需要对其实施成效进行监视和测量，将每天收集到的成果数据定期进行分析和评审，再根据外部环境的变化及时调整改进企业的运营。

管控模块主要是讨论如何实施流程和监控流程的实施及其结果。

本模块相关的 IATF 16949：2016 条款的逻辑关系如图 2-1 所示。

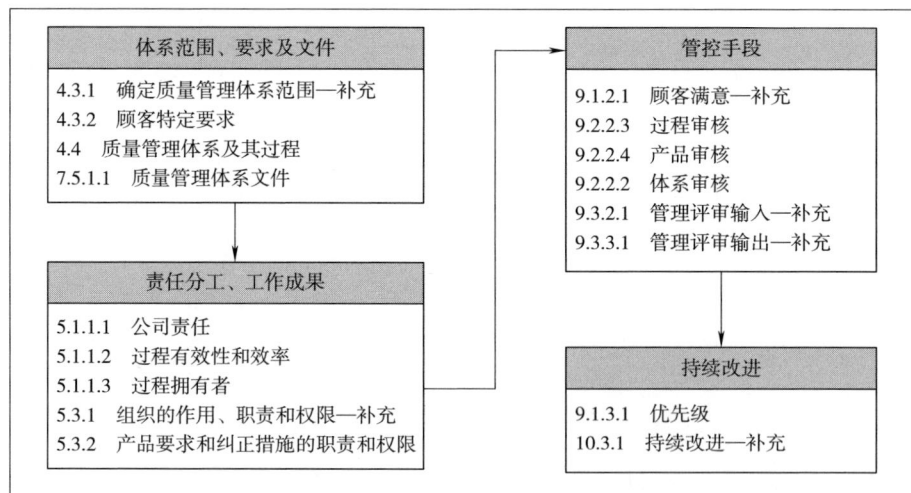

体系范围、要求及文件

4.3.1　确定质量管理体系范围—补充
4.3.2　顾客特定要求
4.4　质量管理体系及其过程
7.5.1.1　质量管理体系文件

责任分工、工作成果

5.1.1.1　公司责任
5.1.1.2　过程有效性和效率
5.1.1.3　过程拥有者
5.3.1　组织的作用、职责和权限—补充
5.3.2　产品要求和纠正措施的职责和权限

管控手段

9.1.2.1　顾客满意—补充
9.2.2.3　过程审核
9.2.2.4　产品审核
9.2.2.2　体系审核
9.3.2.1　管理评审输入—补充
9.3.3.1　管理评审输出—补充

持续改进

9.1.3.1　优先级
10.3.1　持续改进—补充

图 2-1　与管控模块相关的 IATF 16949：2016 条款的逻辑关系

2.1　质量管理体系范围

ISO 9001：2015 和 IATF 16949：2016 对质量管理体系范围的核心要求，见表 2-1。

表 2-1　关于质量管理体系范围的核心要求

条　　款	核心内容	实施措施
4.3.1　确定质量管理体系的范围	范围应描述所覆盖的产品和服务类型，如果确定……某些要求不适用……，应说明理由	质量手册中定义体系的范围
4.3.1　确定质量管理体系的范围—补充	支持职能，无论其在现场或外部（例如：RD、总部和配送中心），应包含在质量管理体系范围中 ……仅允许删减 8.3 产品设计开发要求；……删减应形成文件的信息；删减不包括制造过程设计	

2.1.1　如何定义质量管理体系范围

质量管理体系范围的描述应包括以下四项内容：

- 产品范围。企业制造、销售何种汽车零部件。
- 地点范围。企业的业务运营地点，包括外部支持职能的地点。支持职能是指非生产职能，如采购、销售、研发等职能。
- 删减的条款。如果没有产品设计责任，则可以删减与产品设计相关的条款，不能删减与制造过程设计相关的条款。
- 不适用的条款。明确对企业运营不适用的条款，如"8.3.2.3 带有嵌入式软件的产品的开发"不适用于非机电一体化产品，"8.6.3 外观项目"不适用于非内外饰件产品。

在描述产品范围时，最重要的是确定企业是否有设计责任。企业的产品设计源自以下两种情况：

- 组织的责任（包括设计外包）。
- 顾客的责任。

IATF 16949：2016 第 3.1 条款对具有设计责任的定义是："组织有权建立新的产品规范（product specification），或对现有的产品规范进行更改（change）。包括在顾客规定的应用范围内对设计性能进行试验和验证（testing and verification）。"

如果企业在认证范围内负责产品设计与开发的执行或将其外包，则其质量管理系统应包括 IATF 16949：2016 第 8.3 条款的要求。如果企业将设计过程外包给其他机构，基于 ISO 9001：2015 第 4.3 条款的要求，企业也应承担设计外包的产品责任。

【案例 2-1】设计责任的确定

国内 A 工厂是独资企业,生产发动机。总公司在境外某国家,负责全球工厂生产产品的设计和开发。A 工厂只负责生产,将产品销售给国内主机厂。

则 A 工厂的 IATF 16949:2016 质量管理体系范围:

- 有产品设计责任,不删除任何条款;
- 认证范围:发动机的设计和制造;
- 认证地点:××省××市××区××路××号;
- 外部支持场所:设计职能位于某国(具体地址),IAFT 16949:2016 的认证审核须覆盖该国总部的设计部门(只审核在 A 工厂生产产品的设计过程和相关的顾客特殊要求);
- 不适用的条款:8.6.3 外观项目。

2.1.2 设计责任的法律风险

识别设计责任有助于管理产品的法律风险和财务风险,即产品责任(包括合同责任)的归属。产品责任又称产品侵权损害赔偿责任,是指因产品有缺陷造成他人财产、人身损害,产品制造者、销售者所应承担的民事责任。产品责任这一概念有广义与狭义两种理解,广义的理解既包括产品有缺陷致人伤害所应承担的民事责任(侵权责任),也包括产品质量不合格所引起的不适当履行合同的责任(违约责任);狭义的理解仅指侵权责任。

我国没有以产品责任为题制定产品责任法,有关产品责任的法律规范分散在《中华人民共和国民法通则》(1986 年 4 月 12 日公布,1987 年 1 月 1 日起施行,2009 年 8 月 27 日修订)、《中华人民共和国消费者权益保护法》(1993 年 10 月 31 日公布,2019 年 6 月第三次修正)和《中华人民共和国产品质量法》(1993 年 2 月 22 日公布,2009 年 8 月第二次修正)等法律中。

针对汽车产品,2012 年 10 月 10 日国务院第 219 次常务会议通过《缺陷汽车产品召回管理条例》(2013 年 1 月 1 日起开始实施),及 2015 年 7 月 10 日国家质量监督检验检疫总局局务会议审议通过的《缺陷汽车产品召回管理条例实施办法》(2016 年 1 月 1 日实施),适用于在中国境内生产、销售的汽车和汽车挂车(统称汽车产品)的召回及其监督管理。

在这两个行政法规中,缺陷是指由于设计、制造、标识等原因导致的在同一批次、型号或者类别的汽车产品中普遍存在的不符合保障人身、财产安全的国家标准、行业标准的情形或者其他危及人身、财产安全的不合理的危险。召回是指汽车产品生产者对其已售出的汽车产品采取措施消除缺陷的活动。

2012 年 6 月 27 日国家质量监督检验检疫总局局务会议审议通过《家用汽车产品修理、更换、退货责任规定》(2013 年 10 月 1 日实施)。国家质检总局公布的汽车三包政策明确规定，三包有效期内，如果符合规定的退货条件、换货条件，消费者可以凭三包凭证、购车发票办理退货或换货手续。家用汽车产品保修期限不低于 3 年或者行驶里程 60 000 公里，以先到者为准；家用汽车产品三包有效期限不低于 2 年或者行驶里程 50 000 公里，以先到者为准。家用汽车产品保修期和三包有效期自销售者开具购车发票之日起计算。

这些法律法规的先后出台和实施，会使汽车行业的厂商，面临越来越大的市场压力。所以企业在合同评审时(包括与供应商签订的采购合同)，应识别和确定有哪些产品责任方面的法律风险；应考虑在产品设计阶段和制造阶段该如何去管控这些风险，如在产品设计阶段实施 FMEA，识别和评估产品的法律风险，并进行必要的设计评审、设计验证和设计确认，提供具体的证据说明这些风险已得到有效的控制；在产品的制造阶段，应实施相应的检测活动，以确保这些风险已得到持续有效的控制。

2.1.3　质量管理体系范围对企业运营的影响

质量管理体系范围的定义对企业运营的影响主要体现在以下三个方面：

- 第三方认证费用。有无设计责任影响审核的人天数。
- 企业的业务拓展。越来越多的客户重视供应商是否有设计能力，没有设计能力的企业可能连报价的机会都没有，所以企业必须重视认证范围的识别。主机厂都是全球范围内搜寻供应商，这也是 IATF 16949:2016 认证的核心价值之一。
- 企业的内部管理。在【案例 2-1】中，如果 A 工厂没有业务流程来管理与总部研发部门的互动工作，那么在 A 工厂生产的产品质量风险将增加，进一步会产生相应的法律风险和财务风险。

2.2　顾客特定要求

IATF 16949:2016 对顾客特定要求的核心要求，见表 2-2。

表 2-2　关于顾客特定要求的核心要求

条　　款	核心内容	实施措施
4.3.2　顾客特定要求	……应评价顾客特定要求，并包含在质量管理体系范围内……	质量手册中定义：CSR 与过程矩阵表 　具体的文件或表格中描述顾客特定要求的实施细节

2.2.1 顾客特定要求的定义

IATF 16949:2016 第 3.1 条款对顾客特定要求(customer-specific requirements:CSRs)的定义:"是指对 IATF 16949:2016 标准特定条款的解释或与该条款有关的补充要求。"

有时候也翻译为顾客特殊要求,但这两种翻译都会引起读者的误会,这些要求并不一定很特殊或特别,准确的翻译应该是顾客补充或新增要求。简单地说,如果主机厂认为 IATF 16949:2016 某个条款的要求不能满足其管理供应商的需求,那么它就会增加或补充额外的要求,并把这些新增或补充的要求形成文件。该文件我们称之为顾客特定要求或顾客特殊要求。

【案例 2-2】通用汽车的顾客特定要求

> 9.1.2.1 顾客满意—补充
> 应对内外部绩效指标的持续评价来监视顾客满意度;……绩效指标应基于客观数据,包括但不局限于
> ……
> *BIQS 认证*
> *组织应取得及维持 BIQS 或 QSB 认证*
> *BIQS 或 QSB 认证被取消后,组织应在 5 个工作日内通知其认证机构*
> *BIQS 或 QSB 认证取消应导致组织的认证机构开立严重不符合*

文字框中的正体字是 IATF 16949:2016 的要求,适用于所有使用 IATF 16949:2016 标准的企业;斜体字是通用汽车对供应商关于"9.1.2.1 顾客满意—补充"的额外要求,仅适应于通用汽车的供应商。如果企业是通用汽车的供应商,那么就要在质量手册中明确 BIQS 认证的要求,具体的实施细节应在相应的程序文件中规定。

表 2-3 列举了 IATF 16949:2016 条款对顾客特定要求的实施有具体的要求:

表 2-3 IATF 16949:2016 条款对顾客特定要求的实施要求

IATF 16949 条款	实施要求
7.2.3 ……考虑到任何顾客特定要求 b 理解适用的顾客特定要求	内审员的资质认可应满足顾客特定要求 体系内审员应学习和理解相关的顾客特定要求的应用
7.2.4 ……第二方审核员应符合顾客对审核员资质的特定要求,…… b 理解适用的顾客特定要求	第二方审核员的资质认可应满足顾客的要求 第二方审核员需要学习和理解相关的顾客特定要求的应用

续上表

IATF 16949 条款	实施要求
7.5.1.1　d 显示组织质量管理体系哪些地方满足了顾客特定要求的文件	质量手册中应识别企业要满足哪些顾客特定要求,及这些要求应落地到哪些文件中
8.5.1.5　e 适用的顾客特定要求	企业在实施全员设备维护时,应满足顾客对设备维护的具体要求

2.2.2　顾客要求与顾客特定要求的区别

顾客要求(customer requirements):是指顾客规定的一切要求(如:技术、商业、产品及制造过程相关要求;一般条款与条件;顾客特定要求等)。

顾客要求一般由多方面组成,如:

- 技术要求。如产品规格书、技术条件、图纸、配方、工艺标准等。
- 合同、协议。销售合同、质量协议、技术协议、索赔协议等,明确买卖双方的权利和义务。
- 质量标准。产品的测试标准、抽样标准、验收标准等。

这些要求都是与具体的产品或项目相关的,无论这些要求有多苛刻或标准有多高,他们都不特殊,都只是某个顾客的要求,在 IATF 16949:2016 标准中都称之为顾客要求。

顾客特定要求是与 IATF 16949:2016 质量管理体系相关的,是顾客对某个条款的补充要求或额外的要求,与交易的具体产品无关,是顾客对供应商的业务流程和操作规范的要求。这里需要特别注意的是顾客特定要求不是特殊特性,特殊特性属于顾客要求的范畴。

2.2.3　从哪里获取顾客特定要求

如果企业的顾客是 IATF 成员主机厂,如以下主机厂的 CSR,可以从 IATF 官网下载:

BMW:Customer specific requirements

Daimler:Customer specific requirements of DAG

FCA:EMEA/LATAM Regions Customer Specific Requirements for IATF 16949:2016

Ford:Customer-Specific Requirements for IATF 16949

General Motors:IATF 16949-Customer Specific Requirements

PSA Group:Customer-Specific Requirements for use with IATF 16949

RENAULT Group:Customer-Specific Requirements for use with IATF 16949

Volkswagen：IATF 16949：Customer-Specific-Requirements（CSRs）of Volkswagen Group

非 IATF 成员主机厂或非主机厂的供应商,需要从他们的供应商 B2B 网站下载或向其采购部、SQE 部门索取。请注意,顾客不一定会主动向供应商提供 CSR 文档,但供应商必须符合这些 CSR 的要求。

除此之外,有一些顾客的特定要求(CSR)可能体现在其供应商管理手册、合同或协议书中。

2.2.4　如何从 IATF 16949:2016 条款中识别可能的顾客特定要求

【案例 2-3】如何从 IATF 16949：2016 条款中识别顾客特定要求

8.3.4.1　监视

......

在顾客有所要求时,应在顾客规定或同意的阶段向顾客报告对产品和过程开发活动的测量

8.3.4.4　产品批准过程

......

如顾客要求,在装运前应获得文件化的产品批准。应保留此批准记录

8.3.6.1　设计和开发更改—补充

......

如顾客要求,应在实施前,获得形成文件的批准或弃权

如果 IATF 16949:2016 条款中出现与斜体字中"如顾客要求"相类似的文字,企业需要与其顾客确定这些要求。如果顾客有相应的具体要求,那么这些具体要求就是顾客的特定要求,企业需要将这些要求落实到具体的业务流程或操作规范中。

关于顾客特定要求如何在文件中体现,请参阅"2.4.3 如何编制质量手册"中的描述。

除此之外,还有一部分主机厂的 CSR,见表 2-4。

表 2-4　部分主机厂的"顾客特定要求"

主 机 厂	顾客特定要求
通用汽车	BIQS

主 机 厂	顾客特定要求
BMW	RFI-Request for Information 2.0
PSA	QSB+
大众	Formel-Q
福特	Q-1
现代汽车、起亚汽车	SQ-MARK 认证
日产	ASES
丰田	Supplier Quality Assurance Manual：SQAM
本田	Supplier Quality Manual：SQM

顾客特定要求和顾客要求对企业运营的影响：

- 顾客特定要求。首先影响顾客二方审核结果，其次影响企业的业务流程建设，最后影响企业新产品项目的实施。
- 顾客要求。影响企业新产品项目的实施，如：投标、产品开发、项目管理、交付等。

2.3　过程方法与乌龟图

ISO 9001：2015 对过程方法的核心要求，见表 2-5。

表 2-5　关于过程方法的核心要求

条　款	核心内容	实施措施
0.3　过程方法	在质量管理体系中应用过程方法能够 a. 理解并持续满足要求 b. 从增值的角度考虑过程 c. 获得有效的过程绩效 d. 在评价数据和信息的基础上改进过程	运用过程方法策划建立体系
4.4.1	应确定质量管理体系所须的过程及其应用，且应 a. 确定过程输入和期望的输出 b. 确定过程的顺序和相互作用 c. 确定应用准则和方法（包括绩效指标）…… d. 确定所须的资源并确保可获得 e. 分配过程的职责和权限 f. 应对风险和机遇 g. 评价这些过程，实施所须的变更…… h. 改进过程和质量管理体系	过程方法的应用乌龟图

2.3.1 过程和过程方法的定义

在《ISO 9000:2015 质量管理体系 基础和术语》第 3.4.1 条款中对过程（process）的定义是："利用输入实现预期结果的相关联系或相互作用的一组活动。"我们有时候也将过程称为流程。过程的本质是一种转化活动，属于实体范畴，其控制的对象是活动的输出，该输出有符合要求或不符合要求之分。

《ISO 9000:2015 质量管理体系 基础和术语》和 IATF 16949:2016 标准没有给出过程方法的定义。关于过程方法我们可以这样来理解：为使组织有效运作，必须识别和管理许多相互关联和相互作用的过程。系统地识别和管理组织所应用的过程，特别是这些过程之间的相互作用，称之为过程方法（process approach）。

过程方法是应用，属于保障范畴，其控制对象是过程之间的受控状态，有受控和失控之分。对企业来说，无论其是否建立质量管理体系，过程在企业是客观存在的，即将原材料、设备、技术等资源转化为产品交付给顾客，如：

营销过程：将顾客关系转化为订单；

设计过程：将技术和顾客需求转化为设计方案；

采购过程：将资金转化为原物料；

生产过程：将原物料转化为产品。

这些过程对于企业都是一种自然存在。质量管理体系的建设者没有必要根据标准条款的要求去创造一些过程，而要正确地识别企业存在哪些过程，或为了确保企业运营的有效性，需要建立哪些过程。

当然不同的过程对顾客来说价值不一样。如果过程的输入（Input）和输出（Output）都是直接对应顾客的，这种过程称之为顾客导向过程（COP：Customer Oriented Process）。对企业而言这种过程是直接创造价值的，如图 2-2 所示。如果顾客导向过程出现问题或偏差，顾客一定会投诉或不满意，类似的事件累积到某个程度就会导致顾客流失。

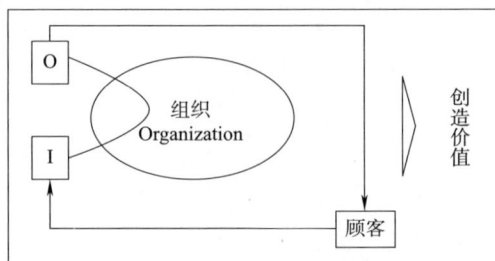

图 2-2　顾客导向过程示意图

【案例 2-4】订单处理过程

订单处理过程，如图 2-3 所示。

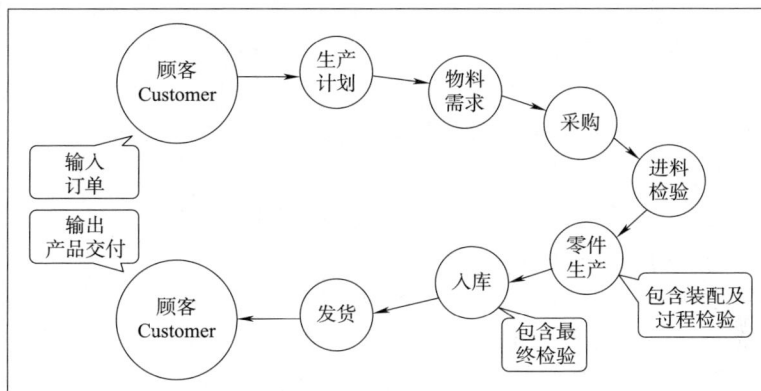

图 2-3　订单处理过程

该过程输入是顾客的订单，通过企业内部一系列过程的实施，最终将产品交付给顾客（输出）。如果企业最终不能准时交付，或交付的数量、质量有问题，则顾客会投诉或索赔。这个过程顺利完成后，企业会产生一笔应收账款，最终转化为现金流。

第二种过程我们称之为：支持过程（SP：Support Process），其目的是支持顾客导向过程的完成，或更有效率的完成，其原理如图 2-4 所示。

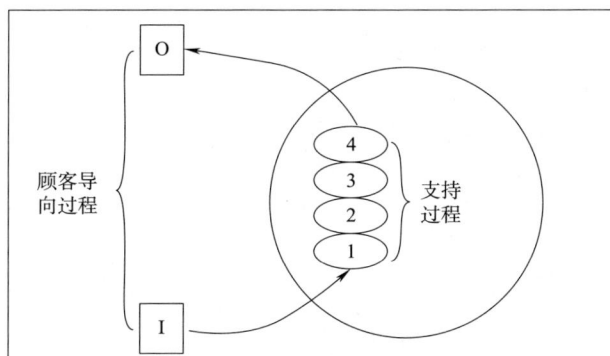

图 2-4　支持过程示意图

图 2-4 中的过程 1～过程 4 都是支持过程，共同服务于某个顾客导向过程。支持过程之间有关联，会产生所谓的内部顾客，如：过程 2 是过程 1 的内部顾客，以此类推。

在案例 2-4 中,生产计划、物料需求、采购、进料检验、生产、入库和发货都是订单处理过程的支持过程,它们能增强订单处理过程的有效性和效率。如果没有进料检验过程,订单交付过程也能实施,但可能会发生不合格物料流入制造现场,导致成本增加、交期延误;没有生产计划过程,订单处理过程也能实施,但会导致生产各环节安排混乱,最终延误交期。支持过程的另一个作用是明确内部顾客和供应商的关系,如计划部是采购部的供应商,计划部提供物料需求计划,采购部才能启动采购流程。生产部是采购部的顾客,没有足够的物料生产部无法工作。明确这种上下游关系,有助于将企业的业务流程很好地衔接起来。

顾客导向过程和支持过程都是与合同、订单有直接关联的过程。顾客导向过程是前台,支持过程是后台,直接或间接为企业产生现金流。

第三种过程是管理过程(MP:Management Process),其原理如图 2-5 所示。为了让前台和后台能很好地运作和互动,企业需要在它们之间搭建连接通道,即创建管理过程,如:企业需要人事管理过程、绩效管理过程、行政管理过程等。没有这些过程,企业也能运营,但会有很多摩擦和不顺,最终也会影响顾客导向过程的实施。比如夫妻店只有顾客导向过程和支持过程,一般不会有管理过程(如人事管理过程、行政管理过程)。如果企业具备一定的规模,还没有人事管理过程或行政管理过程,则生产过程的人员就要承担这部分工作,这既不专业也不经济。

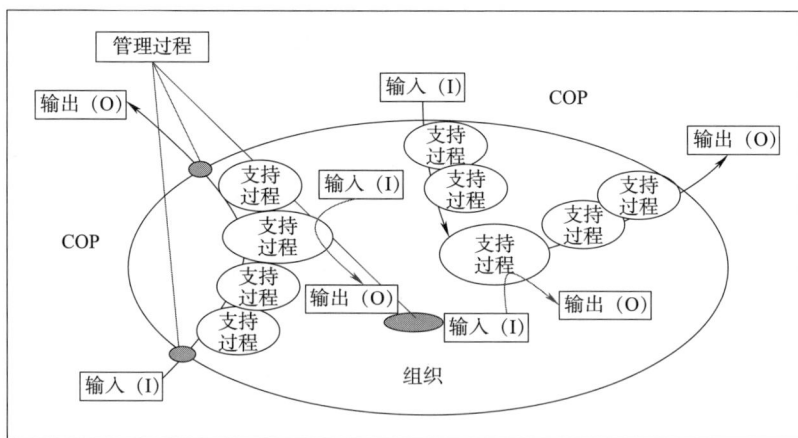

图 2-5　管理过程示意图

2.3.2　质量管理体系建立和实施的方法论

质量管理体系的建立和实施有两种方法:程序方法和过程方法。

程序方法是根据质量管理体系标准的要求建立文件,并实施文件,说通俗一点就是按规章制度做事。很多企业在创业启动阶段都是凭借创始人或管理者的个人经验去管理过程或业务流程的，看重过程的最终结果。随着企业的逐步成长和壮大，管理层希望能够事事有章可循、有法可依，于是针对不同的过程开始编写文件，并要求过程的执行者按文件的要求行事。企业在执行的过程中哪里出现问题，就创建另一个文件来应对或对已有文件进行增加修改，久而久之企业就拥有了一堆文件，还美其名曰：制度化管理。其实除了文件的编写者，到头来谁都不知道这些文件在说什么。

举个简单的例子，很多企业有员工培训过程，也会建立相应的《培训控制程序》，以此制订相应的《培训计划》，然后对各级员工进行培训、评估。如果去询问人力资源部经理，为何要对员工进行培训？得到的答案很可能是：这是根据公司的《培训控制程序》和《培训计划》要求进行的。这就是典型的程序方法，依据文件来管理，一切以文件为出发点，人力资源部还会感觉良好，因为一切都按文件有序地进行。

处于这个阶段的企业是在追求两个"符合性"，即：公司的文件符合标准要求和实施的行动符合文件要求，应该说国内大部分的企业还处于这个阶段之中。当然这并不可怕，因为这是企业发展的必由之路，可怕的是，把这个阶段当成一个最终目标。如果质量管理体系的建设者有这种思想，那想做好质量管理体系就非常困难了。

过程方法是以需求为导向，运用跨部门的工作方式，策划、建立和实施不同的相互有关联的过程，其实施原理如图 2-6 所示。IATF 16949:2016 质量管理体系要求企业必须使用过程方法来建设和实施该体系。

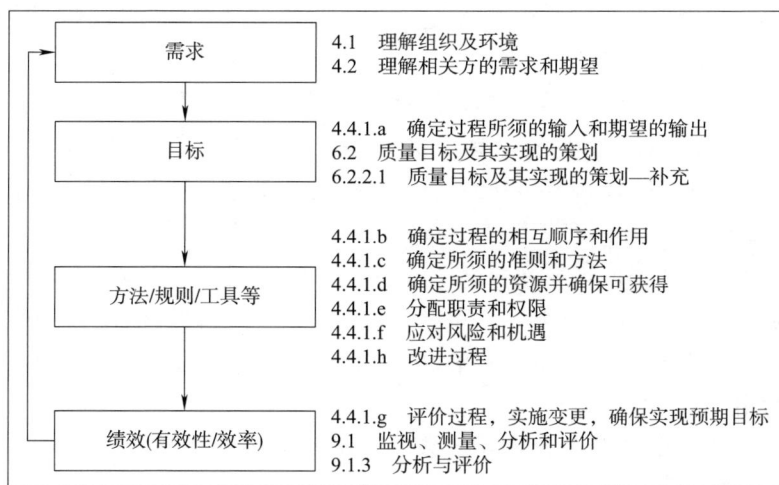

图 2-6　过程方法实施原理图

需求源自企业对商业环境的分析以及投资者的期望，通常比较笼统、不明确，如：消费者希望购买一款高性能、低能耗的车，这其中的高性能和低能耗就比较笼统。目标则是对需求的量化,如前面的高性能可用零到百公里加速度、发动机功率、风阻系数等表示;低能耗可用百公里油耗等来表示。目标不是凭空产生的,而是紧扣需求,脱离需求的目标就是空想,没有任何意义。企业要实现目标就要策划各种方法、流程、规则和工具,然后把它们文件化写出来,供实施者使用。所以文件本身不是目的,它是手段的载体,其主要用途是供沟通协调使用。IATF 16949:2016 的要求主要是描述这些方法、流程、规则和工具的基本原理。企业建立 IATF 16949:2016 质量管理体系就是将这些基本原理个性化,用这些原理来指导其过程的合理化,指导企业为了满足业务目标应如何优化运营业务流程。如果这些原理不能满足企业实现业务目标的需求,那么企业需要拓展其思路,去寻求额外的原理和方法来指导自己。最后,企业的业务流程结果是否符合预期的要求,管理者需要对其进行绩效评价。评价可以用有效性和效率两个维度进行。如果有效性和效率没有达到预期的要求,或缺乏市场竞争力,一般情况下管理者需要对这些方法、规则或工具进行整改;如果有效性和效率符合预期的要求,则称之为一个有效的过程方法。体系运行是由许许多多这样的过程方法驱动的。当市场的需求发生变化,那么目标、方法、规则、工具和绩效评价都需要随之而变,所以过程方法的核心是需求,而不是文件。企业运营的目的是满足市场需求,而不是建立一堆文件。质量管理体系的建设者和实施者应将关注的重点放在市场需求上,对市场需求做出及时、积极的响应,这样才能提升企业的竞争优势。

过程方法也可以用一个简单数学公式 $Y = F(X)$ 来表示。Y 来表示需求,可以来自市场、顾客、法律法规或企业自身;X 是一组相互有联系的方法、流程、规则或工具,其转化的最终结果就是满足 Y。

比如:销售部门接到一个新订单,需要在六个月之内向顾客交付一个新产品,于是设计部门需要启动设计过程将这个新订单转化为设计方案,但是现有的设计团队并不具备设计该新产品的技能,去外面挖人也存在一定的难度。这个时候人力资源部就要启动培训过程,将设计部门的技能需求转化为具体的培训课程。

在这个例子中,$Y =$ 向顾客交付新产品、$X_1 =$ 设计过程、$X_2 =$ 培训过程、$X_3 = \cdots\cdots$ 对设计过程来说,$Y_1 =$ 设计方案,$X_{11} =$ 设计评审、$X_{12} =$ 设计技能、$X_{13} = \cdots\cdots$ 对培训过程来说,$Y_2 =$ 设计技能,$X_{21} =$ 培训课程设计、$X_{22} =$ 培训讲师选择、$X_{23} = \cdots\cdots$ 以此类推。它们之间的联系如图 2-7 所示。

为满足 Y 的需求,质量管理体系的建设者需要识别和建立 X_1、X_2、$\cdots\cdots$,以及 Y_1、Y_2、$\cdots\cdots$ 和 X_1、X_2、$\cdots\cdots$ 之间的关联性。这些过程的负责人应管理和控制 Y 和 X 之间的相互作用,确保 Y 得到有效的满足。能够满足以上这套联系机制的方法就是"过程方法"。

在这个例子中,我们发现需求与方法、规则和工具之间是单向转化的。我们常说过程之间是相互关联的,这种单向的转化就是其关联性,转化越直接,则其相关性越

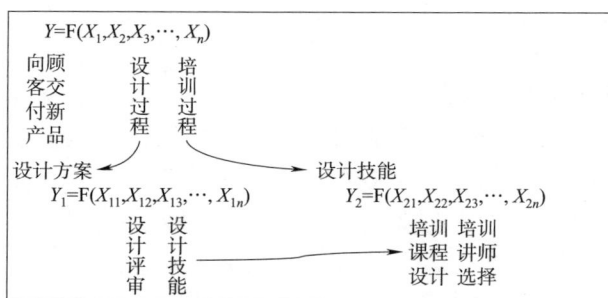

$$Y=F(X_1,X_2,X_3,\cdots,X_n)$$

向顾　　设　培
客交　　计　训
付新　　过　过
产品　　程　程

设计方案　　　　　　　　　　　　　　设计技能
$$Y_1=F(X_{11},X_{12},X_{13},\cdots,X_{1n})\qquad Y_2=F(X_{21},X_{22},X_{23},\cdots,X_{2n})$$

设　设　　　　　　　　　　　　培训　培训
计　计　　　　　　　　　　　　课程　讲师
评　技　　　　　　　　　　　　设计　选择
审　能

图 2-7　过程之间的关联

强。如果某个过程是孤立的，不是其他过程转化来的，则该过程或许就失去了存在的价值，只是在消耗企业的资源。过程之间的相关性越强，则说明企业的业务流程越有价值、越稳健，能为业务运营提供更多的价值。这种相关性是评价企业业务流程的方向，也是优化业务流程的目标，没有相关性的业务流程应尽快删除或弱化。

过程方法的核心在于如何应用分析需求，为此应正确地识别和建立过程。在识别过程时，请将标准条款放到一边，最好是忘记条款。企业应从战略目标出发，去识别和确定企业究竟需要哪些过程，以及这些过程如何关联，如何相互转化。单个过程的对与错，有时候很难判定，把它们联系起来并关联战略目标，就容易判定对与错了。

对比体系的四个要素和过程方法的构成，我们会发现其中有重叠的要素。如：目标、方法、规则、评价机制这些要素两者都有。过程是为体系服务的，所以过程的目标是服务与体系的目标；过程中的方法、规则和工具也是服务于体系中的流程和规则；过程中的需求源自体系的使命。

综上所述，程序方法和过程方法是两种截然不同的方法，其差异点总结见表 2-6。

表 2-6　程序方法与过程方法的差异

对比事项	程序方法	过程方法
关注	文件	需求
理念	说、写、做一致	随需而变
典型思考模式	是否符合文件	是否满足需求
落地行动	改文件	想方法

程序方法对企业影响最深刻的就是"说、写、做一致"，这也是很多人对质量管理体系唯一的认知。很多人关于质量管理体系的其他知识最终都忘了，但这句话永远记得，很遗憾这句话已经没有意义了。"说、写、做一致"会导致企业要小聪明，做不到的就不写，把功夫花在文件编写上。但是市场竞争不是依赖文件，有些事情企业必须做到，才能拿到订单。在供给不足的时代，程序方法或许有效，因为需求不是最重要的，

最重要的是供给,企业只要能把产品生产出来,一定能销售出去,甚至连瑕疵品都能卖出去。

如果我们将过程比作一颗颗的珍珠,这些珍珠可能大小不一,也可能有些瑕疵,其价值高低不等,就如同不同的过程其能力不一、对顾客的价值也不同。在制作珍珠项链时,工匠需要挑选、排列和组合这些珍珠,用一根线串起就会变成一条漂亮的项链,其价值远超过单颗珍珠的价值总和。工匠手中的线就如同过程方法,企业也需要一根线将这些单个能力不一的过程串起来,最终链接成一条高价值的过程链,这就是企业在策划、建立和实施质量管理体系时,应用过程方法的最大价值。没有过程方法这根线,能力再强的过程对企业来说都只是一个价值不高的过程而已。如果这根线没有维护好,断掉的话,这条高价值的价值链也就随之散掉。

质量管理体系的建设者,扮演工匠的角色,应该要有能力应用和维护好过程方法。质量管理体系会不会失控,就看过程方法这根线是否应用和维护得有成效。

2.3.3 过程分析的方法:乌龟图

企业在策划和建立 IATF 16949:2016 质量管理体系时,最常用的过程分析工具是:乌龟图(Turtle diagram),其构成如图 2-8 所示。

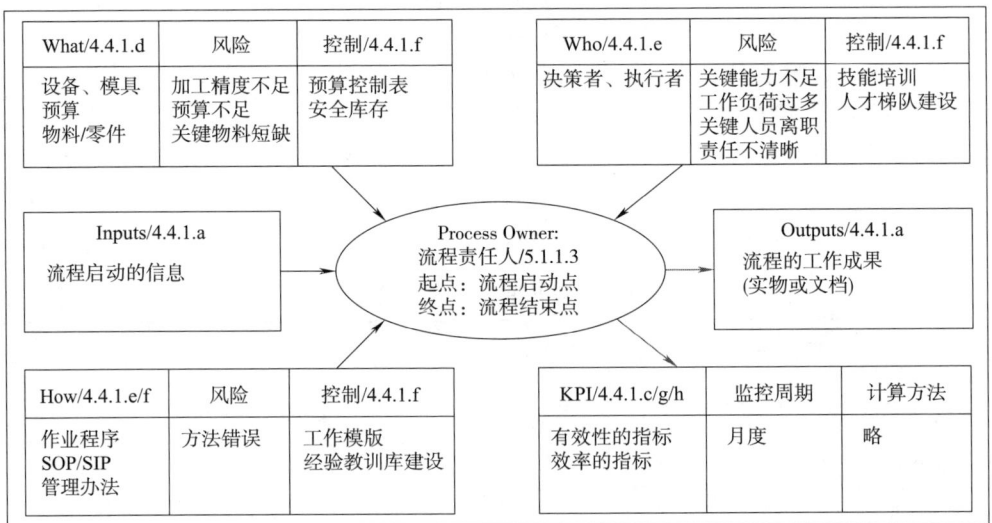

What/4.4.1.d	风险	控制/4.4.1.f
设备、模具 预算 物料/零件	加工精度不足 预算不足 关键物料短缺	预算控制表 安全库存

Who/4.4.1.e	风险	控制/4.4.1.f
决策者、执行者	关键能力不足 工作负荷过多 关键人员离职 责任不清晰	技能培训 人才梯队建设

Inputs/4.4.1.a
流程启动的信息

Process Owner:
流程责任人/5.1.1.3
起点:流程启动点
终点:流程结束点

Outputs/4.4.1.a
流程的工作成果 (实物或文档)

How/4.4.1.e/f	风险	控制/4.4.1.f
作业程序 SOP/SIP 管理办法	方法错误	工作模版 经验教训库建设

KPI/4.4.1.c/g/h	监控周期	计算方法
有效性的指标 效率的指标	月度	略

图 2-8 乌龟图的构成元素

该分析工具用于识别过程管理要素:输入、输出、资源、合资格的执行人员、作业方法和绩效指标。其中在执行人员当中指派一个为负责人(Process owner),此人对过程的成败负最终责任,责任的范围从流程的起点至终点。同时为了确保过程能产生预期的结果，企业需要对过程中的风险进行识别和管理，一般情况下风险源自人员、资源和方法。

企业创建乌龟图最好从识别输出开始。输出是过程的目标和结果，来源于过程顾客的需求；输入是过程的启动信息或关联过程的输出（启动条件）；过程的实施资源包括：机器设备、物料、资金、技术、工装模具或基础设施，是实施过程的物质基础；人员包括决策者和执行者，需要识别他们的能力需求，职责和权力的分配及汇报关系；方法是流程实施的具体规范，其载体为文件；绩效指标是对流程的反馈机制和评价，是流程决策者和执行者调整的依据。其中对人员、资源和方法三个要素当中所存在的不确定性进行识别、分析、评价和控制，即为风险管理。相同的过程在不同的企业或在不同时间点，其不确定性是不同的，这要求流程责任人和执行者及时响应这些不确定性。

借助乌龟图，我们可以确定过程的六个特性：

- 过程负责人已确定；
- 从过程起点到终点的具体步骤已定义；
- 建立和保留适当的文件化信息（文件和记录）；
- 建立过程之间的关联性（过程输入与输出之间的联系）；
- 已建立监控指标；
- 相关的风险已识别和控制。

【案例 2-5】项目管理流程的乌龟图分析

项目管理流程的乌龟图分析，如图 2-9 所示。

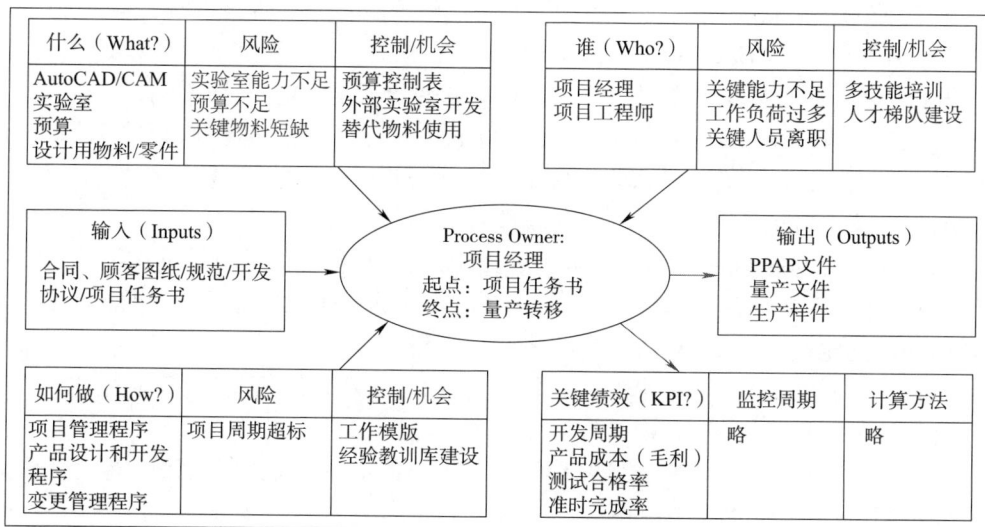

图 2-9　项目管理流程乌龟图分析

乌龟图是编制流程文件的分析工具,也是体系审核时编制查检表的工具,可以帮助我们抓住流程的核心内容。当然企业也可以用其他方法来分析流程。

创建乌龟图的原则:

- 化繁为简。突出重点,不要有点相关就将该内容放进来,导致主次不分、资源分散。
- 关注风险。流程不能达成预期目标很多情况下是风险管理不当,故需要特别关注在不同运营环境下风险的变化,及时响应。
- 结果导向。乌龟图是协助流程达成目标和预期结果的,与结果不相匹配的要素或内容都是不合理的。

2.3.4 如何为过程设定合理的监控指标

英国著名的物理学家开尔文(Lord Kelvin)说过这样一段话:"如果你能够度量你所描述的事物,而且能够将其用数字表达出来,那么可以说你是了解该事物的;但是如果你不能够度量它,那么你所掌握的知识则是不充分且不具有说服力的。"这句话清晰地表明,评估工作对认识一个事物的重要性。

对过程的绩效我们从两个维度来评价:

◆ 有效性(effectiveness)

《ISO 9000:2015 质量管理体系　基础和术语》第 3.7.11 条款中对有效性的定义是:"完成策划的活动并得到策划结果的程度。"通俗地讲,有效性就是对顾客需求(Y)的满足程度,即做正确的事情(doing right things)。

◆ 效率(efficiency)

《ISO 9000:2015 质量管理体系 基础和术语》第 3.7.10 条款中对效率的定义是:"得到的结果与所用的资源之间的关系。"也就是说要获得期望的结果,我们需要投入各种资源(X),如:人工、物料、设备、金钱、时间、方法、规则等,即正确地做事情(doing things right)。在企业实践中,对各种资源的度量有一个很好的量化指标:成本,人工、物料、设备、金钱、时间等各种资源都可以折算为成本。

明确这两者的区别对我们来说非常重要,因为这两者不仅是衡量过程绩效的基本尺度,而且还可以帮助我们认清这样一个事实:在实施某个具体过程中,可能存在内因和外因的共同驱使。比如,对生产过程我们可以设定合格率这一评估指标,从有效性角度来说,较高的合格率意味着较高的顾客满意度;从效率的角度来说,企业可以通过提升合格率来降低人工成本、物料的损耗成本等。

因此,IATF 16949:2016 质量管理体系是否最终有效,取决于过程的有效性和效率之间的组合关系,如图 2-10 所示。

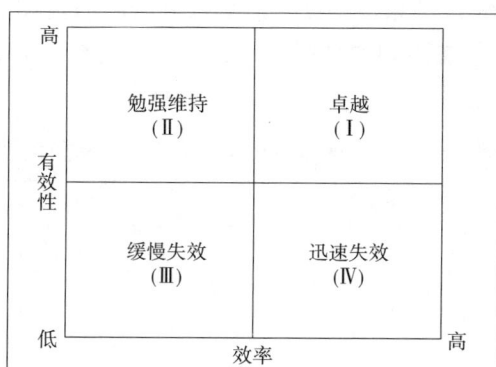

图 2-10 有效性和效率对过程的影响

对某个具体的过程来说,高有效性和高效率意味着该过程表现卓越(图中的Ⅰ象限)。如果 IATF 16949:2016 质量管理体系中的顾客导向过程基本都表现卓越,那么这家企业的 IATF 16949:2016 质量管理体系就是卓越的;高有效性和低效率意味着该过程不会持续太长时间(图中的Ⅱ象限),因为维持该过程的成本过高,过程管理者的责任就是立刻采取措施降低过程的成本;低有效性、低效率和低有效性、高效率的过程结果都是一样,只是死的速度不同而已,这两类过程需要进行彻底的变革。如果企业的 COP 过程属于这两类,则整个企业需要变革。

某个过程的具体监控指标一般可以分为以下四个类型:质量(Quality)、成本(Cost)、交期(Delivery)和安全(Safety),见表 2-7。

表 2-7 过程指标的设置维度和关注点

指标维度	关注:过程输出			关注:资源
	质量(Q)	交期(D)	安全(S)	成本(C)
有效性:关注导向性	✓	✓	✓	
效 率:关注客观性				✓

质量(Q)。某个过程的关键输出是否满足要求。

交期(D)。完成过程的全部活动所经历的时间周期或消耗的总工时。

安全(S)。实施某个过程时,发生的人身安全事故或隐患事件。

成本(C)。实施某个过程所投入的资金、人工工时、物料、动力等,最终可以折算为金钱。

有时候,这四类指标可能会存在交错重叠的现象。所谓的导向性是指:监控指标的选择既要考虑输出是否满足顾客(含内部)的需求,又要考虑能否促进管理者和操作者的改进意愿;客观性是指:能否获得客观的数据,避免人造数据。

表 2-8 列出了质量管理体系标准中对有效性和效率的具体要求,其监控的对象有组织层面、体系层面、过程层面和活动层面。企业在设定相应的监控指标时,满足这些条款的要求是基本的,还需要考虑顾客、投资人和经营者的要求。

表 2-8 ISO 9001:2015 和 IATF 16949:2016 条款对"有效性、效率"的要求

序 号	IATF 16949:2016 条款	有效性	效率	对象
1	0.3.1 总则	✓		组织
2	0.3.3 基于风险的思维	✓		体系
3	5.1.1 总则 a、h	✓		体系
4	5.1.1.2 过程有效性和效率	✓	✓	体系
5	6.1.2 b 评价这些措施的有效性	✓		过程/活动
6	6.1.2.2 预防措施 e	✓		活动
7	6.1.2.3 应急计划 e	✓		活动
8	7.1.3.1 工厂、设施及设备策划	✓		过程
9	7.1.5.2 测量溯源	✓		活动
10	7.1.5.2.1 校准/验证记录 d	✓		活动
11	7.2 能力 a、c	✓		体系/活动
12	7.3 意识	✓		活动
13	7.5.1 总则	✓		体系
14	8.4.2 控制类型和程度	✓		过程
15	8.5.1.5 全面生产维护 f		✓	活动
16	8.5.5.2 与顾客的服务协议	✓		活动
17	9.1.1 总则	✓		体系
18	9.1.2.1 顾客满意—补充		✓	活动
19	9.1.3 分析与评价	✓		体系/过程
20	9.2.2.1 内部审核方案	✓		活动
21	9.2.2.3 制造过程审核性	✓		活动
22	9.3.1 总则	✓		体系
23	9.3.2 管理评审输入 c、e	✓		过程
24	9.3.2.1 管理评审输入—补充 b、c	✓	✓	过程
25	10.1 总则 c	✓		组织
26	10.2 不合格和纠正措施 d	✓		活动
27	10.2.3 问题解决 e	✓		活动

序　号	IATF 16949：2016 条款	有效性	效率	对象
28	10.3　持续改进	✓		体系
29	10.3.1　持续改进—补充 a	✓		过程/活动

以上这些条款涉及对有效性和效率的责任分配，企业在过程和方案措施的实施过程中监控其有效性和效率，其中"5.1.1.2 过程有效性和效率"特别指出企业的高层管理需要对体系的有效性和效率负责。哪些指标可以体现质量管理体系的有效性和效率？以下供参考：

- 项目投标中标率；
- 产能利用率；
- 出货量；
- 交付；
- 回款；
- 毛利。

质量管理体系的建设/优化、项目立项/实施、组织架构/岗位设置、激励授权都应该围绕以上指标进行展开。很多体系负责人总感觉有效性是个很虚的东西，导致找不到质量管理体系的核心和落地点。质量管理体系建设不是满足审核员的要求，而是满足市场竞争对有效性和效率的要求。体系管理团队要想提高工作价值，应策划、监督各种活动提升公司运营的有效性和效率，不要沉溺于各种文件和记录之中。

【案例 2-6】过程指标设置的常见错误类型

以下这些事例是笔者在企业中发现和整理的，它展示了在设置过程监控指标时企业常犯的错误类型。很多企业因为过程指标设置不合理，做了很多无意义的工作，回头就抱怨是绩效管理害死自己了。其实不是指标本身的问题，是企业设置了错误的指标，导致行为的错误。

错误类型 1：指标不能监控过程的关键输出，其导向有错误。

过程名称	过程指标
培训过程	a. 员工培训时数统计
	b. 培训计划完成率
	c. 培训有效性
	d. 员工满意度
	e. 员工离职率

培训过程的关键输出是"技能合资格的员工"，a～e五项监控指标不能度量该关键输出。培训过程实施得好，"d. 员工满意度"和"e. 员工离职率"指标或许会表现好，但这两个指标表现好未必是培训过程带来的，很可能是高薪高福利带来的结果；"c. 培训有效性"是评估培训过程的笼统说法；"a. 员工培训时数统计"表明在培训中所投入的时间资源，不是过程输出。企业为了追求该指标的靓丽，很可能会增加大量的培训时间，但实际的工作未必需要这么多培训。

错误类型2：监控指标数据很难收集，或者需要投入大量人力才能收集。

过程名称	过程指标
记录管理过程	a. 记录100%纳入控制清单，并建立记录样册
	b. 记录便于检索（要求的记录在15分钟之内提供），符合保存期的规定
	c. 100%满足顾客和法律法规对记录的要求

上述三个监控指标的内容是"记录管理过程"的具体要求，退一步说就算是一个正确的监控指标，企业各部门每天产生的记录估计有好几百份，一个月下来有好几千份，过程的监控人员很难收集上述指标的数据。

错误类型3：监控指标的客观性不好，容易作假。

过程名称	过程指标
持续改进过程	a. 持续改进项目件数
	b. 持续改进项目按计划完成率
	c. 持续改进项目实施有效性

企业将"持续改进项目数"的指标值定低一些，比如：1件，a～b两项指标要完成也不难了。与此相类似的，在案例1中"b. 培训计划完成率"能评价培训过程的完成程度，要作假很容易，将计划的工作量安排少一些，这个指标就会易达成。这几个监控指标的客观性都不好。

错误类型4：监控指标不是针对过程的输出，也不是针对过程资源投入。

过程名称	过程指标
客户投诉处理过程	a. 客户投诉次数
	b. 8D报告及时处理率
	c. 客户退货率

"客户投诉"和"客户退货"是"客户投诉处理过程"的输入，是该过程实施的启动点，怎么能用它来监控过程表现呢？难道为了证明公司的客户投诉处理过程表现不错，还主动要求客户投诉一下？

错误类型5：监控过程指标太多、比较琐碎，不能反映过程的整体表现。

过程名称	过程指标
生产过程	a. PP 裁切报废率
	b. 铜箔使用报废率
	c. 基板良率
	d. PP 良率
	e. PP C 级率
	f. PP 报废率
	g. 钻孔板报废率
	h. ……

有些企业的生产过程工序特别多，在设定过程绩效指标时，将各工序的"良率"作为生产过程监控指标，严格来说，这些"良率"是某个工序的绩效度量，不能反映"生产过程"的整体表现。

表2-9列出的是部分常见过程的监控指标，供读者参考，举一反三。

表 2-9　常见过程的参考过程指标

过程名称	过程输出			过程资源
	指标类型			
	质量(Q)	交期(D)	安全(S)	成本(C)
订单评审过程	业务接单量			销售费用占比
	毛利			
APQP 过程	新项目中标比例	开发周期（天）		项目成本
	试产首次合格率			测试、试验及样品制作费用
	物料工时成本占比			
PPAP 过程	PPAP 首次通过率	PPAP平均延误天数		
	资料出错次数			
生产过程	产品直通率	平均入库周期	工伤件数	总产值÷直接人工总工资
	入库拒收率		安全违章次数	物料损耗成本
	生产中断次数			直接人工单位工时产值比

续上表

过程名称	过程输出			过程资源
	指标类型			
	质量(Q)	交期(D)	安全(S)	成本(C)
交付过程	交期平均周期	订单交期达成率		物流费占比
	交付出错次数	顾客中断次数		超额运费
顾客满意度过程	顾客满意度	投诉处理周期		外部失败成本
供应商开发及采购过程	物料合格率	采购平均交期		人均采购金额
	物料采购成本比			
	新供应商增加数			
模具开发过程	试模成功率	模具开发周期		模具开发成本
	模具异常停工工时			
设备设施管理过程	设备综合利用率	平均维修时间	安全事故次数	保养成本
	平均故障间隔时间			动力成本占比
	设备故障停机时间			
量具管理过程	量具校正合格率			校正、维修成本
	量具过期件数			
检验与测试过程	顾客投诉次数			检验总工时÷生产总工时比率
	漏检/误判次数			
不合格品控制过程	返工合格率			返工返修总工时
				物料消耗费用
纠正预防措施过程	问题重复发生次数	准时关闭率		
		平均周期		
生产计划过程	产能利用率			库存周转(天)
	生产计划达成率			
仓储物流管理过程	库存盘点准确率			单位面积出货金额
	呆滞库存金额			
经营计划与目标管理过程	净资产收益率			
	销售收入增长率			
	税后利润			
	质量目标达标率			

续上表

过程名称	过程输出			过程资源
	指标类型			
	质量(Q)	交期(D)	安全(S)	成本(C)
员工能力开发过程	培训合格率			培训总费用÷产值比率
	关键岗位人员到岗率			
	提案改进件数			
内审过程	外部审核不符合件数	不符合关闭及时率		
管理评审过程	改进项目件数	问题关闭及时率		
文件和记录管理过程	出错次数			

这些过程监控指标的设定和评估，需要注意以下两个要点：

◆ 设定的指标能检查和交流过程的实施状况

"你无法管理你不能评估的东西"是经常被引用的一个训诫。知道现在你在哪里和你要到哪里是最重要的。缺乏正确的评估，企业战略目标的实现和局部业务过程实施成效的提高都会变得难以控制。很多情况下，企业的利益相关方，如：投资人、员工、管理层、供应商和顾客等，他们在企业的经营绩效中有不同的权益，需要坐下来进行交流，合理的指标组合（QDCS 四种类型）和合理的评估是这些交流的基础。

◆ 确定优先等级，推动过程的进展

指标数据不仅能确定企业的业务过程已经走了多远，也能确定还需要走多远。在指标的管理中我们需要看到：指标的变化趋势、未达标的原因以及纠正措施的实施计划。指标本身不能推动过程的进展，只有当人们采取不同的方式工作（如更有效或更有效率），或业务过程发生变革时，它的影响才会显现出来，如：

A. 确定优先等级。顾客关心什么或高层关心什么，业务过程的责任者和实施者就会展现如何做才能满足顾客和高层的需求。

B. 将指标的成效与回报挂钩。人员的升迁或奖金的分配应该以业务过程的绩效为基础，这样会向员工传递一个信息：特定的指标十分重要。

C. 指标的评估使业务过程变得更加透明。没有什么能像趋势图那样清晰明确地确定某个业务过程是否达到了预期的要求。

2.4　质量手册和文件的策划

ISO 9001:2015 和 IATF 16949:2016 对质量手册和文件的核心要求见表 2-10。

表 2-10　关于质量手册和文件策划的核心要求

条　款	核心内容	实施措施
4.4.2	……组织应： a. 保持成文信息 b. 保留成文信息	创建过程所须的文件和记录
7.5.1.1　质量管理体系文件	……格式和结构自行决定……手册最少应包括： a. QMS 范围，包括删减的细节与正当理由 b. 形成文件的过程或对其引用 c. 过程及其顺序和相互作用 d. ……满足顾客特定要求的文件（如：表格、清单或矩阵表）	改变手册按条款逐条编写的模式
7.5.3　成文信息的控制	应控制……成文信息，以确保： a. 在需求的场合和时机，均可获得并适用 b. 予以妥善保护	管理文件和记录
8.5.1.2　标准化作业、操作指导书和可视化标准	……应确保标准化作业指导书： a. 沟通并被其所理解 b. 是清晰易读的 c. 以可以理解的语言呈现 d. 在工作区域易于获取 ……应包括操作者安全规则	可视化

　　文件化对于企业内部达成持续改进来说，是一项很重要的活动。考虑到以下三个主要原因，使用适当的文件是非常重要的：

- 过程已经被充分而精确的定义了，其中，包括过程的目的和范围。
- 实现企业的业务目标。业务目标通常会在书面化的方针中加以确认。书面化的程序会详述这些活动如何策划，如何执行，以达成这些业务目标。
- 对于质量管理体系的评估，使用内部审核和管理评审来建立，并维持一个持续性的质量改进回路。

　　适当的文件及其所产生的记录，能够很轻易地证明管理体系的过程是否得到有效实施和控制。企业在输出最终产品或服务的所有活动中，都应该存在客观的证据。这些活动应该包含所有适当的阶段，从设计阶段开始，到采购、生产制造，一直到产品的最终检验和交运。一个符合 IATF 16949:2016 要求的书面化质量管理体系，能够提供客观证据以显示这些活动都受到很有体系的控制。这样一来,就能够确保每一项活动都能够在下一项活动开始之前,正确地完成。

2.4.1　文件化的价值

有很多原因支持文件的使用,大部分的文件都有交错的关联,彼此互有关联性,以满足 IATF 16949:2016 的过程方法要求。文件化的价值可以归纳如下:

- 文件化能将管理信息记录下来,以供高层管理者在定义和维持质量管理体系时使用;
- 文件化能够让工作的评审、订单的变更等事项,有系统地执行下来,同时将评审结果记录下来,以避免不必要的争议,同时达成顾客满意;
- 文件化让培训、过程控制,量测和监控活动等事项,能够维持一致性和取得效果,以达成业务目标;
- 文件化可以协助目前工作程序的控制和工作文件的评审与核准,这能够确保企业使用正确版本的质量管理体系文件,以产生有效的作用;
- 文件化能够提供评审所须的资料和记录。它们可以用来协助纠正措施和促进预防措施的实施,以达成持续的改善;
- 文件化能够提供内部和外部组织间的联络记录资料。这能够确保所有相关的组织都被明确告知责任如何分配,以及活动如何执行;
- 文件化能够为符合 IATF 16949:2016 的要求和相关法律法规的要求,提出客观的证据;
- 从设计开发,一直到所有生产、交付阶段,收集而来的记录,文件化可以协助追踪产品在整个生命周期中的每一个部分;
- 关于满足顾客要求的所有产品和服务的一致性,文件化能够提供重要的证明。

文件的形成本身并不是很重要,它应是一项增值的活动。管理者如发现需要将过程形成文件时,可采用一些不同的方法,例如:图示、书面联络单、检查清单、流程图、视觉媒体或电子媒体。

ISO 9001:2015 和 IATF 16949:2016 条款对成文信息(documented information)、形成文件的过程(documented processes)、形成文件(documented)和记录(records)有明确的要求,其明细汇总见表 2-11。

表 2-11　ISO 9001:2015 和 IATF 16949:2016 对成文信息的要求

序号	ISO	IATF	条　　款	要　　求	备　　注
1	Y		4.3	范围应形成文件的信息加以保持并可获得	质量手册内容
2		Y	4.3.1	删减成形成文件的信息(见 7.5)的形式进行证明和保持	质量手册内容

序号	ISO	IATF	条 款	要 求	备 注
3		Y	4.4.1.2	应有形成文件的过程,用于产品安全有关的产品和制造过程管理	程序文件
4	Y		5.2.2	方针……作为形成文件的信息,可获得并保持	质量手册内容
5		Y	5.3.1	应向人员指派职责和权限……,应形成文件	岗位职责说明书
6		Y	6.1.2.1	应保留形成文件的信息作为风险分析结果的证据	8D
7		Y	6.1.2.2	预防措施……,d. 所采取措施的文件化信息	8D
8		Y	6.1.2.3	g. 对应急计划形成文件,并保留描述修订及更改授权人员的形成文件的信息	制订应急方案
9	Y		6.2.1	应保持质量目标的形成文件的信息	目标清单
10	Y		7.1.5.1	应保留……适当的形成文件的信息	计量报告
11		Y	7.1.5.1.1	应保留顾客接受的替代方法及其结果(见9.1.1.1)的记录	MSA 报告
12	Y		7.1.5.2	a. 当标准不存在时,验证或检定方法应保留形成文件的信息	计量报告
13		Y	7.1.5.2.1	应有一个文件化的过程,用于管理校准/验证记录……其校准/验证活动的记录应予以保持	程序文件
14		Y	7.1.5.2.1	应保留校准/验证活动的记录	计量报告
15		Y	7.1.5.2.1	d. 应保留有关此检验、测量和试验设备先前测量结果有效性的形成文件的信息	重检报告/合格证标签
16		Y	7.1.5.2.1	h. 所有量具校准和维护活动的记录	维护记录
17		Y	7.1.5.3.1	f. 相关记录的评审	批准记录
18	Y		7.1.6	知识应予以保持,并在所需范围内得到	产品与工艺文档等
19	Y		7.2	d. 保留适当的形成文件的信息,作为能力的证据	岗位职责说明书
20		Y	7.2.1	应建立并保持形成文件的过程,识别包括意识在内的培训需求	培训记录/工作履历表
21		Y	7.2.3	应形成文件化过程,用于验证内审员的能力,要考虑到任何顾客的特殊要求 应保持一份合格内审员名单	程序文件
22		Y	7.2.3	当组织的人员提供上述能力培训时,应保留形成文件的信息,证实培训师的能力满足要求	培训记录/工作履历表
23		Y	7.3.1	应保持形成文件的信息确保所有员工认识到其对产品质量的影响	岗位职责说明书/培训教材
24		Y	7.3.2	应保持形成文件的过程,激励员工实现质量目标、开展持续改进和建立促进创新的环境	程序文件

续上表

序号	ISO	IATF	条　款	要　求	备　注
25		Y	7.5.1.1	如使用系列文件,应保留一份构成组织手册的文件清单	质量手册
26		Y	7.5.3.2.1	应确定、文件化和实施记录保存方针	程序文件
27		Y	7.5.3.2.2	应有形成文件的过程,描述按顾客要求的进度评审、发放和实施所有顾客工程标准/规范及其修订	程序文件
28		Y	7.5.3.2.2	应留每项变更在生产中实施日期的记录。实施应包括更新文件	生产记录
29	Y		8.1	在需要的范围和程度上,确定和保持、保留形成文件的信息	生产记录
30		Y	8.2.3.1.1	应保留形成文件的证据,证明对 8.2.3.1 中正式评审要求的弃权有顾客授权	授权记录
31	Y		8.2.3.2	适用时,应保留下列形成文件的信息	合同评审记录
32		Y	8.3.1.1	应对设计和开发过程形成文件	程序文件
33	Y		8.3.2	j. 证实已满足要求所需的形成文件的信息	设计文档
34		Y	8.3.2.3	应……保留软件开发能力自我评估的形成文件的信息	评审记录
35	Y		8.3.3	应保留有关设计输入的形成文件的信息	设计输入文档
36		Y	8.3.3.1	应对……产品设计输入要求进行识别、形成文件并进行评审	设计输入文档
37		Y	8.3.3.2	应对制造过程设计输入要求进行识别、形成文件、评审	工艺设计输入文档
38		Y	8.3.3.3	应……建立、形成文件并实施用于识别特殊特性的过程	程序文件
39		Y	8.3.3.3	a. 将特殊特性记录进产品和制造过程文件	符合标识
40	Y		8.3.4	e. 保留这些活动的形成文件的信息	控制记录
41		Y	8.3.4.4	如果顾客要求,在装运前应获得文件化的产品批准。此类批准记录应予以保留	批准记录
42	Y		8.3.5	应保留……输出的形成文件的信息	设计输出文档
43		Y	8.3.5.2	应文件化制造过程设计输出	设计输出文档
44	Y		8.3.6	应保留形成文件的信息	设计变更记录
45		Y	8.3.6.1	如果顾客要求……,从顾客处获得形成文件的批准或弃权	授权记录
46		Y	8.3.6.1	应对软件、硬件的版本级别形成文件,作为变更记录	设计变更记录
47	Y		8.4	应保留所需的形成文件的信息	供应商管理记录

序号	ISO	IATF	条　款	要　　求	备　注
48		Y	8.4.1.2	应有形成文件的供应商选择过程	程序文件
49		Y	8.4.2.1	应有形成文件的过程,识别外包过程并选择控制的类型和程度	程序文件
50		Y	8.4.2.2	应有形成文件过程以确保……符合……适用的法律法规要求	合同、协议
51		Y	8.4.2.3.1	要求供应商保留软件开发能力自我评估的形成文件的信息	评审记录
52		Y	8.4.2.4	应为供应商绩效评价制定形成文件过程和准则	程序文件
53		Y	8.4.2.4.1	应至少对第二方审核的需求、类型、频次和范围的确定准则形成文件 应保留第二方审核报告的记录	程序文件 审核报告
54	Y		8.5.1	a. 可获得形成文件的信息,以规定	作业指导书
55		Y	8.5.1.3	a. 为准备验证人员保持文件化信息 e. 保留作业准备和首末件确认之后过程和产品批准的记录	作业指导书 首件检验记录
56		Y	8.5.1.5	应制定、实施并保持文件化的全面生产维护系统	程序文件
57		Y	8.5.1.5	f. 文件化维护目标,如 OEE、MTBF 和 MTTR,以及预防性维护符合性指标,并作为管理评审输入 g. 定期评审维护计划及目标,当目标未能达到时文件化纠正措施计划	纠正措施记录
58		Y	8.5.1.6	e. 工装设计修改文件,包括产品的工程更改等级	修模记录
59	Y		8.5.2	应保留实现可追溯性所需的形成文件的信息	MES/ERP 系统
60		Y	8.5.2.1	制订可追溯性计划并形成文件	MES/ERP 系统
61		Y	8.5.2.1	d. 确保保留形成文件的信息(电子、书面、归档)使组织能够满足响应时间要求	响应记录
62	Y		8.5.3	当顾客或外部供方的财产发生丢失、损坏或发现不适用情况,应报告给顾客或外部供方,应保留相关形成文件的信息	异常报告
63	Y		8.5.6	应保留形成文件的信息,包括有关变更评审结果、授权进行变更的人员以及根据评审所采取的必要措施	变更记录 批准记录
64		Y	8.5.6.1	应对影响产品实现的变更进行控制并作出反应的文件化过程	程序文件

序号	ISO	IATF	条　款	要　求	备　注
65		Y	8.5.6.1	组织应有一个形成文件的过程 c. 对相关风险分析的证据形成文件 d. 保留验证和确认的记录 f. 在变更实施前,获得文件化批准	变更记录
66		Y	8.5.6.1.1	应识别过程控制手段……,形成文件化的清单并予以保持,清单包括主要过程控制和经批准的备用或替代方法	工艺开发文档
67		Y	8.5.6.1.1	应形成文件过程,对替代控制方法的使用进行管理	工艺开发文档
68		Y	8.5.6.1.1	应保持一份控制计划中提及的经批准替代过程控制方法的清单并定期评审	控制计划
69		Y	8.5.6.1.1	……,在规定时期内对重新启动验证形成文件	验证记录
70	Y		8.6	应保留产品和服务放行的形成文件的信息	检验记录
71		Y	8.6.1	……并且形成文件规定在控制计划中	控制计划
72		Y	8.7.1.1	应保持有效期限或让步授权数量方面的记录	授权记录
73		Y	8.7.1.4	应有形成文件过程进行返工确认,以符合控制计划,或其他形成文件的相关信息	确认记录
74		Y	8.7.1.4	包含了重新检验和可追溯性要求的拆卸或返工指导书	作业指导书
75		Y	8.7.1.4	应保留处置返工产品的文件化信息	返工记录
76		Y	8.7.1.5	应有形成文件过程返修确认,以符合控制计划,或其他形成文件的相关信息	确认记录
77		Y	8.7.1.5	包含了重新检验和可追溯性要求的拆卸或返修指导书	作业指导书
78		Y	8.7.1.5	应获得顾客对待返修产品的形成文件的让步授权 应保留处置返修产品的文件化信息	返修记录
79		Y	8.7.1.6	如果不合格品已经发运,应立即通知顾客,初始通知应随附事件的详细文件	通知记录
80		Y	8.7.1.7	应有形成文件的过程,用于不进行返工或返修的不合格产品的处置	程序文件
81	Y		8.7.2	应保留下列的形成文件的信息	不合格品处理记录
82	Y		9.1.1	应……保留适当的形成文件的信息	监视测量分析记录

续上表

序号	ISO	IATF	条　款	要　　求	备　注
83		Y	9.1.1.1	d. 计量数据实际测量值和/或试验结果的记录	检验记录
84		Y	9.1.1.1	应记录重要的过程活动,如更换工装、机器修理等,并将其当作形成文件化的信息予以保留……	4M 变更记录
85		Y	9.1.1.1	应制定和实施纠正措施计划,包括具体措施、时机和责任分配	纠正措施记录
86		Y	9.1.1.1	应保持过程变更生效日期的记录	生产记录
87	Y		9.2.2	f.……保留形成文件的信息	程序文件
88		Y	9.2.2.1	应有一个形成文件的内部审核过程	审核方案
89	Y		9.3.3	应保留形成文件的信息作为管理评审结果的证据	管理评审记录
90		Y	9.3.3.1	当顾客绩效目标不能实现时,最高管理者应形成文件化的纠正措施计划并实施	纠正措施记录
91	Y		10.2.2	应保留形成文件的信息	纠正措施记录
92		Y	10.2.3	应有形成文件的问题解决过程,包括 f. 对适当形成文件的信息(如,PFMEA、CP)的评审,必要时进行更新	程序文件
93		Y	10.2.4	应有形成文件的过程,确定使用适当的防错法。所采用方法的详细信息应在过程风险分析(如 PFMEA)中形成文件,测试频率应记录在控制计划中	程序文件
94		Y	10.2.4	该过程应包括对防错装置失效或模拟失效的试验,应保持记录	验证记录
95		Y	10.3.1	应有形成文件的持续改进过程	程序文件

一般情况下,保持(maintain)是要求建立正式的文件(形式和格式不拘);保留(retain)是要求建立实施记录,不是建立一个空白表格。

2.4.2　文件体系的策划

文件的分级:关于如何策划企业质量管理体系文件,IATF 16949:2016 没有特别的要求。一般情况下我们可以将质量管理体系文件分为四个层次,如图 2-11 所示。

◆ 质量手册

ISO 9001:2015 质量管理体系标准并未要求企业建立质量手册,但 IATF 16949:2016"7.5.1.1 条款"要求企业必须建立质量手册,且对质量手册的具体内容有明确的规定。质量手册的编制要求请参考"2.4.3 如何编制质量手册"。

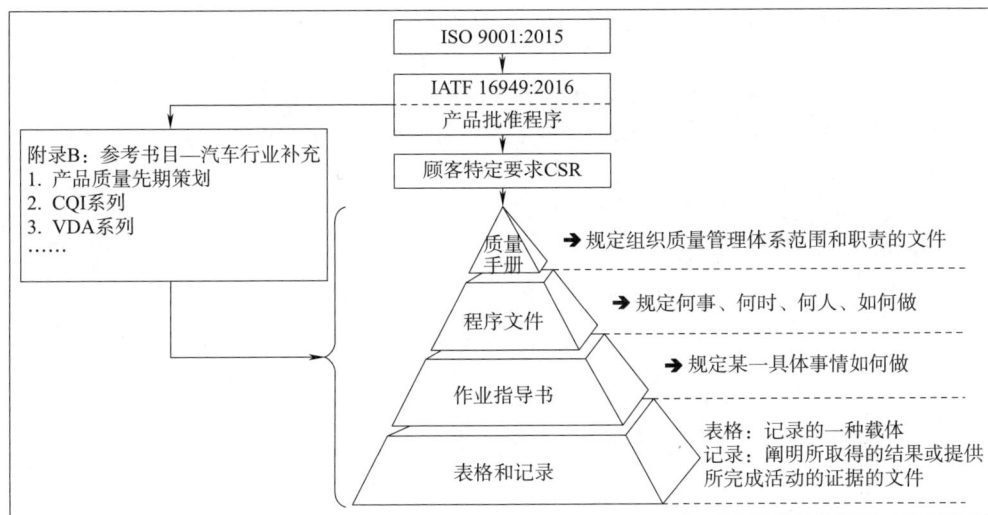

图 2-11　质量管理体系文件层次

◆ 程序文件

文件体系的第二层次是由详细的程序文件所构成，以满足质量管理体系标准、顾客特定要求。一般情况下，程序文件可以包含下列八个段落：

　　a. 主题：主要的探讨问题。

　　b. 目的：文件的目的或意图。

　　c. 范围：该项程序所适用的过程、部门、产品或人员。

　　d. 定义：将不易了解的名词定义清楚。

　　e. 责任与权责：负责的人、小组或部门。

　　f. 相关的文件：和该项程序内的活动有关联的所有文件。

　　g. 作业程序：清楚叙述程序的作业顺序。

　　h. 附：如有必要，加以附加。

◆ 工作指导书和记录

文件的最后两个层级，是支持性质的文件，例如：

　　a. 记录。

　　b. 报告。

　　c. 作业指导书。

　　d. 图纸、产品规格和参考资料。

这些文件可以用来定义产品或是过程的质量特性要求，或是记录已经执行的质量活动的最终结果。

2.4.3　如何编制质量手册

大部分企业的质量手册是根据质量管理体系标准条款逐条编写的,导致质量手册篇幅很长,没有可阅读性,维护起来也费时费力。IATF 16949:2016"7.5.1.1 a)～d)条款"要求质量手册的内容必须包括以下四项内容:

◆ 质量管理体系的范围

具体见本书"2.1 质量管理体系范围"的描述,在此不再赘述。

◆ 文件形成的过程或对其引用

创建"过程→条款→责任部门→文件"对照表,见表 2-12(内容仅供参考)。

表 2-12　过程→条款→责任部门→文件对照表

过　　　程	IATF 16949 条款	责任部门	文　　件
COP-1 合同评审	8.2	销售部	合同评审控制程序
COP-2 设计与开发	8.3	设计部	设计开发控制程序
COP-3 采购	8.4	采购部	采购程序
COP04 生产	8.5	生产部	生产控制程序
SP-1 基础设施与运行环境	7.1.3、7.1.4、7.1.4.1	设备部	全员生产维护控制程序
SP-2 监视和测量资源管理	7.1.5	质量部	仪器管理控制程序
SP-3 人力资源管理	7.2	人力资源部	培训控制程序
SP-4 产品放行	8.6	质量部	检验控制程序
MP-1 环境分析与目标	4.1、4.2、6.2	总经理室	经营计划与目标控制程序
MP-2 内部审核与管理评审	9.2、9.3	体系部	内部审核控制程序
MP-3 分析与改进	9.1、10	总经理室	持续改进控制程序

该对照表应覆盖所有识别出来的过程(顾客导向过程、支持过程和管理过程)。

◆ 质量管理体系的过程及其顺序和相互作用(输入和输出)

具体如图 2-12 所示(内容仅供参考),描述过程之间的输入输出关系,也可以称之为过程地图(Process mapping)。这个关系图是对 ISO 9001:2015 第 0.3.2 条款中"图 2:本标准的结构在 PDCA 循环中的展示"的具体化,展示企业如何将标准条款的要求转化为自身的过程,也反映顾客的合同订单在企业内部如何流动,增强顾客对交付的信心。

◆ 质量管理体系哪些地方满足了顾客特定要求的文件

该文件可以是表格、清单或矩阵表的形式。矩阵表的形式,见表 2-13。

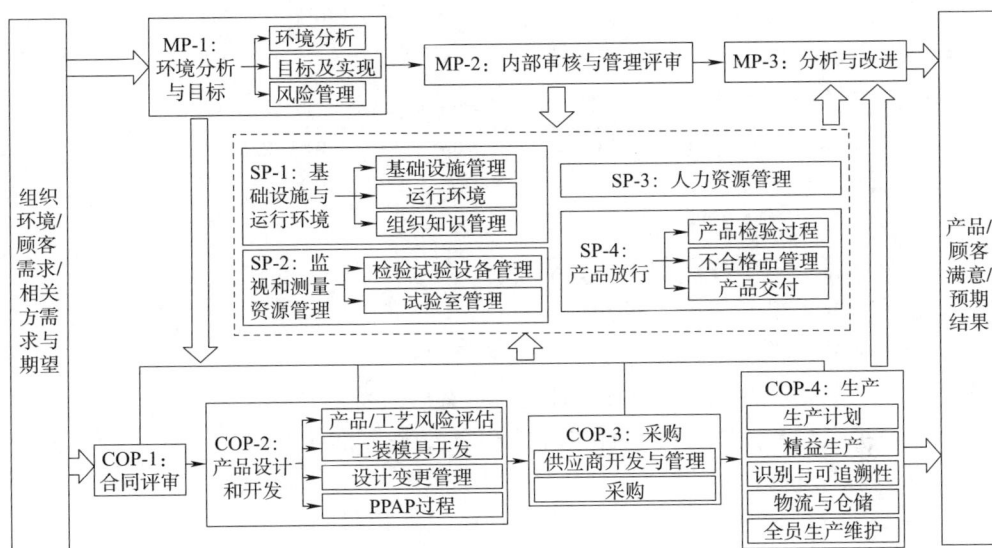

图 2-12 质量管理体系过程关系图

表 2-13 顾客特定要求与过程矩阵表

顾客特定要求	过程名称				
GM IATF 16949-CSR	COP-1 合同评审	COP-2 设计开发过程	COP-3 采购	COP-4 生产	……
8.2.1.1	✓				
8.2.3.1.2 顾客指定的特殊特性 GMW15049		✓			
8.5.1.2 标准化作业-作业指导书和可视化		✓		✓	
……					

　　该矩阵表的目的是将顾客特定要求 CSR 与企业的过程关联起来。企业在建立质量管理体系时，应将这些 CSR 的具体要求落实到对应的文件中。所有汽车顾客的 CSR 都必须在矩阵表、清单或表格中体现出来，顾客审核时会依据"CSR→过程→部门→文件（细节）"的逻辑来确认其要求是否被供应商实施。

　　除了以上四项内容之外，企业可以根据自身的需求，在质量手册中增加一些其他内容。质量手册的格式、内容结构由企业自己决定，原则是能简化就不复杂化。

2.4.4 什么是标准化

　　在企业运营过程中，尤其是产品的制造和装配过程，常常存在很多会出问题的环节,如果不采取未雨绸缪的措施,这些环节最终会转化为问题。这让笔者想起在管理学中有一个著名的墨菲定律,即:如果有两种或两种以上的方式去做某件事情,而其中一种选择方式将导致灾难,则必定有人会作出这种选择。(If there are two or more ways to do something, and one of those ways can result in a catastrophe, then someone will do it.)

人们根据墨菲定律推导出:

a. 任何事都没有表面看起来那么简单;

b. 所有的事都会比你预计的时间长;

c. 会出错的事总会出错;

d. 如果你担心某种情况发生,那么它就更有可能发生。

解决这些问题的最终方法是标准化。但什么是标准化?以及如何实现标准化?一般谈到标准化,我们马上就联想到生产线上的工位或机器设备的操作指导书。这种指导书,可以称为作业标准指导书,还不能视作标准化。所以一个企业建立了很多作业指导书或者程序文件,并不意味其管理已经实现了标准化。笔者根据多年的咨询和培训工作经验,认为标准化应满足三个原则:

◆ 样板(或可视化)

标准化的首要目的就是要让作业者理解其内容。如果标准化的表达方式很复杂或难以令人理解,容易引起作业者的抗拒。笔者在工厂询问过很多作业者是否看作业标准文件,得到的答案八成是不看;再问其原因,其中重要的一个就是看不懂。作业者看不懂就很可能会导致其不按标准作业,很自然就会出现问题。很多公司将发生这种情形的责任归咎于作业者,认为他们不按标准作业,其实是公司给他们提供的作业标准太复杂了导致其看不懂或没时间去看。

解决这个问题的关键就是将标准化的内容可视化,如图 2-13 所示。如果我们要将某个设备的操作参数标准化,不用去写一份很复杂的作业文件,可以直接将某个仪表的正常操作参数标示在仪表上,或将操作程序用可视化的形式表现,作业者用起来就很方便了。这种形式我们可以称之为样板(或可视化)。

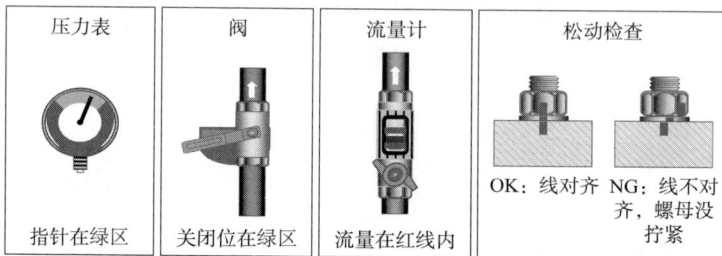

压力表	阀	流量计	松动检查
指针在绿区	关闭位在绿区	流量在红线内	OK:线对齐 NG:线不对齐,螺母没拧紧

图 2-13　操作可视化

◆ 最佳方法

最佳方法是指做某件具体的事情,能想到的最好的方法。通常最好的方法就是最简单的方法,如果方法过于复杂,我们就有理由相信它不是最好的方法。方法的选择和制定是管理者或工程师的责任,好不好作业者有发言权,因为他是方法的实施者。

◆ 持续改进

最佳方法都是在某一个时间段,我们对某个作业的认知。随着时间的推移或技术的提升,我们还可以找到更好的方法,比如在图 2-13 中,中间的仪表用颜色将操作参数的范围标识出来比左边的仪表用文字表示要好,再加一个警报灯的方法更好,这就体现了持续改进。

如果一份作业标准满足了这三个原则,我们认为就实现了作业的"标准化",否则只是一份文件而已。管理的终极手段是实现标准化,而不是写一大堆文件。所以企业在策划、建立 IATF 16949:2016 文件体系时,不能本末倒置,文件只是标准化的一种表达方式。

这里需要特别提出,针对生产或装配过程所涉及的标准化涵盖的范围较为广泛,包含整条生产线机的布置、加工顺序、物流过程、标准在制品的设定、作业人员的配置、作业人员的动作等,对这些内容的分析研究、判断选择就是作业的标准化过程,作业指导书只是其表现形式。

2.4.5 文件:知识的载体之一

知识是指人们通过实践所获得的认识、判断或技能。它必须依赖物质载体存储,进而才能交流、发展、应用和积累。

ISO 9001:2015 条款"7.1.6 组织知识"要求企业应将知识进行文件化、应用和更新,建立程序文件或所谓的知识清单不是本条款的意图,也没有任何作用,只是应付外部审核而已。知识的文件载体形式包括:产品设计图、规范、配方、工艺设计、作业文件、检验文件、管理制度等。

如果在实践中出现以下的情形,则说明企业对知识没有文件化、应用和更新:

- 保存的大量数据从未分析。没有对数据进行分析总结形成知识;
- 重复投资开发已有的知识。对原有的知识未应用;
- 类似问题在组织内重复发生。对原有的知识应用不持续;
- 解决后未纳入标准体系(如 SOP)。新获取的知识未更新至文件;
- 重要的隐性知识掌握在少数人手中,且无防止流失措施,知识缺乏物质载体;
- 相同的工作因人不同而绩效差异极大,知识的应用不规范。

【案例 2-7】制造业知识管理与传承的类型

德国：通过对设备和生产系统的不断升级，将知识固化在设备上。德国企业除了卖产品，还卖装备，也卖整套的解决方案，比如德国某油箱制造商，同时也是高端油箱制造装备的供应商。工业4.0开始转向销售智能服务，企业将知识以软件或工具包的形式和设备整合后再提供给客户。

日本：通过组织文化建设和训练，将人作为知识的重要载体，采取终身雇佣制；强调客户与供应商的长期合作，保证知识在供应链中的积累、流通和传承，比如汽车行业，日系主机厂极少更换供应商，合作关系都非常长久，甚至连企业文化都一脉相承。

美国：依靠数据获得新知识，在解决问题的过程中注重数据的作用，无论是需求分析、客户关系管理、质量管理、供应链管理，都大量依靠对数据的分析和挖掘，因此美国产生了许多先进工业软件。

2.5　职责与权限

IATF 16949：2016对职责与权限的核心要求，见表2-14。

表 2-14　关于职责与权限的核心要求

条　款	核心内容	实施措施
5.1.1.1　公司责任	应制定并实施公司责任方针，至少包括反贿赂方针、员工行为准则以及道德准则升级政策"举报政策"	公司责任： 反贿赂方针 员工行为规范/手册 举报电话、信箱等
5.1.1.2　过程有效性和效率	应评审其质量管理体系的有效性和效率，以评价并改进组织的质量管理体系	高层责任： 管理评审
5.1.1.3　过程拥有者	应确定过程拥有者，由其负责各过程和相关输出的管理。过程拥有者应了解他们的角色，并具备胜任的能力	过程责任： 乌龟图 岗位职责说明书
5.3.1　组织作用、职责和权限-补充	应向人员指派职责和权限，以确保顾客要求得到满足。这些指派应形成文件，包括但不限于：特殊性的选择，质量目标和相关培训的设置，纠正和预防措施，产品设计和开发，产能分析，物流信息，顾客计分卡以及顾客门户	岗位责任： 岗位职责说明书
5.3.2　产品要求和纠正措施的职责和权限	负责产品要求符合性的人员有权停止发运或生产 拥有纠正措施权限和职责的人员能及时获知不符合的产品或过程 所有班次的生产都有负责确保产品要求符合性的负责人员或代理人员	质量责任： 岗位职责说明书

　　根据 ISO 9001：2015 和 IATF 16949：2016 条款中对职责和权限的要求，执行所有的业务过程都需要明确人员的职责和权限。但是质量管理体系标准条款还是对一些比较特别的事情有明确的责任（responsibility/responsible for）、权限（authority）和授权（authorization/authorized）要求，具体见表 2-15。

表 2-15　质量体系条款对职责和权限的要求

条　款	谁的责任/权限	落地方法
4.3　质量管理体系范围	组织	合同责任 产品责任
4.4.1 e	组织	定义过程实施责任
4.4.1.2　产品安全	组织	安全责任
5.1.1　总则	高层管理者	确保体系有效性
5.1.1.1　公司责任	组织	制定公司责任
5.1.1.3　过程责任	过程负责人	对过程成败负责
5.3　组织的岗位、职责和权限	高层管理者	分配岗位责任
5.3.1　组织的岗位、职责和权限-补充	高层管理者	分配岗位责任
5.3.2　产品要求和纠正措施的职责和权限	质量管理者	质量责任
6.1.2.3　应急计划	组织	保留授权变更应急计划的人员成文信息
6.2.2 c	组织	分配质量目标的责任
6.3　变更的策划	组织	责任和权限分配或再分配
7.3.2　员工激励和授权	组织	奖励制度
8.3.2　设计和开发策划	组织	分配设计职责和权限
8.3.2.2　产品设计技能	组织	提供合格设计人员
8.3.6　设计和开发变更	组织	更改的授权
8.4.2.3　供应商质量管理体系开发	顾客授权	供应商质量管理体系开发
8.5.1.2　标准化作业—操作指导书和目视标准	操作员	执行责任
8.5.6　变更控制	授权更改的人员	采取必要的措施
8.6　产品和服务的放行	组织	追溯授权放行人员的信息
8.7.1 d	组织	获得让步接收的授权
9.1.1.1　制造过程的监视和测量	组织	指派责任采取纠正措施
9.2.2 a	组织	审核小组职责
9.2.2.1　内部审核方案	组织	软件开发责任的审核

2.5.1 "责任和权限"的层次

质量管理体系标准所规定的"责任和权限"可以分为三个层次：产品责任（包括合同责任）、保障责任和纠正措施责任。

◆ 产品责任（包括合同责任）

具体内容已在"2.1 质量管理体系范围"中描述，此处不再赘述。

◆ 保障责任

企业除了必须承担的产品责任外，在建立和实施 IATF 16949:2016 质量管理体系时，为确保体系、过程和产品能得到有效地控制，还应该明确规定以下的保障责任。

体系的保障责任。高层管理者可以指定管理代表，确保体系得到有效地策划、实施和监督。

过程的保障责任。高层管理者应确定职能部门的分工及其职责，保障过程能得到有效地实施。

产品的保障责任。提供合资格的设计人员；设计团队如何分工；原型样件的外包责任；产品质量（含采购产品）的监督责任；产品放行的责任；让步放行的责任。其中顾客可能需要与企业分享产品放行和让步放行的责任，此时就会产生顾客对这两项职责的特定要求。

◆ 纠正措施责任

当过程出现不符合或产品出现不合格时，企业应承担实施纠正措施的责任，如：出现过程不符合时其执行者应通报他的管理者实施纠正措施；产品制造出现不符合要求时，应停线纠正问题，该要求应在控制计划的反应计划栏位中有明确的方法规定；审核出现不符合时，被审过程的管理者应实施纠正措施。简单的说，在管理体系实施的过程中，遇到任何问题，都应制定和实施纠正措施，相应的管理者应担负起这个责任。

2.5.2 岗位说明书的编写

岗位说明书是对每个岗位的任职资质、工作任务、内容及考核标准的准确说明，是企业根据自身发展需要所确定的重要工作，与可能拥有的人力资源相匹配而产生的，针对人在企业中的责、权、利、资格和环境方面的阐述。典型的岗位说明书内容包括：

◆ 岗位的目的

岗位目的描述了其主要角色。它要回答这样三个问题：这个岗位为什么存在？这个岗位在什么限制之下工作？它的长远目标是什么？岗位目的只描述"为什么"，而不是"如何""什么"。

例一：信息系统主管的岗位目的。

"为了通过科技手段提高工作效率与生产力，在公司经营目的及政策限制下，向公司各部门提供有关电脑管理及信息沟通服务的建议。"

例二：会计主管的岗位目的。

"为了按时按质地递交会计报表，在通用的会计法则和方法限制下，组织、指导、控制公司会计工作的开展。"

◆ 岗位的基本信息

公司将岗位置于公司的大背景下进行身份识别，同时也定义了公司等级的架构。具体的基本信息可能有：组织的名称、职能，上级主管职位；任职者姓名，职位名称；批准、日期等。

◆ 任职者的主要职责

公司列出 4～8 项该职位的主要职责和期望贡献，且应关注长期、持续的职责，尽量少地考虑时间性。职责是描述做什么，而不是如何做。其表达方式见表 2-16。

表 2-16　如何描述职责

主要职责	衡量标准
名称 定义 该职责所要达到的结果/目标	数量 质量
名称：培训需求 定义：为了 该职责所要达到的结果/目标：拟定培训计划	数量：年度、月底培训计划 质量：符合员工能力提升要求
……	……
……	……

衡量标准是指"如何证明员工在这个职责领域取得了好成绩？"如：销售岗位可以用销售额、市场份额、客户满意来证明其是否成功。一个职责可以用多种标准衡量，最终由组织文化和企业战略决定取舍，如销售岗位可以用销售额、销售增长、客户数、新增客户数、市场份额等来衡量。衡量标准并非业绩目标，企业可以在目标设定的过程中为岗位设定具体的业绩目标。

◆ 最低任职要求

招聘本职位任职者的最低要求。但如果公司提供相应的培训与指导，也可根据招聘政策相应降低。最低要求可分为两大类。

第一大类：教育程度/经验的要求。

教育程度：学历、专业技术、特殊教育、培训等；衡量标准是证书、学位等。

经验：本地、跨国、专才、通才、从业年限等。

第二大类：专业知识/技能/能力，指教育/经验未能涵盖的特别知识与技能，如语言、计算机、特殊技术、沟通等。

◆ 工作关系

工作关系显示这个岗位与组织内、外部联络的对象，以及相互影响的关系，不包括日常沟通交流，也不仅仅指流程前、后道工序。

2.5.3 如何进行有效沟通

有效的沟通过程对质量管理体系的实施有很大的正面贡献。相反，质量管理体系中的很多问题最终都可以追溯到一个原因：沟通不畅。有效的沟通策略是维持企业运营成功的基本条件之一。这种沟通应该是有意义的、及时的和持续的，还应该包括反馈机制、评审机制，以及前瞻性地提供应对企业环境变化的预防措施。企业的沟通过程应该兼顾垂直方向和水平方向，并能根据接收者的需求进行裁剪，如：有些信息可能很难向企业内部各级人员进行传达，但可以向顾客或其他利益相关者传达。

沟通的首要问题是谁与谁之间需要进行沟通。在 IATF 16949:2016 质量管理体系中，沟通可以分为以下几个层次：

◆ 组织层次

比如：企业与供应商和顾客之间的沟通。这种沟通是水平的，是企业与商业伙伴之间就商务活动、管理流程和产品之间进行沟通，以促进彼此之间对"顾客需求"达成一致的理解。IATF 16949:2016 质量管理体系一个重要功能就是确保主机厂的要求在汽车供应链中能得到有效的传递。

所以组织层面的沟通一般是正式的、书面的和程序化的，且沟通接口之间的对接关系一定要明确，当产生问题时，应该有良好的反馈机制。

◆ 决策层次

比如：高层管理者需要在企业内部沟通质量方针、职责/权限和质量管理体系的有效性和效率。这种沟通大部分情况下是自上而下的，面向全员的，要展现高层管理者的决心、态度、立场和关注点。高层管理者可以通过会议、文宣资料、重要活动的发言等形式来实施这种沟通。

◆ 执行层次

比如：当产品发生变更时，组织应确保相关文件得到修改，并确保相关人员知道已变更的要求、组织应对参与设计和开发的不同小组之间的接口进行管理，以确保有效的沟通。这类沟通普遍存在于某个过程或活动中，所以组织在策划这些过程和活动时，应在对应的文件中明确沟通的手段、接口和内容。

其次就是如何沟通。常见的沟通手段和方法有：会议、简报、公告栏、E-mail、内部网络、内部报刊/杂志和通知等。其中常见的会议形式见表 2-17。

表 2-17　常见的会议形式

会议名称	时　机	召集人/出席	主要内容	记　录
高层经营会议	月初	总经理 副总经理、总监	公司经营、市场形势和顾客需求、生产等事项的评审、沟通协调和解决	总秘
部门月度会	月初	副总经理 总监、部门经理	工作总结、布置	总秘
质量例会	每周五	质量部 总工程师、副总、生产部门经理/主管	质量分析、质量及体系工作总结、质量及体系工作布置	质量部
产销协调会	每周一	销售部 生产、销售、采购、计划等部门经理/主管	生产技术准备布置、生产排产、生产计划和物料供应等执行问题及协调解决措施	销售部

　　会议是最常见的沟通方式。许多人视会议为累赘，认为它效率低下。但是企业为了使各部门或不同的团队进入相同的情景，举行会议还是必须的。会议要开得有效率，就必须遵守几个基本原则。很多关于会议的书籍都总结出参与会议的人数越少，其效率就越高。太多人参与，反而会大幅度降低会议的产出效率，以及降低与会者做出有意义贡献的机会。会议的召集人在每次会议前，应明确提出讨论事项的主题，让与会者能做好提出或回答问题的准备；更为重要的是，务必邀请重要的利益相关者出席会议，让会议能彻底发挥解决问题及节省时间的功效。

　　◆　什么时候该开会

　　会议要开得有必要性、紧迫性才能达到真正沟通、决策的目的。那么，如何判断何种信息必须通过会议来传达呢？以下五点建议可供我们参考：

紧迫性	□ 非得立刻召开会议吗 □ 必须立刻提升团队成员的士气吗
必要性	□ 如果不开会，就会演变成严重的情况吗 □ 传递后，有助于改进作业效率和效果吗 □ 是必须面对面传达或讨论的内容吗

　　◆　决定开会时间的技巧

　　召集人确定开会的必要性后，接着就要决定开会的时间。如何让大部分成员都能顺利出席？以下几点可供我们参考：

- 会议不能妨碍正常业务的进行。
- 如果需要有决策权的人出席会议，会议召集人应先掌握他的行程表。
- 与会的多数人都应该有时间可以参加会议。
- 应该依据会议主题选择会议时间，比如：耗时较长的会议通常在下午举行，一般例会则安排在早上举行。

- 尽可能选择与会人员能够集中精神的时间。
- 会议时间能配合可供使用的会议场所。

简单地说,我们要想沟通到位,请记住以下这个口诀:

请示工作说方案;

布置工作说标准;

汇报工作说结果;

总结工作说流程;

回顾工作说体会。

2.6 内部审核和管理评审

IATF 16949:2016 对内部审核和管理评审的核心要求,见表 2-18。

表 2-18 关于内部审核和管理评审的核心要求

条 款	核心内容	实施措施
9.2.2.1 内部审核方案	审核方案包括体系、过程和产品审核,软件开发能力评估 应根据风险、内外部绩效趋势和过程重要度确定审核方案的优先级 发生过程变更、不符合和/或顾客投诉调整审核频次	年度审核计划(审核类别、时间、范围及人员)
9.2.2.2 质量管理体系审核	三年审核周期内,使用过程方法审核所有过程 应对顾客特定要求进行抽样	审核计划(过程/CSR、行程安排、人员)
9.2.2.3 制造过程审核	每三个日历年内,应用指定的方法审核所有制造过程 顾客没有定义方法,应确定所使用的方法 应审核每个制造过程的所有班次……评估 PFMEA、控制计划及相关文件执行的有效性	VDA 6.3 分层审核 BIQS/QSB+
9.2.2.4 产品审核	应使用顾客指定的方法,进行产品审核 顾客未定义的,应确定使用的方法	VDA 6.5
9.3.1.1 管理评审—补充	至少每年实施……频次应根据对顾客要求的符合性风险和绩效相关问题而增加	将公司的月会、季会和年会转型为管理评审

本节仅讨论体系审核、过程审核和产品审核,请参考 VDA 系列标准或其他标准,在此不赘述。

2.6.1　为什么审核没有效果

如果审核员的能力完全符合 IATF 16949：2016 第 7.2.3 条款的要求，是否就能有效执行审核？答案是否定的，其原因有三个。

原因一：审核员的职位偏低。

大部分公司的内审员是主管或工程师。他们平时接触到的公司内外部信息有限，一般只能接触到与岗位有关的数据和信息，导致在审核时很难从一个比较全面的角度去思考问题，当然审核的深度也非常有限。

解决方案：

- 最好由经理担当内审员。经理们能接触到的运营信息比较多，也比较深入，其思考问题的角度不同于主管和工程师。

原因二：太关注标准条款和程序文件。

审核员一般都是对照查检表、文件和标准去核对执行是否有问题。但企业运营的核心不是符合标准条款和文件，企业的目标是获得预期的结果和解决问题。如果机械地理解标准条款，或是死抠标准条款，严查文件和记录，反而会忘记企业为何存在。

所以审核的重要关注点应该是质量管理体系能否实现预期结果和解决问题。

解决方案：

- 关注业务流程/活动的成效和存在的问题点。
- 根据以上两点去思考流程/活动是否合理？责任分工是否合理？人员的能力是否满足需求？
- 审核员应具备经营思维，有开放式的知识结构，审核计划的编制应更加个性化。

原因三：重视审核技巧，忽略专业知识。

很多内审员总是希望通过提高审核技巧来提升审核的有效性，结果事倍功半。

如果既不理解标准条款背后的含义和相互联系，也不了解业务流程/活动的关键点和行业特点，仅靠审核技巧是不能提升审核的有效性的。

解决方案：

- 深入理解本行业的经营环境。
- 理解业务部门的运营规律和特点。
- 理解产品和工艺的特点。

2.6.2　汽车业过程审核方法

在实施 ISO 9001：2015 质量管理体系时，企业都是基于部门或条款来进行审核。比如：一个审核小组去审核人力资源部和仓库，结果在人力资源部发现有 2 个生产线员工没有进行资质认可就上岗了;在原物料仓库发现有三个物料过期了。这两个问题之间没有直接的关联性,都属于部门的"个案"问题,部门主管或者作业者自己认真检查一遍也能发现类似的问题。这类没有内在关联的"个案"问题,很难引发审核员对体系进行深层次的思考。这就属于审核的策划问题,不应该让一个小组去审核几个没有关联的部门。如果让这个小组去审核采购部、仓库和生产部,物料的流动就会把这三个部门的工作串起来,某处发现的问题就会引起其他地方的连锁反应,这样审核员就有机会去探究体系层面的问题。当然如果在这三个部门都没有发现问题,也能表明企业对物料的供应和管理是有效的。

为了规避部门导向审核方法带来的问题,获得并保持 IATF 认可的规则,要求企业或认证机构必须使用"汽车业过程审核方法(automotive process approach audit)"来策划和实施审核。

我们先来讨论部门导向的审核方法是如何策划审核计划的,如图 2-14 所示。这种策划的方法在制订审核计划时,是从部门的角度出发,不同的审核小组审核不同的部门(一般 2~3 个部门)。审核小组根据该部门的作业流程采取"自上而下"或"自下而上"的方法来审核该部门的所有工作内容和职责权限。企业用这种方法来审核,可能会存在以下几个问题:第一,审核小组会以部门管理者的眼光来审视这些工作的绩效和职责。这与审核的目的是不相符的,审核员不是管理者,不是来评判作业人员的工作绩效的;第二,工作的自然流程会被人为地打断或隔离,如图 2-14 中的情形。审核小组 B 可能在审核生产部时发现其生产计划的达成率非常不理想,生产部经理可能会解释说,这都是设备故障频率过高和仓库配送物料出错引起的。而设备管理部和仓管部又不是审核小组 B 的审核范围。于是,正常的工作流程就被分割到几个不同的审核小组,审核小组 B 很难有一个整体的判断;第三,生产计划部、生产部、设备管理部和仓管部的工作可能都能符合公司文件的规定,但合起来不一定能符合顾客的需求,即审核小组不能以顾客的眼光来审视这些工作是如何实施以及如何衔接的。

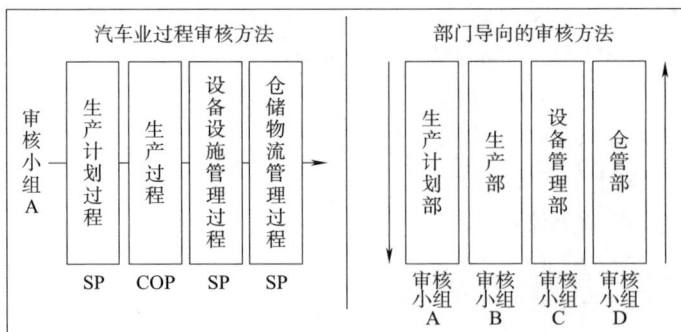

图 2-14　过程审核方法与部门导向审核方法的区别

过程审核方法则完全不同于部门导向审核方法，企业用这种方法来策划审核计划，需要强调以下几点：第一，审核小组审核的过程之间要有内在的联系，比如生产计划过程、生产过程、设备设施管理过程和仓储物流管理过程之间存在内在的联系，由审核小组 A 来承担其审核。在上面所提到的设备故障和发错料问题，审核小组 A 在审核设备设施管理过程和仓储物流管理过程时可以进一步审核，究竟是哪个环节出了问题，比较容易判定；第二，过程审核方法的重点放在顾客导向过程（COP 过程），即审核小组 A 的审核重心是生产过程，其他三个过程是生产过程的支持过程（SP 过程），它们辅助生产过程更有效地实施。搞清这个主次关系，则审核小组在时间安排和结论判断上就能心中有数，孰重孰轻一目了然。在部门导向的审核过程中，很难分清重点，往往都是以问题比较多的部门为重点，这样会忽略企业的目标是满足顾客的需求；第三，审核员应该以顾客的眼光来审核这些工作过程是如何运行以及如何衔接的，即顾客的要求（包括顾客特定要求）是如何通过顾客导向过程及其支持性过程来协调运作实现的。

所以，企业在进行内部审核时，审核策划者应根据过程审核方法来策划其审核计划，将公司的所有过程分成若干个过程组合。在这些过程组合中，其组成过程之间有内在的联系，通常一个过程组合中有 1～2 个顾客导向过程，其他过程则为该顾客导向过程的支持性过程或管理过程，一个过程组合由同一个审核小组来执行审核。

2.6.3　如何让审核增值

在企业实施内部审核时，内审员一般是按照审核查检表，根据工作流程的自然顺序或反向顺序来提问的。这种方式不能快速深入审核过程，耗时比较长，而且效果不好。运用过程审核方法时，企业应优先考虑：

- 询问组织的过程、顺序与相互作用，以及针对规定测量的绩效指标，侧重于直接影响顾客的过程；
- 询问企业的目标和指标，侧重于尚未达成的领域，以及对顾客有重大影响的事件；
- 询问目前有什么计划来确保目标的实现，以及当目标没有达成时的纠正措施计划；
- 追踪审核顾客的关注点，针对目标的绩效与相关过程文件（如控制计划、FMEA 等）之间的联系；
- 询问组织收集、沟通、实施顾客特殊要求的过程。

IATF 16949：2016 的这些要求可以总结为图 2-15 所示的增值审核逻辑。

在增值审核思路中，审核小组要首先询问某个顾客导向过程的绩效指标（要侧重顾客对该指标的要求）及其实际达成状况。比如，对审核小组 A 来说，应先询问生产

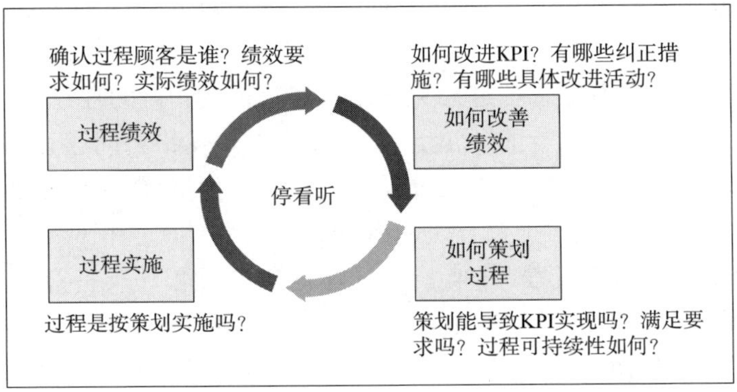

确认过程顾客是谁？绩效要求如何？实际绩效如何？

如何改进KPI？有哪些纠正措施？有哪些具体改进活动？

过程绩效

如何改善绩效

停看听

过程实施

如何策划过程

过程是按策划实施吗？

策划能导致KPI实现吗？满足要求吗？过程可持续性如何？

图 2-15　增值审核的逻辑

过程的负责人，公司用哪些指标来衡量生产过程（如产能利用率、单位工时的产出……），并请该负责人提供上次审核到本次审核期间，这些指标的统计表格或趋势图，再确认哪些指标没有达成，哪些已经达成。选择这个切入点，对审核小组和被审核方来说，很容易聚焦到关键点上，而且审核小组能对该过程有一个非常清晰的整体判断，便于决定后续的审核方向和关注点。

其次，审核小组就应该针对那些没有达成的指标，询问其过程负责人是如何改进的；针对已达成的指标是否还有改进的空间。比如，审核小组 A 就要针对那些没有达成的绩效，询问生产过程的负责人有实施哪些纠正措施，针对那些已经达成的指标，是否有改进的空间，然后请过程负责人提供这方面的具体资料来佐证。

再次，审核小组就要询问，为了确保这些指标的实现，企业是如何策划过程的。比如，为了确保生产过程的指标能实现，企业是如何策划生产计划过程，如何策划设备设施管理过程，如何策划物流仓储管理过程等。这样可以将审核关联到支持过程或管理过程，审核小组也能很清楚地了解这些过程是如何协助生产过程去实现其绩效指标的。

最后，审核小组可以看看有关的程序文件或作业指导书的内容，这些策划好的过程是如何描述的，有相矛盾之处吗？再多看看几份记录，以确定这些过程实施的一贯性。

以上这个审核逻辑需要用样本将其串联起来，如图 2-16 所示。审核小组可以在生产现场或仓库中抽取 2～3 个料号，审核库存管理过程（遵循前面的增值审核逻辑）；到了质量部可以用同样的样本来审核其 IQC 检验过程，在其检验报告上获取供应商相关信息；到了采购部可以基于这个信息，继续审核采购过程和供应商管理过程。审核这个过程组合时，只在开始阶段取一次样，用这个样本将所有的过程联系起来，这种取样方式我们称之为创建审核路径，通过这种审核方式很容易判断过程是否有效和有效率。

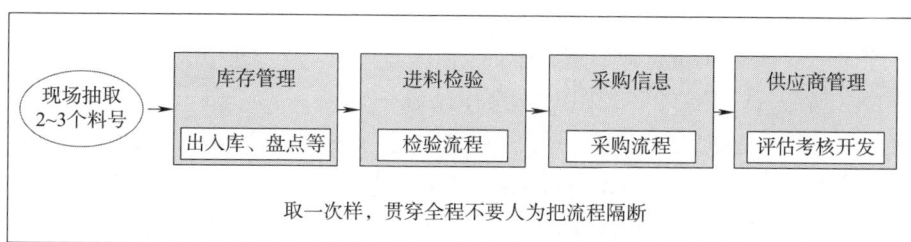

图 2-16　如何取样（建立审核路径）

有关过程审核方法和部门导向审核方法的关注点差异列举，见表 2-19。

表 2-19　过程审核与部门导向审核的差异

过程审核方法	部门导向审核方法
更关注某个过程是如何从"输入"转化为"输出"，以及如何改进	更加关注某个职能部门的最终结果
在不同的部门之间来跟进过程是如何运作，以及过程是如何协调的	在职能部门的输出中去寻找不符合事项
更加关注过程之中无效率或不增值的活动	不考虑职能部门中各步骤的效率
确保过程活动已明确定义、能监控、有价值、有效率且是稳定的，其输出符合业务目标	比较少关注浪费、非增值的活动
关注事前的预防	关注事后的探测
通过改进过程来确保符合标准的要求	通过探测不符合事项来确保与标准的符合性

2.6.4　如何有效实施管理评审

管理评审是指对照质量方针和质量目标，定期和系统地评价质量管理体系的适应性、充分性、有效性和效率。评审可包括考虑是否需要修改质量方针和质量目标，以响应利用相关方需求和期望的变化，评审还包括确定是否需要采取措施。简单地说，企业的管理层应该针对经营计划中所订立的经营方向和目标是否落实并达到预期的结果，进而判断企业建立的质量管理体系是否符合企业运营和发展的需要；是否有效果和有效率。高层管理需不需要采取措施来变革或改进管理体系或修订经营计划？

大部分的公司都是在内部审核之后、外部审核之前实施管理评审的，其频率与内审的频率基本相同。久而久之，公司的所有人都会认为实施管理评审是为了满足某个程序文件的需求，或者认为是认证公司的审核员需要看管理评审报告。于是管理评审的实施就变成了如何完成管理评审报告，如何满足审核员的需求。很自然，管理评审就变成了一种形式。

◆ 管理评审的定位

管理评审应该是质量管理体系中的一个管理过程，是管理者对体系的监管手段，而不是为了满足 IATF 16949:2016 条款和认证的需求。抛开质量管理体系不谈，任何一家企业的管理层都应该定期对其运营绩效进行评审，来决定未来的行动计划。不同的公司可能会用不同的名字来命名这种类型的评审，如：月度经营分析会议、季度经营形势分析会议、月度汇报会议等。这些会议就是 IATF 16949:2016 条款所提及的管理评审，只是叫的名称不同、内容存在一些差异而已。所以，企业不必为了质量管理体系实施的目的，再去增加一个所谓的管理评审会议，只需要将现有的分析或报告会议的内容稍做调整。这样既能符合企业业务运营管理的需求，也能满足 IATF 16949:2016 条款的需求。

企业针对不同的管理架构层级，可以有不同的频率，如：集团层级可以季度评审一次，公司层级可以月度评审一次，部门层级可以月度评审一次。如果一家公司要等到年底再来评审运营绩效，估计黄花菜都凉了。

◆ 评审什么内容

我们先来看看，高层管理者真正关心哪些问题：

- 市场和顾客有何变化？
- 竞争对手有什么新动态？
- 出货量、营业额和利润如何？
- 现金流如何？
- 经营计划实施的成效如何？
- ……

ISO 9001:2015 第 9.3.2 条款、IATF 16949:2016 第 9.3.2.1 条款是对管理评审的要求，从字面上看，这些要求与高层管理的需求相差甚远，而且有些要求还不好理解。对此，我们建议将条款中的管理评审输入转化为高层关注的议题，见表 2-20。

表 2-20　如何将管理评审输入转化为高层关注的议题

IATF 16949:2016 的管理评审输入		对应高层关注的议题
5.1.1.2	质量管理体系的有效性和效率	出货量、制造成本
7.1.3.1	制造可行性评估和产能策划评价	产能利用率
8.3.4.1	监视	新产品的开发进度和结果
8.5.1.5	OEE、MTBF 和 MTTR 及预防性维护符合性指标	设备利用率、运行及维护成本
9.2.2.1	应评审审核方案的有效性	认证审核、客户审核的问题

续上表

IATF 16949:2016 的管理评审输入		对应高层关注的议题
9.3.2.1	不良质量成本	顾客索赔/扣款、内部报废金额
	过程有效性的衡量	投入产出比
	过程效率的衡量	
	产品符合性	成品合格率、市场退货
	对现有作业变更和新设施或新产品的制造可行性评估	设备改造、工艺改进的成本效益
	顾客满意	订单量、营业额
	维护目标与绩效的评审	维修金额
	保修绩效	售后费用
	顾客记分卡的评审	顾客的关注重点
	通过风险分析（如 FMEA）对潜在的现场使用失效分析的识别	如何解决顾客的售后问题
	实际使用现场失效及其对安全或环境的影响	产品安全和环保投诉

　　我们仔细对比和分析高层关注的议题和 IATF 16949:2016 的"管理评审输入"的差异，就会发现它们在本质上没有区别，只是表述的语言不同。条款的语言比较文绉绉，高层的语言比较通俗易懂，或者说两者的思考角度不一样。如果我们能看清和理解这一点，就能为有效地实施管理评审找到突破口。

　　◆ 如何有效地实施管理评审

　　这个突破口就是：从高层管理的角度来策划管理评审的议题（典型的增值思考方式）。传统的根据 IATF 16949:2016 的要求来策划评审议题，对高层管理吸引力不大，导致他们只是在形式上参与了管理评审，对评审过程并不理解，也无法深入其中。比如：质量部可能会向高层汇报本季度公司的产品不合格率是 0.5%，领导可能会想起来上季度这个数据是 1.0%，看来事情的进展还不错。此时领导的表情静若止水，但实际上这 0.5% 的不合格率代表 100 万元的报废损失，公司也失去了一次发现问题和分析问题的机会。类似这样的评审，对高层管理者来说都是没有价值的，他们会逐渐失去对管理评审的信心，最终管理评审就会沦为一种形式。

　　如果我们从高层管理的角度来策划管理评审的议题，上面的例子应该是这样的：质量部向高层汇报本季度公司的产品不合格报废损失是 100 万元，就算公司的利润非常高，领导也会问：问题出在哪里？这样参与会议的管理者才有可能就这个问题进行分析讨论，比如：是流程的问题，还是人员责任的问题，亦或是资源能力的问题，最后形成的改进方案领导才会真正的支持。

这个突破口有两个层面的含义：

其一，用业绩来说话。在上面的表格中我们列举了很多高层关注的议题，总结起来就两个字：结果。所以我们在策划议题时，应将领导想要的结果细化，而且最终能用量化的数据表达出来。

其二，关注质量管理体系中哪些过程需要变更，即业绩不好的过程、已经落后市场需求的过程或劣于竞争对手的过程。

如果我们能够围绕这个突破口来策划管理评审的议题，并且与 IATF 16949:2016 条款的要求整合起来，是有效地进行管理评审最重要的前提。

◆ 有效的管理评审应该有哪些成果

管理评审完成后，企业高层管理必须对 IATF 16949:2016 质量管理体系的运作进行评价和决策。

- 体系是否有效？ 比如：公司的整体业绩是否提高？ 降低了多少浪费？
- 体系的效率如何？ 比如：公司的成本有竞争力吗？
- 哪些过程或产品需要改进？
- 计划投入多少资源来改进？ 如：财务资源和人力资源。一切没有资源投入的改进都是在作假。

2.7 顾客满意度

IATF 16949:2016 对顾客满意的核心要求，见表 2-21。

表 2-21　关于顾客满意度的核心要求

条　款	核心内容	实施措施
9.1.2.1　顾客满意—补充	对内外部绩效指标持续评价……应基于客观数据，包括： a. 交付零件的质量绩效 b. 顾客中断 c. 现场退货、召回和保修（适当时） d. 交付的绩效（包括超额运费情况） e. 顾客通知，包括特殊状态 监控制造过程的绩效 包括对顾客记分卡提供的绩效数据的评审	每月进行数据统计和分析

企业对顾客满意度监视的意义表现在以下几个方面：

- 调整企业经营战略，提高经营绩效。

企业通过对顾客满意度的监视，可以确立"以顾客为关注焦点"的经营战略，在提高顾客满意度、追求顾客忠诚的过程中显著提高经营绩效。

- 塑造"顾客导向"的企业文化，提升员工整体素质。

顾客满意度测评使员工了解顾客对产品的需求和期望，了解竞争对手与本企业所处的地位,感受到顾客对产品或服务的不满和抱怨,使员工更能融入企业文化氛围,增强责任感。

- 促进产品创新,利于产品/服务的持续改进。

对顾客满意度的监视能使企业明确产品或服务存在的亟需解决的问题,并识别顾客隐含的、潜在的需求,利于产品创新和持续改进。

- 增强企业竞争力。

经营战略、企业文化和员工队伍的改善,创新机制的推进,能显著增强企业的适应能力和应变能力,提高企业在市场经济体制下的竞争能力。

2.7.1　顾客满意监控指标体系的设计

企业在建立顾客满意指标体系时,必须遵循下列四个原则:

- 建立的顾客满意度监视指标体系,必须是顾客认为重要的。"由顾客来确定监视指标体系"是设定测评指标体系最基本的要求。要准确把握顾客的需求,选择顾客认为最关键的测量指标。
- 监视指标必须能够控制。顾客满意度监视会使顾客产生新的期望,促使企业采取改进措施。但如果企业在某一领域无条件或无能力采取行动加以改进,则应暂不采用这方面的测评指标。
- 监视指标必须是可测的。顾客满意度测量的结果是一个量化的值,因此设定的监视指标必须是可以进行统计、计算和分析的。
- 建立顾客满意度监视指标体系还需要考虑到与竞争者的比较。

根据 IATF 16949:2016 条款的要求,企业可以设计的顾客满意指标体系见表 2-22。其中一级指标"顾客满意度"及三级指标"订单营业额"可以反映顾客对组织的整体满意度;三级指标"新项目投标成功率""送样准确率""送样周期"等可以反映顾客对产品实现过程的满意度;"过程合格率""成品合格率""订单平均前置时间"可以反映顾客对制造过程的产品质量和效率满意度。"订单前置时间"是指从接到顾客订单到交付所经历的时间周期。

事实上,这些指标的表现也是企业高层管理者所关心和关注的。

表 2-22　顾客满意度评价表

序号	一级指标名称	权重	三级指标名称	三级指标权重	实际值	得分
1	交付产品的质量	25	过程合格率	5		
			成品合格率	5		
			顾客中断次数	5		
			顾客投诉次数	5		
			顾客退货次数(含售后)	5		
二级指标得分小计						

续上表

序号	一级指标名称	权重	三级指标名称	三级指标权重	实际值	得分
2	交付	25	订单交货期准时率	10		
			订单平均前置时间	5		
			月度订单交货数量达成率	5		
			超额运费	5		
二级指标得分小计						
3	竞争力	30	订单营业额	20		
			新项目投标成功率	10		
二级指标得分小计						
4	服务	20	质量/交期有问题的提前通知	5		
			送样准确率（含资料）	5		
			送样周期	5		
			顾客投诉报告回复周期	5		
二级指标得分小计						
一级指标顾客满意度(1+2+3+4)						

顾客满意指标体系会随着市场及顾客的变化而变化。今天顾客不在意的因素，有可能成为顾客明天关注的焦点问题。因此企业对顾客的期望和要求应做连续地跟踪研究，从而了解顾客期望和要求的变化趋势，并对顾客满意指标体系做出及时地调整和采取相应的应对措施。

2.7.2 顾客满意指标数据的采集

采集数据的方法有很多种，建立不同的顾客满意指标体系所侧重的采集方法不同。企业在顾客满意指标体系建立过程中采用的方法主要包括五种：

◆ 问卷调查

它是一种最常用的数据收集方式。问卷中包含了很多问题和陈述，需要被调查者根据预设的表格选择该问题的相应答案，同时也允许被调查者以开放的方式回答问题，从而能够更详细地说明他们的想法。这两种方法都能够提供关于顾客满意水平的有价值的信息，抽样调查使顾客从自身利益出发来评估企业的服务质量、顾客服务工作和顾客满意水平。

◆ 内部数据收集和分析

内部数据分析是对企业内部运营指标数据进行合理的筛选和收集，然后对其进行统计分析，来判断顾客是否满意。其优点是数据容易获取，很多数据可以通过企业的信息系统自动获取，而且能确保其客观性。这些数据的收集不需要花费很多额外时间。

◆ 二手资料收集

二手资料大都通过公开发行刊物、网络、调查公司获得。故二手资料具有透明性等缺点，即二手资料在资料的详细程度和资料的有用程度方面不具备优势，但是它毕竟可以作为我们深度调查前的一种重要的参考。特别是进行问卷设计的时候，二手资料能为我们提供行业的大致轮廓，有助于设计人员对拟调查问题的把握。

◆ 深度访谈

为了弥补问卷调查存在的不足（如问题比较肤浅，开放性问题回答比较模糊等），有必要实施顾客的深度访谈。深度访谈是针对某一论点进行一对一的交谈（或 2～3 人），在交谈过程中提出一系列探究性问题，用以探知被访问者对某事的看法，或做出某种行为的原因。通常情况下，我们在实施访谈之前要设计好一个详细的讨论提纲，讨论的问题应具有普遍性。

◆ 焦点访谈

为了更周延地设计问卷或者为了配合深度访谈，可以采用焦点访谈的方式获取信息。焦点访谈就是一名主持人引导 8～12 人（顾客）对某一主题或观念进行深入的讨论。焦点访谈通常避免采用直截了当的问题，而是以间接的提问激发与会者自发的讨论，可以激发与会者的灵感，让其在一个"感觉安全"的环境下畅所欲言，从中发现重要的信息。

大部分实施 IATF 16949：2016 的公司采取的是问卷调查的方式来监视其顾客满意度。在实际的操作过程中，我们会遇到以下的问题：

• 顾客的工作人员未必愿意配合来填写问卷调查表，或是否会认真的填写。

• 不同的顾客对问卷调查表内容的理解很可能差异很大，据此做出的分析结果误差也会增大。

• 就算同一个顾客，换成不同的人来填写问卷调查表，其差异很可能很大。

• 有些问题你永远得不到真实的答案，比如，很多企业会询问顾客对成本是否满意，得到的答案永远是不满意。

所以，使用问卷调查表的方式，企业获得数据的客观性究竟如何值得我们思考，而这也是顾客满意度监视的核心点。如果收集到的数据不客观，一切调查和分析便都没有了意义。

我们建议使用内部数据收集和分析的方式来对顾客满意度进行监视。比如表 2-22 所列的第三级指标，企业不需要去询问顾客，只需要自行收集即可，相对来说，其客观性比较有保证。

举例来说：二级指标"交付产品的质量"体系中的"过程合格率""成品合格率""顾客中断次数""顾客投诉次数"和"顾客退货次数（含顾客售后）"，企业可以制订一个评价表，见表 2-23。

表 2-23　顾客满意度计分标准

二级指标	三级指标	标　准	计　分	实际值	得　分
交付产品的质量	过程合格率	≤30 ppm	5分		
		31~40 ppm	4分		
		41~50 ppm	3分		
		51~100 ppm	2分		
		101~150 ppm	1分		
		≥150 ppm	0分		
	成品合格率	100%	5分		
		99.8%~99.9%	4分		
		99.7%~99.8%	3分		
		99.6%~99.7%	2分		
		99.6%~99.0%	1分		
		99.0%以下	0分		
	顾客中断次数	每中断一小时	扣1分		
	顾客投诉次数	电话投诉	1次扣0.5分		
		书面投诉	1次扣1分		
	顾客退货次数(含售后)	散装退货	每次扣1分		
		批次退货	每次扣2分		

　　企业能很方便地统计这些三级指标的实际值,然后对照上面这个打分标准,就很容易计算出某个三级指标的得分,把三级指标的得分加起来就得到二级指标的得分。

　　按照类似的原理和方法,企业也可以计算出其他二级指标的得分,最后计算出总的顾客满意度指标得分。

2.7.3　顾客满意的监视和分析

　　IATF 16949:2016 要求"应通过对内部和外部绩效指标的持续评价来监视顾客对组织的满意度⋯⋯",就意味着有关顾客满意的数据收集频率不能太低,比如,很多企业每年对顾客满意度进行调查 1~2 次,这就没法体现监视的持续性。

　　从管理者的角度来说,不能等到年底了,才发现顾客有不满意的地方,这时再来改进可能为时已晚,管理者需要在第一时间对顾客满意的状况做出响应。所以笔者建议企业每月都要对顾客满意的指标进行数据收集、分析来监视其变化趋势,从而作出适当的响应措施。企业使用内部数据收集和分析的监视方式很容易满足这个管理要求,而使用问卷调查表的形式就无法每个月都实施。

　　企业对顾客满意指标数据的分析,是希望能识别企业在哪些方面需要进行改进,顾客会有哪些新的需求。比如，订单营业额的持续下降，就意味着顾客有不满之处，或顾客有新的需求但企业没有察觉到。

2.7.4 什么是超额运费，为什么要监视它

超额运费（premium freight）在 IATF 16949：2016 第 3.1 条款明确定义："合同交付之外发生的超出成本或费用。注：它可能是由于方法、数量、未按计划或延迟交付等原因引起的。"

IATF 16949：2016 条款"9.1.2.1 顾客满意—补充"要求企业监视交付过程中发生超额运费的情况（incidents of premium freight）。

◆ 为什么要关注超额运费

一辆整车由数万个零件组成，直接和间接供应商数千家，整个供应链的物流成本占整车总成本的 5%～15%。对主机厂来说，必须在供应链中传递其对物流成本的关注，其中零部件的物流成本由采购环节的物流成本、生产环节的物流成本、销售环节的物流成本和回收环节的物流成本构成。在这些物流成本构成中，运输成本占的比例最高，其次是仓储成本和管理成本。从精益生产的角度来看，运输、搬运是非增值活动，应该尽可能降低或减少，更何况是超额运费。

◆ 如何确定超额运费

在汽车行业的报价文件中，除了要求计算物料成本、工时成本外，还有一项就是物流成本的计算，如：报价文件中要确定运输路线、运输工具、装箱要求等事项。一旦这些因素确定好，物流成本就能确定好。改变这些因素导致高出报价中的物流成本就是超额运费，见表 2-24。

表 2-24 超额运费的成因

成本因素	举 例	可能的原因
运输路线	公路运输改空运	延迟交付
运输工具	火车运输改货车运输	订不到火车车皮
装箱要求	一批交付改多批交付	设备故障、不合格退货
运费的波动	报价后运费上涨幅度大	没有预计未来运费的波动幅度

◆ 分析超额运费的目的

对超额运费数据分析的首要目的是改进。如果超额运费高，企业就要分析其原因，找到是物流管理的问题，还是生产方面的问题，进而提出有针对性的改进措施。第二个目的就是杀价。如果监控发现供应商的超额运费超标 5%，也就是说企业有 5% 的降价空间。企业可以帮助供应商来分析其原因，指导供应商改进，共同分享运费成本的降低。

2.8 管控模块小结：明确目标、建立流程、赋能授权、监控过程

管理者在分配或执行某项工作时，首先要与对方确认好工作范围和相关的要求，不能存在疑问和悬而未决的事项；其次就是确认选择何种工作流程还是需要创建工作流程；然后就是指派人员，分配其职责和权限，明确具体的事情谁负责谁执行；在执行的过程中，选择什么方式来监控工作进展，出现问题如何及时纠偏；最后工作结束之后，与相关人员对工作结果进行评价，提出相应的整改措施，防止类似的问题重复发生。具体的管控流程如图2-17所示。

根据体系四要素模型，企业可以参考图2-18创建一个有效的运营管控体系。管控体系要实现两个基本目标：业务目标和平衡预算。为此企业应建立相应的业务流程、项目管理流程和内控流程。业务流程处理重复发生的工作；项目管理流程处理非经常性工作；内控流程实现管理的闭环，防范异常事件的出现。各类报表及时反馈业务流程、项目管理流程和内控管理流程的实施结果；内部审核和审计监控上述三类流程被实施的程度，确保流程不偏离轨道或是否适应环境的需求；绩效考核对各级人员和部门作出评价，展示对业务目标和预算的达成状况；最后是中基层和高层管理团队建设，根据流程运营的需求，确定人员和能力的要求，以及如何对团队实现赋能。

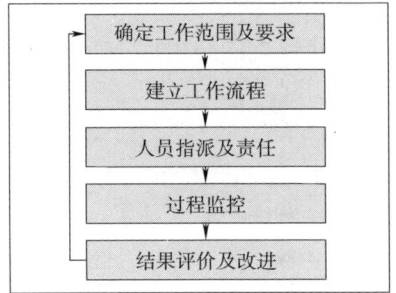

图 2-17 管控的基本流程

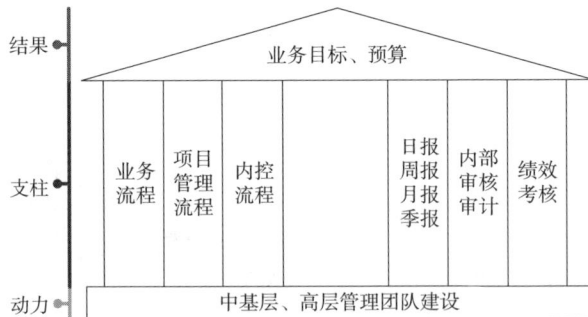

图 2-18 运营管控体系的要素构成

第三章

▶ 经营模块：如何助力企业的成长

企业经营的成功与否取决于正确方向的选择和执行正确。如果我们将方向和执行进行匹配，可以得到下列四种结果组合：

A. 方向正确、执行正确，结果令人满意；

B. 方向正确、执行错误，结果令人不满意；

C. 方向不完全正确、执行也不完全正确，但取得了满意的结果；

D. 方向错误、执行错误，结果令人失望。

从结果来说，A 和 C 是成功的，B 和 D 是失败的。正确的方向加上正确的执行，取得令人满意的结果也是一个正常的事。经营者在策划其管理体系时，应该以 A 为目标。C 是可遇不可求的，就像在二十世纪八十年代初期，一个人只要愿意创办企业，无论做什么产品、怎么做，都能很容易成功。因为那个年代机会实在太多，市场对各种产品的需求极其旺盛。对企业经营者来说，正确的方向就是去做，做什么和怎么做都行。在今天这个商业社会里，遇到这种情形就好比太阳从西边出来，想都不要去想了。

B 方向正确，为什么会失败呢？就如同一个人有很好的想法，可是四肢不听大脑指挥，或四肢不能很好地协调，结果自然会失败。经营企业也一样，公司高层制定了很好的战略，可是执行部门无法理解，或理解有大的偏差，结果当然是失败。D 的失败是一件很正常的事，就如同选择一个篮球队去参加一场正式的足球比赛，其结果可想而知。

卓越的企业有一个共同的特点：方向正确、执行正确以及能根据环境的变化来调整其方向和执行。这也是企业建立管理体系所需要关注和回答的问题：如何找到正确的方向？如何正确地执行？如何进行调整？

本模块相关的 IATF 16949：2016 条款的逻辑关系如图 3-1 所示。

商业环境分析就是要找到正确的方向，目标与措施就是要追求执行正确，变更的策划就是根据结果及时调整。

```
┌─────────────────────────────────┐
│          商业环境分析             │
├─────────────────────────────────┤
│  4.1   理解组织及其环境           │
│  4.2   理解相关方的需求及其期望    │
└─────────────────────────────────┘
                 │
                 ▼
┌─────────────────────────────────┐
│          目标与措施               │
├─────────────────────────────────┤
│  6.1.2  ……应对风险和机遇的措施    │
│  6.2.2.1 质量目标及其实施的策划—补充│
└─────────────────────────────────┘
                 │
                 ▼
┌─────────────────────────────────┐
│          变更策划                 │
├─────────────────────────────────┤
│  6.3   变更的策划                 │
└─────────────────────────────────┘
```

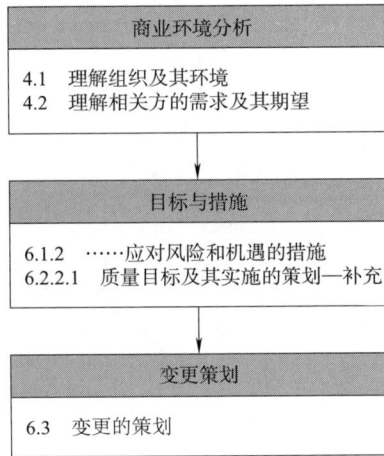

图 3-1　经营模块相关的 IATF 16949:2016 条款的逻辑关系

3.1　组织环境分析

ISO 9001:2015 对组织环境分析的核心要求,见表 3-1。

表 3-1　关于组织环境分析的核心要求

条　款	核心内容	实施措施
4.1　理解组织及其环境	……确定与宗旨和战略方向相关及影响实现质量管理体系预期结果的各种内、外部因素 ……监视和评审内、外部因素的相关信息	总体环境分析 行业环境分析 内部环境分析
4.2　理解相关方的需求和期望	……应确定: 与质量管理体系有关的相关方 ……相关方对质量管理体系的要求……应监视和评审有关的信息	

外部环境对企业的生存和发展至关重要,本核心知识的重点放在企业如何分析和理解外部环境上。企业根据对外部环境的理解获取、调度、配置内部的资源,并以此形成公司的经营目标和实现措施。

3.1.1　理解组织及环境

企业的外部环境主要分三个层次:总体环境、行业环境和竞争环境。

◆ 总体环境(general environment)

总体环境是指社会环境中影响一个行业和业内企业的各种因素,这些因素可以细分为六类：人口、经济、政治/法律、社会文化、技术和全球化。表3-2是这六类因素的部分组成。

表3-2 总体环境的组成因素

人口因素	——人口数量 ——年龄结构	——地理分布 ——收入分配
经济因素	——通胀率和利率 ——预算赤字与盈余	——个人的商业存款率 ——国内生产总值
政治/法律因素	——劳动法规 ——税法	——放松管制的态度
社会文化因素	——劳动力的多样性 ——有关生活质量的态度	——对环保的关注 ——工作和职业偏好的转变
技术因素	——产品创新	——知识应用
全球化因素	——关键的全球市场 ——新兴工业化国家	——重要的政治事件 ——文化和制度属性

企业不可能直接控制这些总体环境因素，而是应该收集相应种类和数量的信息，了解总体环境的各方面因素及其应用，以便做出适当的响应措施。

【案例3-1】某汽车零件厂对总体环境的分析

某汽车零件厂对总体环境的分析，见表3-3。

表3-3 某汽车零件厂对总体环境的分析

人口因素	从业人员"90后"至"00后"的比例快速增长	监视
经济因素	经济景气指数不是很乐观，对汽车市场有负面影响	评估
	服务业大幅成长，使得制造业的劳动力很短缺	预测
政治/法律因素	对汽车工业政策已由保护逐渐变到开放	评估
社会文化因素	休闲生活成为一种时尚（如自驾游）	监视
技术因素	电动车的快速发展，对零件市场会有重大影响	评估
全球化因素	国外主机厂纷纷来国内布局	预测

总体环境分析的一个关键目标是识别外部环境中预期的变化和趋势。

◆ 行业环境（industry environment）

行业环境是指一系列能直接影响企业及其竞争行为和反应的因素：新进入者威胁、供应商议价能力、顾客议价能力、替代品及当前竞争者之间的激烈程度。这五个因素之间的互动关系决定一个行业的盈利能力。企业的挑战在于如何找到一个合理的定位，使其能顺利地利用这些因素，或成功地防御这些因素带来的不利影响。

【案例 3-2】汽车排气系统行业的环境分析

汽车排气系统行业的环境分析,见表 3-4。

表 3-4　汽车排气系统行业的环境分析

新进入者威胁	其他排气系统厂家与国外同行技术合作	评估
	日本许多排气系统厂陆续到国内设厂	评估
	产业已由劳力密集工业转向技术密集	预测
供应商议价能力	N/A	—
顾客议价能力	顾客××去年起与竞争对手日本 J 公司合作	评估
替代品	N/A	—
行业内竞争程度	本公司排气系统的产品市场份额达 60%	评估
	国内竞争对手的生产已步入自动化	预测

有效的行业环境分析来源于对各种数据和信息进行研究和解读,企业的重点是要找到与行业相关的数据来源。

◆ 竞争环境(competitor environment)

竞争环境是企业收集并解读相关竞争对手信息的过程,是对总体环境和行业环境研究的必要补充。整体环境的分析应着眼于未来;行业环境分析重点在于了解影响企业在行业内盈利能力的条件和要素;对竞争对手的分析主要是为了预测竞争对手的行动、反应和意图。企业在实际的分析过程中,应该把这三种分析结果有机地结合起来,才能制定出好的经营战略和经营目标。

面对一个高度变化、复杂、全球化的外部环境,要清楚地描述它变得越来越困难。为此,企业需要对外部环境进行持续地分析,这是一个连续的过程,包括以下四个活动。

- 扫描(scanning):确认环境变化和趋势的早期信号。
- 监视(monitoring):通过观察环境的变化,看是否具有某种重要的趋势。成功监视的关键在于企业探知环境事件和趋势的含义的能力。
- 预测(forecasting):根据监视获取的趋势,对将来可能发生的事情及其速度形成可行的推断。
- 评估(assessing):判断环境变化和趋势对企业运营管理影响的时间点和显著程度。

◆ 企业的内部环境主要是:资源和能力

资源是指企业所拥有的人、财、物、政商关系和管理流程等。资源区分为有形资源和无形资源,其内容见表 3-5。

表 3-5　企业的内部环境因素

有形资源	财务资源	筹资、融资能力
		现金流
	组织资源	企业正式的汇报结构
		计划、控制和协调机制
	实物资源	厂房设施、设备、原物料等
	技术资源	技术，如专利、商标、版权和商业机密等
无形资源	人力资源	知识
		管理技能、组织纪律等
	创新资源	创意、创新能力
	声誉资源	客户声誉、品牌等

当企业对资源进行合理的组合来完成某项或一组具体的任务时，企业的能力就产生了，如：招聘人员、研发产品和销售产品等，案例如下。

【案例 3-3】某汽车排气系统企业的内部环境分析

某汽车排气系统企业的内部环境分析，见表 3-6。

表 3-6　某汽车排气系统企业的内部环境分析

有形资源	财务资源	（略）
	组织资源	组织结构复杂，汇报渠道交错
		质量管理仍停留在检验阶段
	实物资源	厂房空间有限
	技术资源	在排气系统有深厚的技术累积
无形资源	人力资源	设计团队经验丰富
		员工自我意识高涨、加班及弹性调度困难
	创新资源	（略）
	声誉资源	客户信任公司的产品

企业在分析外部环境和内部环境时，尤其要识别其中的相关方。《ISO 9000：2015 质量管理体系 基础和术语》第 3.5.1 条款将相关方（interested party）定义为："可影响决策或活动、受决策或活动所影响、或自认为受决策或活动影响的个人或组织。"比如：顾客、企业所有者、员工、供应商、银行、监管机构、合作伙伴、竞争对手及社会群体等。这些相关方都源自外部或内部环境，他们的需求和期望与企业的战略方向和目标有密切的关联。

关于组织外部环境和内部环境分析更详细的知识，请读者参考阅读相关战略管理书籍,以上内容希望能起到抛砖引玉的作用。

3.1.2　SWOT 分析

SWOT 分析是基于企业内外部环境和竞争条件下的态势分析,就是将与研究对象密切相关的各种主要内部环境中的优势、劣势和外部环境中的机会和威胁,通过调查列举出来,并依照矩阵形式排列,然后用系统分析的思想,把各种因素相互匹配起来加以分析,从中得出一系列相应的结论,而结论通常带有一定的决策性。

优势(strengths),源于企业的内部环境因素,具体包括:有利的竞争态势、充足的财政来源、良好的企业形象、技术力量、规模经济、产品质量、市场份额、成本优势、广告等。

劣势(weaknesses),也是源于企业的内部环境因素,具体包括:设备老化、管理混乱、缺乏关键技术、研究开发落后、资金短缺、经营不善、库存积压等。

机会(opportunities),源自企业的外部环境因素,具体包括:新产品、新市场、新需求、外国市场壁垒解除、竞争对手失误等。

威胁(threats),也是源自企业的外部环境因素,具体包括:新的竞争对手、替代产品增多、市场萎缩、行业政策变化、经济衰退、客户偏好改变、突发事件等。

研究企业外部环境的一个重要目的在于确认企业的机会和威胁。机会是指那些存在于外部环境中,如果能够开发出来,便能帮助企业获得竞争优势的情形和条件。威胁是指那些可能妨碍企业获得竞争优势的情形和条件。

在完成内部环境分析后,企业必须找到并确定自己在资源和能力方面的优势和不足。如果企业在能力方面存在不足,或无法找到有效的核心竞争力为企业的竞争优势提供来源,则企业就必须获得额外的资源,来开发这种能力,或者将自己不擅长的某个能力外包出去。一个能力既可以是一种优势,也可以是一种不足,之所以是优势是因为它能够带来竞争优势,反之就是一种不足。

【案例 3-4】某汽车排气系统企业的 SWOT 分析

对案例 3-1、案例 3-2 和案例 3-3 进行 SWOT 分析,可以得出表 3-7 所示的结论。

表 3-7　某汽车排气系统企业的 SWOT 分析

机会(O)	威胁(T)
1. 国外主机厂纷纷布局中国,公司有机会扩大销售额 2. 自主品牌启动,会带来新的增长点	1. 日本竞争对手到国内设厂 2. 国内对手与国外技术合作 3. 对手生产自动化,带来成本结构的变化 4. 年轻人不大愿意到工厂工作

续上表

优势(S)	不足(W)
1. 在排气系统方面,有深厚的技术累积	1. 厂房空间有限,扩大生产不易
2. 设计团队经验丰富	2. 质量管理体系落后
3. 跟主机厂的配合较佳,公司声誉不错	3. 组织、制度跟不上时代,沟通及管理上时有问题产生

我们可以对案例中所识别出来的机会/威胁和优势/不足进行组合。

- SO 组合(增长型):发挥内部的优势,抓住外部的机会。上述案例中企业可以发挥自身的技术和设计优势,开发新产品,拓展新顾客,实现营业额的稳步增长。该组合是企业最优先考虑的选项,错过机会将给企业带来致命的打击,而且该组合还能利用现有的优势。企业应该充分利用机会,高层管理者此时需要有长远的战略眼光,来确定企业未来的行业位置。
- WO 组合(扭转型):消除内部的不足,抓住外部的机会。上述案例中企业可以变革组织流程和质量管理体系,推行 IATF 16949:2016 质量管理体系,满足国内外主机厂的需求。该组合的优先顺序次之,外部的市场机会会向企业提出不同的能力要求,企业需要投入额外的资源来增加或提升这些能力,短期内会增加企业的成本,企业必须在短期内能增加或提升这些能力,否则机会就会错失。
- ST 组合(强化型):发挥内部优势,规避外部的威胁。上述案例中企业可以利用自身的技术优势,与顾客同步开发。该组合的要点是如何利用自身的优势去化解外部的威胁。在上述案例中,企业可以利用自己的技术和设计优势,与新顾客同步开发,如果项目能开发成功,那么订单就能成为囊中之物。
- WT 组合(防御型):消除内部的不足,规避外部的威胁。上述案例中企业可以寻找新厂址、开发自动化生产线,扩充产能,满足未来成长的需求。该组合所花费的成本最高,需要的时间也会比较长。选择该组合需要很慎重,一旦失败,会拖累企业的发展。

企业可以构建如图 3-2 所示的 SWOT 矩阵。

外　部	内　部	
	优势(S)	不足(W)
机会(O)	SO 组合: 发挥内部优势,抓住外部机会	WO 组合: 消除内部不足,抓住外部机会
	发挥自身的技术优势,开发新产品,拓展新顾客	变革企业的组织流程
威胁(T)	ST 组合: 发挥内部优势、规避外部威胁	WT 组合: 消除内部不足、规避外部威胁
	利用自身的技术优势,与顾客同步开发	寻找新厂址、开发自动化生产线,扩充产能

图 3-2　SWOT 矩阵

根据 SWOT 矩阵分析,有四种组合可供企业选择,不同的组合意味着不同的战略方向和经营目标。案例中的企业可以选择表 3-8 中的一个组合作为中长期的突破方向。

表 3-8 SWOT 的组合选择

组　合	方　向	周　期	目　标
SO 组合	1. 营业额快速成长 2. 拓宽产品线 3. 利润总额	3 年	每年成长 YY% 每年新增 Y 个产品线 每年成长 Y%
WO 组合	1. 组织流程变革 2. 推行 IATF 16949:2016	2 年 1 年	公司流程运行顺畅 通过第三方认证
ST 组合	实现与顾客同步设计和开发新产品	3 年	每年该类项目件数不少于 Y 项
WT 组合	1. 引进自动化设备 2. 扩充产能	1~3 年	3 年后自动化比例达到 YY% 每年成长 Y%

这些方向和目标就是 ISO 9001 第 4.1 条款所提到的"战略方向"和"预期结果"。企业的高层管理首先就是要选择做正确的事情(doing right things),质量管理体系的建设和实施就是为这个战略方向和目标服务的,在过程方法中这个战略方向和目标就是企业高层管理的需求。

3.1.3　将战略方向和目标关联到质量管理体系的过程

如何让这些战略方向和预期结果有效落地,企业接下来的事情就是要策划运营业务过程,或者对现有的业务过程进行优化改进,即需要回答以下三个问题:需要哪些过程、如何策划这些过程以及如何实施和监控这些过程。

在上述的案例中,如果企业选择 SO 组合,应该是这样来策划的,见表 3-9。

表 3-9 如何将中长期计划与年度计划关联

中长期计划(需求)		年度计划(流程/责任者)		
方向	目标	业务流程	20××年度指标	责任部门
1. 营业额快速成长	每年成长 YY%	销售流程	A 产品线营业额:X 亿元 B 产品线营业额:X 亿元 ……	销售部
2. 拓宽产品线	每年新增 Y 个产品线	新产品开发流程	配套市场 X 个 售后市场 X 个 ……	技术部 市场部
3. 利润总额	每年成长 Y%	成本控制流程	物料成本降低 X% 制造成本降低 X% ……	技术部 采购部 生产部

要实现企业的战略方向和目标,就必须至少建立或优化销售流程、新产品开发流程和成本控制流程,或者说企业高层要重点支持这三个流程,对其要配置更多的资源。流程的责任者和实施者应思考如何优化或变更这三个流程,即如何把事情做正确(doing things right)。于是他们可以参考 IATF 16949:2016 和 ISO 9001:2015 质量管理体系的相应条款去优化或变更流程,见表 3-10。

表 3-10　如何将年度计划与划业务流程关联

业务流程	所需过程	如何策划	如何实施	监控与改进
销售流程	订单评审过程	条款:4.4.1 a、b、c 条款:8.2	条款 4.4.1 d、e、f	条款 4.4.1 c、g、h
新产品 开发流程	APQP 过程	条款:4.4.1 a、b、c 条款:8.3 或 APQP 手册或顾客特定要求		
	PPAP 过程	条款:4.4.1 a、b、c 条款:8.3.4.4. 或 PPAP 手册		

通过这个案例可以得出一个结论:在建立质量管理体系时,标准的条款是服务于某个业务流程的,管好业务流程的运营和彼此之间的关联是需求,标准条款是方法论,它提供原理、思路和具体的方法。比如企业希望能有效地管理新产品开发流程,则需要建立 APQP 过程和 PPAP 过程,按照 IATF 16949:2016 的要求,必须应用过程方法来进行过程策划,即 APQP 过程和 PPAP 过程的具体策划思路可以依据条款"4.4.1a、b、c"的要求来进行,其中某个具体活动的实施方法可以依据条款的要求或顾客特殊要求。

如法系主机厂 PSA 要求供应商的新产品开发过程应符合《通过产品和过程的控制实现质量保证(AQMPP)》,PPAP 过程应符合《产品与过程渐进式审核 Q3P:Qualification Progressive du Produit et du Processus》的要求,这是 PSA 的特定要求(不是全部的特定要求),PSA 的供应商必须满足这些特定要求。

3.1.4　业务目标、过程指标和质量目标的区别

今天,企业的多数员工对质量管理体系有强烈的抵触感,甚至连高管都不例外,既要承受商业竞争带来的运营压力,又要忍受质量管理体系认证带来的困扰,原因在于质量管理体系没有与商业的运营体系相结合,更不能辅佐业务运营体系的有效运作。如果我们再去追查更深层次的原因,笔者认为是 IATF 16949:2016 和 ISO 9001:2015的条款误导了质量管理体系的建设者们。在条款的正文中(不含标题)提及"目标

(objective)"合计 27 次,"指标(target 和 indicator)"合计 7 次,其中有 12 次在其前面都加了一个定语质量,即"质量目标(quality objective)"。质量目标狭义的理解就是产品实物的符合性。虽然产品实物的质量目标对企业来说非常重要,但除此之外,企业的经营者和顾客还会关心其他的目标,如:成本、交付期、服务、安全等方面的目标。

显然,仅仅从产品实物的质量目标的角度来建立质量管理体系,就没法满足经营者和顾客对其他目标的需求,于是企业需要策划和建立其他的管理体系来满足这些目标。而这些管理体系的构建框架可能五花八门,最后会形成不同的管理体系来满足不同的战略目标。商业的本质或逻辑应该是一个整体,不应该被人为地分割。笔者在此强烈地建议在策划、建立和实施质量管理体系时,用业务目标来取代质量目标,或者统称为目标、指标,这样才能符合企业运营的需求。他们有不同的层次:公司层次的目标、指标稍微笼统一些,数量也比较少;流程层次的目标、指标应明确量化,总数量较多(最好每个流程的目标、指标数量控制在 5 个以内);活动层级的目标、指标更具体,总数最多。这些目标、指标我们可以称之为广义的质量目标。

如果质量管理体系的建设者们只是将质量目标定位成产品实物的质量目标,那么在策划体系时,更多的关注焦点是生产过程或质量管理过程。质量管理体系的实施主体就有可能局限于生产部门和质量管理部门,其他部门会认为只需要配合生产部门或质量部门即可。这样会导致这些部门游离在质量管理体系之外,而失去对其的有效控制。

关于这些目标、指标的管理,其流程遵循:识别、量化、实现、监控、分析、评审和改进。其核心管理内容汇总,见表 3-11。

表 3-11　如何管理目标、指标

目标、指标管理的关注点	ISO 9001/IATF 16949 条款	核心落地点
正确识别	4.4.1　c 确定和应用所需的准则和方法(包括监视、测量和相关绩效指标)	建立正确的目标、指标项目
	5.2.1　b 为建立质量目标提供框架	
	6.2.1　a 与质量方针保持一致	
合理量化	6.2.1　b 可测量	将目标、指标量化
	6.2.2.1　质量目标及其实施的策划—补充	
	8.3.3.1　f 产品要求符合性的目标	产品和工艺目标、指标的量化
	8.3.3.2　b 生产力、过程能力、时程安排及成本的目标	
有效策划	6.2.2　策划如何实现质量目标	确定目标、指标的实现手段

续上表

目标、指标管理的关注点	ISO 9001/IATF 16949 条款	核心落地点
客观监控	8.3.4.1 监视 9.1.1 总则 9.1.1.1 制造过程的监视和测量	确定收集关于目标、指标的数据的时机、方法和责任人 如：各种日报表
理性分析	9.1.3 分析与评价	对目标、指标数据的趋势进行分析和解读 如：各种周报表、月报表、季报表、年报表
主观评审	5.1.1.2 过程有效性和效率 9.3 管理评审	判断这些趋势能否满足运营的需求 如：管理评审、周会月会
持续改进	10.2 不合格和纠正措施 10.3.1 持续改进—补充	针对运营需求提出改进措施 如：精益生产、六西格玛改善项目

需要特别说明一点：ISO 9001：2015 质量管理体系对目标的实现提供两种方法。第一种是业务流程，即通过业务流程的建设和实施达成目标；第二种是方案或项目管理（条款 6.2.2 要求）。有一些目标无法通过业务流程达成，如通过业务流程很难提升产能，但建新厂房购买新设备或对现有设备进行改造，很容易提升产能，这些措施就是具体的实施方案或项目管理。管理者就是要确定哪些目标通过业务流程实现，哪些目标通过实施方案或项目管理实现。业务流程与实施方案或项目管理是相辅相成的，方案或项目管理的实施成果会促进业务流程的实施和优化，比如公司购买了更高端的设备，则现有的设备保养流程可能需要更新，生产控制流程也可能需要更新；其次业务流程为方案或项目管理的实施提供运营环境。如果企业的业务流程运营都比较合理顺畅，则实施方案或项目管理就会比较顺畅，更容易达成目标。如果一个企业长时间没有新方案或新项目，则企业的运营会逐渐衰弱。ISO 9001：2015 将方案或项目管理纳入质量管理体系的要求，就是为了满足企业运营的需求，因为业务流程不能帮助企业实现所有的预期目标。

3.2 风险与机遇管理

ISO 9001：2015 和 IATF 16949：2016 对风险与机遇管理的核心要求，见表 3-12。

表 3-12　关于风险与机遇管理的核心要求

条　　款	核心内容	实施措施
6.1.2　应策划	……应策划对风险和机遇的措施 如何： 1. 把措施整合到质量管理体系过程中并实施 2. 评价措施的有效性	风险管理 业务流程建设
6.1.2.1　风险分析	……应在风险分析中包含吸取的经验教训： a. 产品召回 b. 产品审核 c. 使用现场的退货和维修 d. 投诉、报废、返工	DFMEA PFMEA 经验教训总结

《ISO 9000:2015 质量管理体系　基础和术语》第 3.7.9 条款将风险(risk)定义为："不确定性的影响。

注 1. 影响是指偏离预期，可以是正面的或负面的。

注 2. 不确定性是一种对某个事件，或事件的局部的结果或可能性缺乏理解或知识方面的信息的情形。"

2007 年 6 月，ISO 技术管理委员会风险管理工作组第 4 次工作组会议，采纳了我国代表提出的对风险的定义。风险本质上是一种不确定性，如果确定的话，就是一个具体的问题，解决起来就比较好办。问题无法解决可能是因为技术瓶颈或成本太高。风险管理有三个特性：不确定性的影响、风险和机遇。针对不确定性的影响，如果企业应对得当就是机遇，如果应对不当就是风险。

ISO 9001:2015 和 IATF 16949:2016 质量管理体系标准并未要求企业实施风险管理流程，只是要求企业人员要有风险思维，但实际上，企业要确保运营的有效性，必须识别、分析、评价和应对各类风险。一般的风险和机遇管理流程如图 3-3 所示。

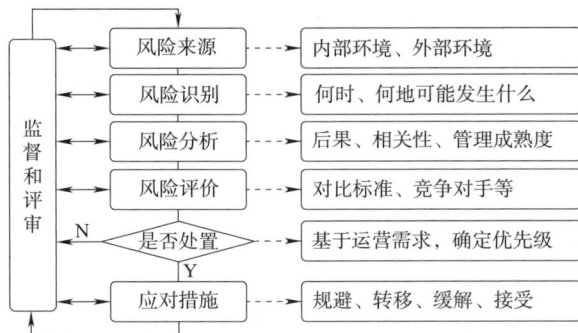

图 3-3　风险和机遇管理流程

风险源自企业的外部环境、内部环境，比如：在前面的 SWOT 分析中，企业外部的威胁和内部的不足就是企业的风险。针对具体的运营情景，风险可以分为：

- 战略风险。选错方向、选错客户、选错产品、选错对手等。
- 运营风险。流程中断、流程出问题、流程成本偏高、不能准时交付等。
- 财务风险。现金流枯竭、资金短缺、债务杠杆高等。
- 商誉风险。负面新闻、索赔等。
- 法律法规风险。法律诉讼、合规事件、商业纠纷、监管要求等。
- 人员风险。能力不够、人数不够、核心人员离职、知识型/技能型人才匮乏等。

风险评价一般考虑以下三个因素：

- 影响效应。正面效应带来的成果、负面效应带来的成果，两者尽可能折算成收益或成本。
- 相关性。不确定性的效应与企业的关联度，可以分时间的关联度和空间的关联度。
- 管理成熟度。现有管理流程捕获机遇和抵御风险的能力。

风险评估是将风险的现有状态或未来的发展趋势与顾客需求、企业需求、竞争态势进行对比，从而确定企业是否需要对风险采取应对措施，以及这些措施的优先等级。图 3-4 所示的风险评估矩阵供企业确定措施的优先级。

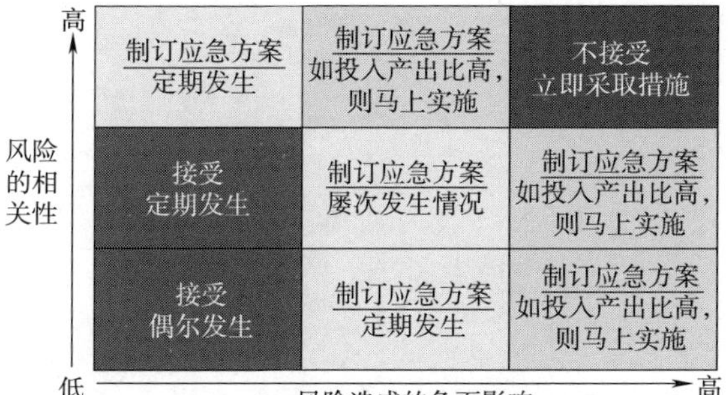

图 3-4　风险应对措施优先级

如果决定采取应对措施，一般情况下有四种类型的措施可供选择：

- 接受。风险敞口可能在企业的承受范围以内，无须采取进一步的控制措施，按企业的既定业务流程运行。
- 治理。治理的目标在于能够在确保引发该风险的活动正常展开的同时，通过采取适当的措施，将风险水平控制在可接受的范围以内。
- 转移。企业可以借由保险或将相关活动交由第三方完成，从而实现风险的转移，该风险应对方式主要适用于财务风险或财产受损风险。也有人认为风险转移不可能完全实现,而应该视为风险分摊。

- 终止。某些风险可以通过终止带来风险的活动,才能将他们控制在可接受水平。

读者可以参阅《ISO 31000:2018 风险管理》标准,获得进一步的知识和技能,该标准提供风险管理的原则和通用准则。ISO 31000 适用于任何行业或部门,以及公营或私营机构,也适用于任何类型的风险以及各种活动和业务。ISO 31000 是风险管理的全球标准。

针对 ISO 9001:2015 和 IATF 16949:2016 质量管理体系标准的条款,笔者梳理出其风险管理的层次和分析方法、应对措施,具体见表 3-13。

表 3-13　风险的层次、分析方法以及应付措施

风险层次	相关条款	主要分析方法	应对措施	案例	责任部门	措施落地点	备注
宏观风险	4.1 4.2	SWOT PEST	转型或变革	运营自主品牌	经营层	制订业务计划	1～3 年
			引入重大项目	导入新能源车			
			获取关键资源	建立直销渠道			
流程风险	4.4.1	乌龟图	流程关键控制点	采购流程中的比价作业	部门经理	相应表格的关键栏位设计	
项目风险	8.1.1 8.2.3.1.3 8.3.4.1	制造可行性分析	质量阀	项目阶段目标的达成状况问题的关闭率	新产品开发项目小组	质量阀评审	各主机厂要求不同
			VDA-RGA			风险评估与分级	
			评审监视			阶段性评审	
突发风险	6.1.2.3	业务连续性分析 BCM	应急计划	关键设备故障应急计划	生产计划部	应急计划	至少 8 种突发风险
工艺风险	8.3.5.2 8.3.3.2 8.5.6.1 8.5.6.1.1	PFMEA	防错装置	设备上锁挂牌 LOTO；Lockout-Tagout	工艺开发部门	防错装置	量产前必须验证合格
			替代工艺	手动替代自动		替代工艺	
			工程变更	工艺参数变更		工艺变更管理流程	
			控制计划、作业指导书	量产控制计划作业指导书		作业指导书	
产品风险	8.3.2.1 8.3.5.1 8.3.6.1 8.3.3.1.d/e	DFMEA	产品防错	车窗玻璃防夹	产品设计部门	设计方案	设计验证设计确认
			替代功能	定速巡航解锁			
			设计变更	—		变更管理流程	
			可制造性分析	尺寸链分析		分析软件	

综上所述,风险管理涉及企业的所有层面和所有的业务职能,从宏观到微观,风险管理应该是紧扣具体的业务流程和业务活动融为一体的。管理者如果能对每项风险

进行定价，那么如何应对就比较简单了。

3.3　变更管理

ISO 9001：2015 和 IATF 16949：2016 对变更管理的核心要求，见表 3-14。

表 3-14　关于变更管理的核心要求

条　　款	核心内容	实施措施
6.3　变更的策划	……变更应按所策划的方式实施。应考虑到： a. 变更目的及其潜在后果 b. 质量管理体系的完整性 c. 资源的可获得性 d. 责任和权限的分配或再分配	业务流程的更新
8.3.6.1　设计和开发变更—补充	……应评价所有设计变更，……变更应……进行确认，并……得到内部批准 如顾客有所要求，在生产实施之前……获得形成文件的批准或弃权	创建设计变更流程
8.5.6.1　变更的控制—补充	……应有形成文件的过程，……应评估……变更： a. 明确验证和确认活动 b. 在实施前予以确认 c. 风险分析形成文件 d. 保留验证和确认记录 当顾客需求时，应： e. 向顾客通知变更 f. ……获得形成文件的批准 g. 达成额外验证或标识要求	创建工程变更流程

变更源于外部的变化，如外部总体环境、行业环境和竞争环境的改变，导致企业需要进行响应；其次是源于内部的变化，如组织结构变化、业务重组、并购、目标达成状况也会导致发生变更。在质量管理体系中，变更可以分为四个类型：产品变更、流程变更（含工艺流程）、成文信息（文件/记录）的变更和质量管理体系的变更。现将 ISO 9001：2015 和 IATF 16949：2016 质量管理体系中涉及到变更的条款汇总，见表 3-15。

表 3-15　ISO 9001/IATF 16949 对变更的要求

序号	条　　款	内　　容	变更对象			
			产品	流程	成文信息	体系
1	4.4.1 g	评价这些过程，实施所需要的变更		✓		
2	4.4.1.2 j	……产品和过程的变更在实施前获得批准	✓	✓		
3	5.3 e	确保在……体系变更时保持其完整性		✓		✓

续上表

序号	条　款	内　容	变更对象			
			产品	流程	成文信息	体系
4	6.3	当确定需要对……体系变更时……应考虑：变更目的及其潜在后果				✓
5	7.1.3.1	制造可行性分析适用现行作业变更		✓		
6	7.1.5.2.1.a	工程变更对测量系统的影响		✓		
7	7.1.6	……确定如何获取更多知识和所需的更新			✓	
8	7.2.3.g	基于内部变更和外部变更			✓	
9	7.5.3.2.c	变更控制（如版本控制）			✓	
10	7.5.3.2.2	当工程变更导致产品变更应……保留每项变更在生产中实施日期的记录	✓	✓	✓	
11	8.1	……应控制变更，评审非预期变更的后果		✓		
12	8.2.1.b	处理问询、合同或订单，包括变更			✓	
13	8.2.3.1.3	应对……任何制造过程或产品设计的变更实施可行性分析	✓	✓		
14	8.2.4	若产品和服务要求发生变更，应确保形成文件的信息得到修改……知道已变更的要求	✓		✓	
15	8.3.6	应识别、评审和控制……设计和开发期间及后续的变更……确保符合要求 a)设计和开发变更 …… c)变更的授权	✓	✓	✓	
16	8.3.6.1	应评价初始产品批准之后的所有设计变更，包括组织或供方提出的变更，评价其……潜在影响应对照顾客要求确认这些变更	✓			
17	8.4.1.2	……变更管理过程		✓		
18	8.5.1.1.g	……对控制计划进行评审，并在需要时更新			✓	
19	8.5.6	应对生产和服务提供的变更进行必要的评审和控制……应保留形成文件的信息，包括有关变更评审结果、授权进行变更的人员		✓	✓	
20	8.5.6.1	……应对影响产品实现的变更进行控制并作出反应		✓	✓	
21	8.5.6.1.1	过程控制的临时变更		✓		
22	8.6.1	应确保后续的变更能按照 ISO 9001 8.5.6 获得产品和服务批准	✓	✓		
23	9.1.1.1	应保持过程变更生效日期的记录		✓		

序号	条　款	内　　容	变更对象			
			产品	流程	成文信息	体系
24	9.2.2.a	对组织产生影响的变更和以往审核结果,策划、制定、实施和保持审核方案		✓		
25	9.2.2.1	应对审核频率进行评审……根据发生的过程变更……,调整审核频次			✓	
26	9.3.1.1	管理评审的频次应根据影响质量管理体系的内/外部变更带来结果对顾客要求的符合性风险和绩效相关问题而增加			✓	
27	9.3.2.b	与质量管理体系相关的外部和内部因素的变更			✓	
28	9.3.2.1.e	对现有作业变更和新设施或新产品的制造可行性评估			✓	
29	9.3.3.b	质量管理体系所需的变更				✓
30	10.2.1.f	需要时,变更质量管理体系				✓

关于产品和工艺过程变更将在第四章中讨论,本节仅讨论业务流程、文件/记录和体系的变更。

- 业务流程变更。是指该流程的实施目的、适用范围、实施责任人、接口关系、执行步骤、作业时机、表格格式等发生变化。该变更过程也需要遵循申请、评估、确认批准等环节,通常业务流程的变更会导致文件变更和表格格式变更。
- 成文信息变更。即文件内容和记录格式的变更,通常是业务流程变更的结果,如:工艺过程变更后,其控制计划的内容需要更新。有些记录的内容也应该根据业务流程的进展不断更新,如生产计划会根据产量的变化而更新。
- 体系变更。该变更涉及体系的四个要素:使命/目标、流程与规范、反馈机制和评价、能力建设。这四个要素基于某个事件同时有联系的发生变化,才可以称为体系变更。

在质量管理体系的建立和实施过程中,变更应该是一个常态,因为外部环境在变,而且这种变化日益频繁快速。管理者需要对变更保持敏感,一个最简单的原则就是:如果不能实现预期的目标,或现有的问题无法有效解决,那么就应该思考哪个环节需要变更、如何变、有什么风险、需要什么资源支持、如何获取资源、职责如何重新分配等。但是很遗憾我们常常看到,当预期目标无法实现时,很多管理者会选择把目标降低;当问题无法有效解决时,他们会选择把问题掩盖起来,比如:维持足够的库存,开拓更多的客户群,接更多的订单,快速成长有时候也可以掩盖问题,这样就会导致投资回报偏低。

3.4　经营模块小结：把握环境、选对方向、应对风险、随需而变

顾客是商业企业存在的根本理由，顾客满意是经营方向正确与否的标准。这就决定了企业在选择"方向"时，必须都是基于顾客的需求，一切经营的方向都是以顾客满意为最终的目标。对环境的把握是选择正确方向的前提，当今的商业环境变化非常快速，这就要求企业的经营者能审时度势，精确地识别商业环境中哪些是机会，哪些是风险，及时制定正确的应对策略，在实施中不断地调整，保持在达成目标的正确路径上。

质量管理体系的建设者应根据这个需求，及时变更体系的相应元素，即适时调整目标、流程/规范、反馈机制和评价以及能力建设。如果质量管理体系与企业的经营方向脱节，那么体系就成为摆设，无法取得高层的支持和信赖。

根据体系四要素模型，企业可以参考图 3-5 创建一个有效的经营体系。经营体系要实现一个基本目标：经营目标。为此企业应建立相应的战略规划流程与经营计划流程。战略规划流程是对公司外部环境的分析和响应；经营计划实施是策划各种行动计划、组合各种资源形成公司能力；年报表是公司战略和经营计划实施的结果；内部外部审计监控公司的经营是否符合预期，是否合规合法，确保公司健康稳健经营；最后是公司治理和高层管理团队建设。公司治理是如何处理好所有权和经营权的关系，即如何科学地向职业经理人进行授权，如何科学地监督职业经理人；高层团队的能力建设应专注于战略规划和执行能力。

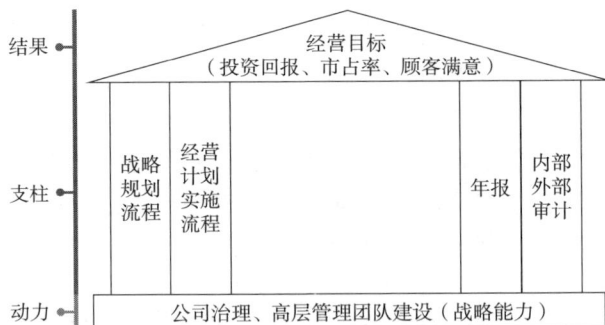

图 3-5　经营体系的要素构成

第四章

▶ **产品模块：如何打造优质的产品**

企业运营的目的是向顾客交付产品，然后收回超过其总成本的货款，从而实现企业运营增值。产品也是企业与顾客维持关系的核心要素，没有好的产品，很难与顾客建立一种长期的关系。无论哪个行业，卓越的公司都是那些能为顾客提供卓越产品的公司，汽车行业也不例外。卓越的产品拥有一个共同的特点：卓越的产品质量。

《ISO 9000：2015 质量管理体系 基础和术语》第 3.6.2 条款将质量（quality）定义为："客体的一组固有特性满足要求的程度。"

哈佛商学院 David A. Garvin 教授曾提出质量八个维度（dimension）的论述，对理解产品质量的内涵极有帮助，下面以汽车为例分别介绍这八个维度：

A. 性能（performance）。产品的主要操作特点，如整车的最高时速、安全性、耗油量、载客数等；

B. 特色（features）。产品的次要和辅助特点，如整车的颜色、音响装置等；

C. 可靠性（reliability）。产品的可靠或可依赖程度。这方面的衡量指标通常是故障率，即在给定的时间内由于某方面原因汽车发生故障的可能性；

D. 耐久性（durability）。在维护成本超过可接受水平之前产品的使用时间，如汽车的使用寿命；

E. 符合性（conformance）。产品的性能达到规定指标的程度，如整车的安全指标、废气排放指标等；

F. 美感（aesthetics）。产品的外观、声音、感觉、味道或气味，如整车的外形；

G. 服务便利（serviceability）。产品的服务是否方便，特别是成本和速度方面，如许多新车型的内设监测器大大提高了车辆的维修速度；

H. 感官质量（perceived quality）。对顾客而言非常重要，但不能明确归入上述的质量维度。通常包括对产品的印象、品位，对挑剔的买主而言都是很重要的考虑因素。

企业如果希望在这八个维度有良好的表现，就必须围绕产品建立一系列过程，如：产品策划过程、顾客要求识别过程、设计开发过程、生产过程、检测过程等来达成这个目标。这些过程的组合我们称之为产品体系，它是成就卓越产品质量的基础。

本模块相关的 IATF 16949：2016 条款的逻辑关系如图 4-1 所示。

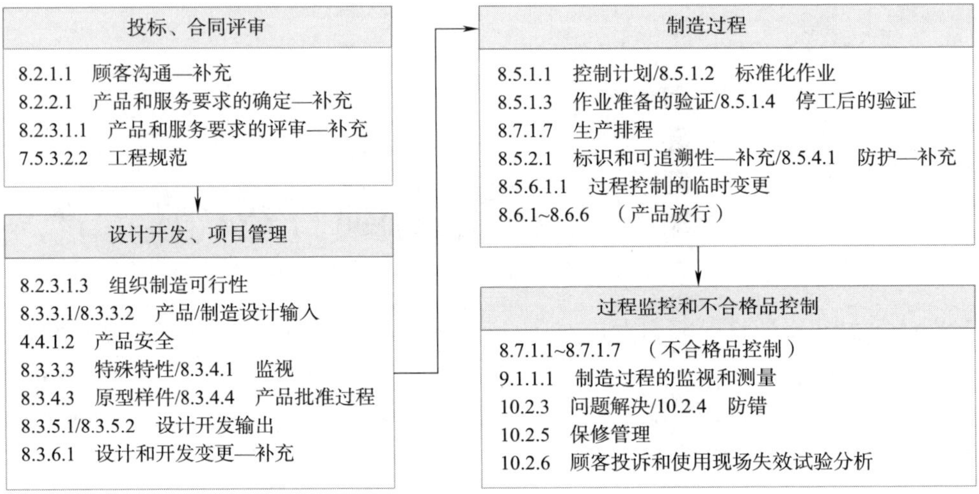

投标、合同评审
8.2.1.1 顾客沟通—补充
8.2.2.1 产品和服务要求的确定—补充
8.2.3.1.1 产品和服务要求的评审—补充
7.5.3.2.2 工程规范

设计开发、项目管理
8.2.3.1.3 组织制造可行性
8.3.3.1/8.3.3.2 产品/制造设计输入
4.4.1.2 产品安全
8.3.3.3 特殊特性/8.3.4.1 监视
8.3.4.3 原型样件/8.3.4.4 产品批准过程
8.3.5.1/8.3.5.2 设计开发输出
8.3.6.1 设计和开发变更—补充

制造过程
8.5.1.1 控制计划/8.5.1.2 标准化作业
8.5.1.3 作业准备的验证/8.5.1.4 停工后的验证
8.7.1.7 生产排程
8.5.2.1 标识和可追溯性—补充/8.5.4.1 防护—补充
8.5.6.1.1 过程控制的临时变更
8.6.1~8.6.6 （产品放行）

过程监控和不合格品控制
8.7.1.1~8.7.1.7 （不合格品控制）
9.1.1.1 制造过程的监视和测量
10.2.3 问题解决/10.2.4 防错
10.2.5 保修管理
10.2.6 顾客投诉和使用现场失效试验分析

图 4-1 产品模块相关的 IATF 16949:2016 条款的逻辑关系

4.1 投标与合同评审

IATF 16949:2016 对投标与合同评审的核心要求见表 4-1。

表 4-1 关于投标与合同评审的核心要求

条 款	核心内容	实施措施
8.2.1.1 顾客沟通—补充	……书面或口头交流应采用商定的语言 ……有信息沟通能力，包括计算机语言和数据格式	外语能力 软件、IT 系统相兼容
8.2.2.1 产品和服务要求的确定—补充	……应包括回收再利用、对环境的影响 ……与材料获取、存储、搬运、回收、销毁或废弃有关的政府、安全和环境法规	项目前期可行性分析
8.2.3.1.1 产品和服务有关要求的评审—补充	……应保留形成文件的证据，证明对 8.2.3.1 中正式评审要求的弃权有顾客授权	合同评审流程
8.2.3.1.2 顾客指定的特殊特性	……应在特殊特性的指定、批准文件及控制方面符合顾客要求	
7.5.3.2.2 工程规范	……应按顾客的进度评审、发放和实施 ……导致产品设计的变更，参考 8.3.6 ……导致产品实现过程的变更，参考 8.5.6.1 ……应保留变更实施日期记录 ……应 10 个工作日内完成评审	技术交流会

4.1.1　投标与报价

　　顾客的新车型立项启动之后，就会开始供应商定点工作，邀请相应的供应商参与投标。供应商收到招标文件后（其中包括各种技术文档等），需要进行可行性评估，重点是分析商业风险，评估商业机会，然后是依据顾客的要求制作报价文件。这项工作主要是销售部门主动，技术部门协助完成，也有的公司是项目管理部担当完成。报价最终被顾客认可后，企业会收到顾客授权代表签发的定点信，表明企业正式进入某车型的配套供应商清单。这个定点信对企业的运营至关重要，IATF 16949：2016 质量管理体系的核心任务之一就是协助企业顺利拿到定点信。

4.1.2　合同（contract）评审

　　企业收到定点信后，还会收到顾客的合同、各种协议、正式的技术文件等，企业对这些法律文件需要进行评审，即合同评审。评审主要涉及两大部分：商务要求和技术要求。

　　◆ 商务要求

　　商务要求包括：顾客采购订单的收发、次级供应商管理、交付安排、物流要求、售后服务、付款、索赔、仲裁等。企业须规范这些要求的评审责任者及能力要求，以及如何同顾客进行相关事宜的沟通。顾客的规模越庞大，产品越复杂，商业要求就越多，其中的暗坑就会越多。一般情况下，商务要求的评审需要专业律师参与。

　　在合同实施期间，如果商务要求发生变化，企业也需要组织相关人员对变更的内容进行评审。商务要求会影响企业业务流程实施，可能会导致其发生变更。

　　◆ 技术要求

　　技术要求一般包括：制造要求、性能要求、质量要求、理化性能、稳定性、安全要求、耗能指标、外观和感官要求、材料要求、工艺要求、其他要求。

　　试验大纲。说明对产品各项技术要求进行试验的方法和条件，以及对试验记录和结果处理的要求。一般包括：试验条件和试验前的准备、试验顺序、内容和方法，试验结果的记录、计算、分析和评定等。

　　检验、验收规范。说明对产品必须进行检验的项目、分组方法、抽样（按有关标准）和检验程序以及验收规范等。一般包括检验分类（类别）和检验内容（项目），组批与抽样（方法和数量），检验方法和检验的结果判定、复验规则等。

　　包装唛头。说明产品的标签（代号）和包装箱上的标签的要求。

　　物流要求。说明产品在运输过程中的防护要求以及在库房中保管产品的要求，一般包括运输方式、运输条件、装箱规格等。

　　以上要求的评审人员主要来自技术部门、工艺部门、质量部门、物流部门、生产部门、采购部门等。这些要求的表现形式有:技术协议、质量协议、产品规格书、质量验收标准、产品图等。

不论是商务要求的评审还是技术要求的评审,其目的都是识别这些要求中隐含的风险,以及这些要求对企业能力的需求。针对其中的风险,企业应提出具体的技术应对措施。

在合同实施期间,如果技术要求发生变化,一般会触发企业的产品设计变更流程和工艺变更流程的启动,也需要组织相关人员对变更的内容进行评审,在 IATF 16949:2016 质量管理体系称为可行性评估(条款 7.1.3.1 和 8.2.3.1.3)。

合同没有特殊和常规之分,只有风险大小之分,交易金额大小之分;也没有成熟产品合同与新产品合同之分,成熟产品和新产品只影响项目管理流程和产品开发流程。它们的合同评审内容没有差别,本质上还是风险大小的差别,成熟产品的合同评审相对比较容易,对评审人员的技能经验要求可以稍低一点。企业可以针对风险的大小,对合同进行分类,评审项目、评审人员、评审流程有所区别。

广义上讲,合同评审范围包括前期可行性评估、投标与报价、合同评审。合同评审的最终结果是输出《产品项目任务书》,项目部据此启动产品项目,如图 4-2 所示。

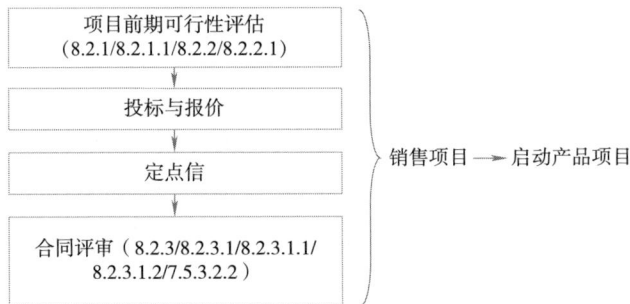

图 4-2　销售项目转化为产品项目

4.1.3　订单(order)评审

订单是顾客采购部门向供应商发出的订货凭据,其流程涉及:顾客下单、订单确认、订单实施、订单交付、结算票据生成。企业在确认订单前,需要对订单进行评审。

订单评审的核心是评估物料供应、产能利用状况、物流交付等事项能否满足顾客的交付要求,参与的部门一般是采购部门、计划部门、生产部门、物料部门等。如果产品发生变更,则实施前面提及的可行性评估。

合同一般只评审一次,订单则是每次确认前都需要评审。因为顾客的合同只会签一次,而订单是常态。两者的评审流程、评审内容和评审人员有差异。

【案例 4-1】某公司的销售订单评审

关于销售订单,我们公司现在的做法是:

1. 业务员与总经理(兼销售经理)电话或邮件确认订单(项目介绍,交期)。

2. 总经理发邮件给技术部门,技术部门根据项目介绍,编制 BOM 表。

3. 根据 BOM,如果订单较小,总经理直接发邮件让销售助理给生产部门下工单;如果订单较大,总经理和生产经理沟通,确定订单交付没有问题后,让销售助理给生产部门下工单。

4. 销售助理编写生产工单(项目介绍,BOM 和交期)。

5. 生产部门按工单准备物料和生产。

6. 产品都是成熟的产品,不存在技术上的问题。

现在的订单评审过程:

1. 小订单直接让生产部门做了,没有评审。

2. 大一点的订单,有做评审,但是总经理和生产经理口头评审的,没有记录。

想请问下:

1. 这种小订单(生产交付肯定没问题的,产品都是成熟的产品)有没有评审的必要?

2. 大一点的订单,口头评审的,到底有没有必要做成记录? 如果需要的话,除了应付外审,意义在哪里?

案例点评

1. 该公司的合同评审比较弱化,业务员与总经理确认订单(项目介绍、交期)属于合同评审范畴,产品成熟以至于不需要技术参与。存在非正式的合同评审流程,但没有规范化的流程。

2. 总经理与生产经理沟通订单数量,属于订单评审范畴,也是非正式化的流程。

3. 运营风险:

- 如果遇到新客户,这种非正式评审流程就会遇到挑战;

- 在该案例中总经理是评审流程能运作的核心要素,总经理必须对产品和技术非常熟悉,如总经理因故不能履行职责,该评审流程不可持续;

- 如果现有客户的产品发生大的变化(如规格或应用场景),该评审流程无法应对。

解决方案

- 针对首次下单的产品可以制作一张订单评审工作表格,明确评审流程、内容和人员。该产品的后续订单,无须再填该工作表格,可由业务员与生产经理直接沟通确认物料和产能状况即可。

- ISO 9001:2015 和 IATF 16949:2016 质量管理体系对合同评审或订单评审不要求建立相应的文件,但评审的动作必须做,建立工作表格可以确保这个动作的一致性。表格的详细程度取决于:产品的成熟度和复杂性、新老客户等。
- 该表格可以是纸质的,也可以制作成 E-mail 的标准格式。

4.2 新产品开发项目管理

IATF 16949:2016 对新产品开发项目管理的核心要求,见表 4-2。

表 4-2 关于新产品开发项目管理的核心要求

条 款	核心内容	实施措施
8.2.3.1.3 组织制造可行性	······应采用多方论证方法······对新产品技术或新制造及其变更实施可行性分析	项目可行性评估
8.3.1.1 产品和服务的设计和开发—补充	······应对设计和开发过程形成文件	新产品开发项目管理程序 产品设计和开发控制程序
8.3.2.1 设计和开发策划—补充	a. 项目管理(如 APQP 或 VDA-RGA)	APQP 或 VDA-RGA
8.3.4.1 监测	······规定阶段进行的测量应被确定、分析,以汇总结果的形式报告,作为管理评审的输入······要求时,应按照规定报告给顾客	项目阶段性评审 VDA-MLA 质量阀

项目管理的核心是交付,项目完成后须向顾客交付产品,项目各阶段输出相应的交付物。要完成交付,项目团队需要去协调工作安排、资源调度,具体来说就是协调质量、成本和交期的冲突。如果不能最终如期交付,则项目是失败的。企业和顾客之间可以用交付产品达成交易,企业才能产生现金流。

设计和开发的核心是转化,即如何将顾客的需求转化为设计方案(图纸、规格书等)。但是设计方案不等同于产品,它必须借助项目管理才能转化为产品。项目管理更多的是关注资源获取和配置,设计开发更多的是关注市场需求和技术。

为了实现和帮助供应商更好地实施新产品开发项目管理和设计开发流程,绝大部分的主机厂都建立了标准化的手册供其供应商使用,其中我们最熟悉的就是美国 AIAG(Automotive Industry Action Group)制订的《产品质量先期策划和控制计划》(APQP:Advanced Product Quality Planning and control plan)。其他主机厂也有类似的手册,见表 4-3。

表4-3 部分主机厂对新产品开发项目管理的要求

国 家	适应的主机厂	产品实现的工具
德国	大众、宝马、奔驰	VDA4.3批量投产前的质量保证(项目策划)
法国/日本	Renault/Nissan 联盟	联合新产品质量程序(ANPQP)
法国	PSA	产品和过程的控制实现质量保证(AQMPP)
日本	本田	供应商质量手册(SQM：Supplier Quality Manual)
日本	丰田	供应商质量保证手册(SQAM：Supplier Quality Assurance Manual)

4.2.1 新产品开发项目管理流程建设

已经建立了 APQP 流程，还需要建立项目管理流程吗？这是很多人的困惑。APQP 并不等同于项目管理，APQP 手册重点是描述项目的阶段及其输入输出，相当于项目管理中的工作分解结构(WBS：Work Breakdown Structure)。WBS 是把项目按阶段分解成较小的可交付成果，是项目计划、人员分配和预算计划的基础，也是项目所有工作的集合。WBS 是项目管理中的重要组成部分，但不是全部内容，一个典型的新产品研发项目管理流程包括：

- 需求分析；
- 工作分解与计划；
- 风险管理；
- 项目控制；
- 状态评审；
- 偏差纠正。

具体如图 4-3 所示。

除此之外还有组织团队建设和项目管理工具。读者对照 APQP 手册的内容便不难发现，项目管理的内容更加丰富和健全。在实践过程中，纵观前 100 强汽车零部件企业，基本都是用项目管理来驱动新产品开发流程的。他们拥有完整的项目管理手册、模板和表格，更有强大的项目管理部门，配备不同资质等级的项目团队成员。如果仅仅想依靠 APQP 就搞定新产品开发流程，那就是忽略了组织能力和资源对项目的影响。

APQP 把主机厂需要供应商提交的资料做了重点描述，比如在什么阶段作成何种资料，而对企业应该如何去管理项目关注过少。这就是企业的 APQP 流程写得很漂亮，但实际作用有限的原因。一个没有组织架构驱动的流程是没有灵魂的。新产品开发流程能否有效落地，取决于：

- 如何用项目流程来识别和分配任务；

- 如何用项目组织来配置和协调资源；
- 如何用管理工具来展现和推动进度。

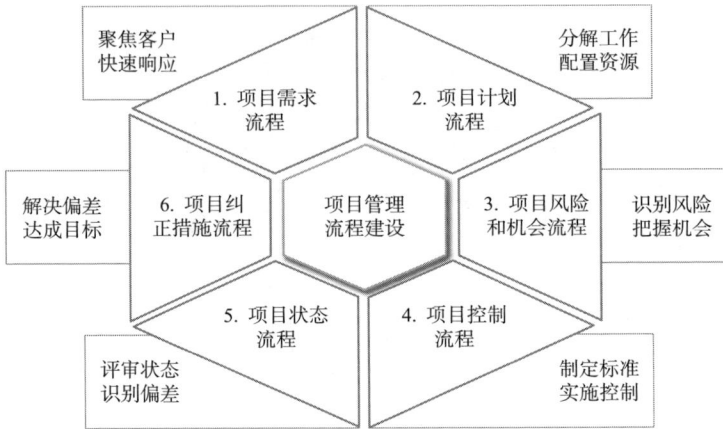

图 4-3　新产品开发项目管理流程建设

4.2.2　为什么 APQP 实施效果不好

企业有两条主线贯穿：产品线和经营线。产品线是生财线，给企业带来现金流，维持其运营；经营线是资源线，负责找市场、找客户、找技术、找人、找钱等，即资源线为产品线设定目标和提供子弹。

卓越的企业围绕产品线配置资源，APQP 则是流程平台，负责在合适的时间点将资源配置到产品线中。APQP 是美国三大主机厂开发的方法论，规范其供应商如何开发新零件，对协同整个供应链有重要意义。可是 APQP 在国内企业的实施普遍不如预期，各部门都怨声载道，质量部更是吃力不讨好。这其中的关键原因或许有这些：

◆ APQP 流程没有体现企业产品和工艺的要求

大部分的 APQP 文件，如果把公司抬头遮住，看完文件你都不知道这家公司做什么具体产品。这些文件中流程阶段的划分，输出资料的识别，同 APQP 标准手册完全一致。试问做座椅和钣金件其流程阶段和输出资料会完全一样吗？

APQP 策划人员应好好思考，如何将自己的真正需求嵌入到 APQP 各阶段中，即：

- 合理的阶段节点划分；
- 符合产品开发要求的输出；
- 合理的交付时间点。

【案例 4-2】某车身覆盖件企业 APQP 阶段及责任矩阵表

某车身覆盖件企业 APQP 阶段及责任矩阵表,见表 4-4。

表 4-4　某车身覆盖件企业 APQP 阶段及责任矩阵表

管理要项		输入	输出(记录/文件/实物)	主要责任部门					
				营销	项目	采购	生产	技术	质量
APQP 阶段		第一阶段:项目确认(立项阶段)		○	○	△	△	△	△
		起点:收到客户询价文件	终点:产品开发计划-A 表						
计划与项目确定	报价	客户报价图纸	客户要求管理表	○					
		客户采购要求	包装及物流方案			△	○		
		保密协议	初始工艺流程图				△	○	
			初始 BOM	△		△			
			DFM 产品可行性分析				△	○	△
			成本预算表	○	△	△		○	
			产品报价表	○					
	合同评审	定点信	合同评审记录表	○	△	△	△	△	△
		开发合同/协议	项目立项申请书	○	△				
		产品质量保证书		△	△				
		技术协议		△				○	
		其他		○					
	项目小组成立		项目小组组织架构及职责	△	○	△	△	△	△
	项目开发分析	客户 3D/2D 图纸	产品制造可行性分析报告	△	△		△	○	△
		样品	客户设计问题反馈及沟通	△	△			○	△
		技术要求及标准	产品安全项目清单	△	△			○	△
		其他文件	初始特殊特性清单	△	△			○	△
			产品可靠性及质量目标	△	△			○	△
			产品开发计划-A 表	△				○	
	第一阶段评审和管理支持		阶段评审记录表(LOP)	△	○	△	△	△	△

续上表

管理要项	输　入	输出(记录/文件/实物)	主要责任部门					
			营销	项目	采购	生产	技术	质量
APQP阶段	第二阶段:客户图纸评审与转换		△	△	△	△	○	△
	起点:产品开发计划-A表	终点:成品/物料检验标准初稿						
产品设计与开放	客户资料评审 客户图纸更新	客户图纸转换成内部版本					○	
	技术标准	DFM 产品可行性分析-更新	△	△	△	△	○	△
	物料需求	BOM 表-更新					○	
		零件/材料纳入计划-B表					△	
		产品特殊特性-更新					○	△
	工装夹具需求	模具/冶具/设备规划方案			△		○	
		模检冶具及设备纳入计划-C表			△		△	
		模具开发申请单					○	
		模具检具冶具发包			△		○	
		成品、物料规范制定			△	△	△	○
		产品开发计划-A表-更新		○				
	第二阶段评审和管理支持	阶段评审记录表(LOP)	△	○				△
APQP阶段	第三阶段:工艺开发阶段		△	△	△	△	○	△
	起点:工艺流程图-更新	终点:MSA/PPK 计划						
过程开发和设计		包装及物流方案-定稿				△	○	
		工艺流程图-更新				△	○	△
		场地平面 layout 制定				△	○	
		PFMEA 制定	△	△		△	○	△
		样件控制计划制定	△	△			○	○
		作业指导书制定				△	△	△
		产品、物料检验指导书制定					△	○
		制定工艺参数表					○	△
		模检冶具及设备纳入计划-C表-更新				△	○	△
		第一次试模及问题改进		△	△	△	○	△
		零件/材料纳入计划-B表-更新				△	○	△

续上表

管理要项	输　入	输出(记录/文件/实物)	营销	项目	采购	生产	技术	质量
过程开发和设计		第一次送样(需要时)	○	△		△	△	△
		第二次试模及问题关闭		△	△	△	○	△
		材料/产品性能试验计划-D表		△		△	△	○
		OTS样件	△	△	△	△	○	△
		全尺寸检验报告		△			△	△
		产品特殊特性-定稿		△		△	○	△
		人力需求及培训计划	○			△		
		模具/工装/设备维护保养计划				○	△	
		检具保养校准计划				△	△	○
		合格供应商清单			○			△
		制定过程审核计划表		△		△	△	△
		MSA/Cpk计划				△	△	○
		产品开发计划-A表-更新		○				
	第三阶段评审和管理支持	阶段评审记录表(LOP)	△	○	△	△	△	△
APQP阶段	第四阶段：试生产		△	△	△	△	○	△
	起点：试生产	终点：量产转移报告及会议						
产品和过程确认		试生产及样件	△	△	△	△	△	△
		包装评价表				△	△	○
		测量系统分析MSA					△	○
		过程能力指数Cpk					△	
		性能试验报告		△			△	○
		模具/工装验收报告		△	△	○	△	
		检具验收报告		△		△	△	○
		BOM表-定稿			△		○	△
		PFMEA-更新	△	△	△	△	△	△
		工艺参数表-定稿					○	
		量产控制计划	△	△	△	△	△	○

续上表

管理要项	输　入	输出(记录/文件/实物)	主要责任部门					
			营销	项目	采购	生产	技术	质量
产品和过程确认		SOP定稿				△	○	△
		SIP定稿				△	△	○
		PPAP资料准备/提交	△	△	△	△	△	○
		量产转移报告及总结会议	△	○	△	△	△	△
	第四阶段评审和管理支持	阶段评审记录表(LOP)	△	○	△	△	△	△
APQP阶段	第五阶段:量产		△	△	△	△	△	△
	起点:订单	终点:停产						
反馈纠正与预防		项目开发变更履历-更新	△	△	△	△	△	△
		工程变更通知单	△	△	△	△	△	△
		各阶段LOP改善追踪单	△	△	△	△	△	△
		客户投诉及改进记录表	△	△	△	△	△	○
		客户满意度调查表	○					
		持续改进项目处理单	△	△	△	△	○	△
	经验数据库更新							

备注:○-主导部门;△-支持部门。

在该案例中,首先各阶段的输出要考虑产品和工艺的需求,以及管理的需求;其次有些输出是分阶段实现的,有创建、更新和定稿的进展;最后该产品的开发重点是模具开发、制造和验收,案例中有管控相应的节点。实际上 APQP 标准手册对模具开发、验收等关注太少,但大部分产品的开发和实现模具开发是关键点。

　◆ APQP 的责任担当部门错位

很多公司是由质量部门负责 APQP 的,原因很简单,这个活动是质量策划,当然非他莫属。但现在质量部门的声音越来越弱,压根就调动不了资源,它只是个监督部门,无权力也无能力推动 APQP 的进展。

APQP 的主导权应从开发部、项目部或销售部中选一个。笔者比较倾向选销售部,它的执行力度最大,能确保产品开发进度与客户保持一致。开发部的责任是把客户的需求变成图纸和规范;项目部负责协调、监督进度;销售部负责投标、启动项目,资源申请和交付 PPAP,协调内部流程与客户需求保持一致;质量部负责监督质量风险。

　◆ 没有设置有效的监控点

大部分企业的 APQP 只设定了时间监控点,没有质量监控点,更没有成本监控点，就只是到了什么时间点应该完成什么资料，这样的 APQP 流程当然就沦落成做资料了。

立项阶段就应该完成产品质量成熟度的策划，比如：到什么时间点，哪些问题应该解决，问题总数应解决多少，要能看得出开发工作的进展，产品开发过程就是一个问题解决的过程。现在 APQP 的阶段性总结只是在判断哪些资料完成了。

另一个监控点就是成本，这也是产品开发的约束条件，但是很遗憾，很多 APQP 流程不含成本策划流程，最多只有成本计算和报价。成本策划应贯穿 APQP，将成本差异转化为设计课题，不然利润从何而来。

有效的 APQP 实施有赖于找到对的主导部门，策划符合产品和工艺需求的流程，在对的时间监控对的控制点，否则就是在做资料，对产品设计和开发的实质性作用不大。

4.2.3　制造可行性分析

可行性分析（feasibility analysis）是指对项目进行系统的技术经济论证，经济合理性综合分析。其目的是通过对技术成熟程度、经济合理性和条件可能性的分析论证，选择以最小的人力、物力、财力耗费，取得最佳技术、经济、社会效益的切实方案。它是解决项目实施前期分析的主要手段。可行性分析分为三个阶段：

- 机会鉴定阶段。即通过对市场需求、技术发展趋势和资源状况分析，寻求合适的市场机会。内容包括市场调查预测，投资的目标、范围，项目投资费用范围。
- 初步可行性分析阶段。即在机会鉴定研究的基础上，寻找可行项目和投资方向，从经济上进一步考察原料市场，在技术上进行实验和中间试验。
- 技术经济可行性论证阶段。即在全面分析、计算、比较和论证的基础上，对项目进行可行性定性分析，选择最优方案，并对项目作可行性定性结论。

如果新产品开发项目是基于顾客合同启动的，IATF 16949：2016 质量管理体系"8.2.3.1.3 组织制造可行性"主要是关注技术经济的可行性分析。企业在投标阶段和合同评审阶段对顾客项目的评估，即为可行性评估的机会鉴定阶段和初步可行性分析阶段。

可行性评估主要是评估企业的能力，如：

- 技术能力；
- 设备能力（生产、检测、软件等）；
- 人员能力；
- 产能；
- 试验能力。

【案例 4-3】制造可行性分析报告

制造可行性分析报告，见表 4-5。

表 4-5 制造可行性分析报告

				实施日期				
				合同编号				
项目编号		项目名称		产品零件号				
顾客名称		产品名称		图纸版本				

评估项目		开发可行性评估内容与结果		可行性评估			职能部门签字
				可行	部分可行	不可行	
工程规格评估	图纸、图号						
	功能试验规格						
	材料评估： □延用 □新开发	□金属材料：_____ □PU 材料：_____ □塑胶材料：_____ □其 他：_____					
被评估的制造过程		□机加工 □铆焊 □吹塑 □剪裁 □冲压 □热处理 □涂装 □清洗 □其他_____					
开发资料评估	1. 技术协议资料	□能满足 □需要沟通 □无法取得 □不能满足					
	2. 图纸	□能满足 □需要沟通 □无法取得 □不能满足					
	3. 工装模具	□能满足 □需要沟通 □无法取得 □不能满足					
	4. 参考样品	□能满足 □需要沟通 □无法取得 □不能满足					
	5. 制造工艺	□能满足 □需要沟通 □无法取得 □不能满足					
	6. 检具图	□能满足 □需要沟通 □无法取得 □不能满足					
	7. 检验标准书	□能满足 □需要沟通 □无法取得 □不能满足					
	8. 小组经验	已经成功制造交付：_____					
使用设备评估	□需增购设备 □不需增购设备	本公司设备	□液压机 □电解机床 □车床 □滚丝机 □珩磨机 □铣床 □台钻 □磨床 □其他				
		外协加工	□机加工 □冲压 □板件 □铸造 □吹塑 □铆焊 □气体焊接 □其他				
生产技术能力评估		□够 □本公司技术能力不足，需要培训或引进					
过程能力评估		是否需 SPC：□YES □NO （注：类似产品过程能力 CPK＞1.33）					

续上表

检测能力评估	□足够	□使用本公司检验设备	□需增购设备		
	□不足	□需委托外部机构			
检具策划及能力评估	□需增购量、检具	□不需增购量、检具			
生产能力评估	本公司	□不影响产能　□产能负荷增为　%			
	外　协	□不影响产能　□产能负荷增为　%			
人力需求投入评估	□增加直接人员　　人 □增加间接人员　　人	□不需增加人员			
日程预定	初期样品检验日期预定：　　年　月　日 图纸设计日期预定：　　天				
	量产日期预定：　　　年　月　日				
总评价	□完全可行	项目小组成员会签			
	□基本可行				
	□不可行				
	□其他				
其他事项		项目经理审核	签名日期		
		总经理批准	签名日期		

4.2.4　如何应用多方论证（multidisciplinary approach）方法

在 IATF 16949:2016 质量管理体系标准条款中有六处要求企业使用多方论证方法（multidisciplinary approach）来执行某些活动或过程，见表 4-6。

表 4-6　IATF 16949:2016 条款的"多方论证方法"的要求

IATF 16949:2016 条款	要　　求
6.1.2.3　应急计划	f.……跨部门小组对应急计划进行评审（至少每年一次）
7.1.3.1　工厂、设施及设备策划	应使用多方论证方法，……来开发并改进工厂、设施和设备的计划
8.2.3.1.3　组织制造可行性	应采用多方论证方法来进行分析，以确定制造过程是否可行

续上表

IATF 16949:2016 条款	要　　求
8.3.2.1　设计和开发策划—补充	使用多方论证方法的方面包括但不限于： a. 项目管理 b. 产品和制造过程设计活动(DFM 和 DFA) c. 产品设计风险分析(FMEA)的开发和评审 d. 制造过程风险分析(如:FMEA、过程流程、控制计划和标准的工作指导书)的开发和评审
8.3.3.3　特殊特性	应采用多方论证方法……识别特殊特性
8.4.1.2　供应商选择过程	d. 多方论证决策

◆ 多方论证或跨功能小组的组成

　　该小组成员可以包括来自企业内部工程、制造、物料控制、采购、质量、人力资源、销售、现场服务等职能部门的代表；外部成员可以有来自供应商和顾客的代表。企业可以根据实施不同活动的需要，在前述这些职能部门中选择合适的人员。在执行同一个活动或任务时，该跨功能小组的成员应保持其组成的稳定性。

　　企业在组建跨功能小组时，还应考虑对成员的资质要求，以确保这些人员有能力完成所分配的任务。如果顾客对这些成员的资质有要求，则需要将顾客的要求纳入考虑。小组中的每一种技能都是为完成团队的目标所必须的能互济余缺的技能。它可分为三种：

- 技术或职能专家；
- 解决问题的技能和决策技能；
- 引导技能，如沟通协调的技能。

　　我们需要关注：每个成员有无可能在三种技能上把自己的水平提高到团队所要求的水平；是否有对团队的业绩很重要的技能被漏掉或低估；无论从个人或是团队的角度，成员是否愿意花时间帮助自己和他人学习和发展技能；如果需要，团队是否能引进新的或补充的技能。

　　小组所使用的工作方法是具体和明确的，且每个人都能真正理解并一致接受这种方法，以保证目标成就的实现，同时这种方法能利用和增强所有成员的技能。

　　引导(facilitation)是让事情变得更容易，简单地说，就是如何协助一个团队从甲地更容易到达乙地。团队成员各有各的专长、感受、看法与做法，如果不能创建一个团队参与的空间，是很难共事的。引导者从扮演中立的角色开始，关注团队讨论或工作的流程(而非只是内容)，通过提出有力的问题，控制团队的讨论或工作过程，引发互动和总结，促进团队确定目标并找到实现目标的方法。

　　俗话说人多好办事，但人数较多，则很难达成共识，相互间较难配合以采取有效的行动。所以如果小组确实需要较多人员，最好将小组分为满足不同目标的次级小组，而不是作为一个小组发挥作用。

◆ 跨功能小组的责任授权和牵头人

一旦跨功能小组的成员确认以后，企业的高层管理者应指派小组的牵头人，赋予该牵头人和其他成员不同的工作职责，可以参考表 4-7 所示的责任分配矩阵来确定每一个成员在执行不同的活动/任务时，应该担负哪种责任，特别需要注意的是应确保任何一项活动/任务都只有一个人负责拍板，这样可以避免决策混乱。

表 4-7　跨功能小组的职责分配矩阵

活动/任务	跨功能小组成员				
	甲	乙	丙	丁	……
定义	A	R	I	I	……
设计	I	A	R	C	……
开发	I	A	R	C	……
测试	A	I	I	R	……
……	……	……	……	……	……

其中，R 表示执行责任，是该项活动/任务的实际执行者；A 表示担当责任，对该项活动/任务的成果负全责的人；C 表示咨询责任，为某项活动/任务提供咨询或建议；I 表示被知会责任，在某项活动/任务完成后，必须被知会的人。小组成员之间应做出严肃的承诺以相互承担责任，实现共同目的和业绩目标。

在选择跨功能小组的牵头人时，如果其位阶或权力不够，则可能在跨功能小组运作时，遇到刁难，或是在各部门间沟通斡旋时，疲于奔命，甚至无权要求某个成员执行某些活动/任务。所以，小组的牵头人一定要选对人，否则跨功能小组便名存实亡。

◆ 跨功能小组要多沟通

沟通是跨功能小组运作的润滑剂，用得好小组能运作顺畅，否则就是徒有虚名。良好的沟通需要遵守以下三个原则：

- 经常沟通。尽管很多人埋怨，写 E-mail、编制文档或开会很烦人，但是沟通不足所付出的代价更大。因此，在跨功能小组运作时，沟通宁可多、不可少，尤其是坏消息，更要与每个人分享，此时更需要他人的意见。

- 用心倾听。真正做到用心聆听的人不多。聆听应该在对方说话的时候，抛开自己的主题，不要打断对方；看着说话者，保持目光的接触，把注意力放在对方身上；通过语言或肢体动作，鼓励对方；讨论对方的发言内容，予以解释、总结，展现你对内容的理解。

- 对事不对人。讨论过程中，团队成员常常会有不同的意见，有时候人们为了维护自己的价值观或想法，会极力辩护，寻求认同，但好的讨论方法是将想法和人分开,只针对想法进行讨论。

◆ 跨功能小组失败的原因

通过研究,我们列出部分跨功能小组失败的原因:

- 职能部门与跨功能小组的权责划分不清;
- 跨功能小组成员的角色和责任不明晰;
- 跨功能小组负责人在领导跨功能小组时没能起到有效的作用;
- 跨功能小组在完成任务时没有得到适当的授权,有时根本没有给小组任何授权;
- 跨功能小组成员没有将全部心思投入到工作中去;
- 跨功能小组工作仅停留在书面上,流于形式,不能有效地管理开发项目的实施。

4.2.5　产品合规管理

法律法规是主机厂和零部件供应商面临的重要挑战。不同国家的法律法规要求各不相同,而且种类繁多,细节更是不计其数。所以产品的合规性管理对企业来说非常重要,笔者将 ISO 9001/IATF 16949 涉及的法律法规要求梳理,见表 4-8。

表 4-8　ISO 9001/IATF 16949 条款对产品合规的要求

职　　能	ISO 9001/IATF 16949 条款	如何实施	落地点
投标	8.2.2.a ……适用的法律法规要求	识别客户询价文件中的法规要求	项目可行性评估报告 报价评估表 法规清单及关键要求
	8.2.2.1　产品和服务要求的确定-补充 ……与材料的获得、储存、搬运、回收、销毁或废弃有关的政府、安全和环境法规		
合同评审	8.2.3　产品和服务要求的评审 8.2.3.1.d　适用的……法律法规要求	识别客户正式合同中的法规要求(与报价阶段的差异)	合同评审记录
项目管理	4.4.1.1　产品和过程符合性 ……确保产品和过程,包括外包……符合一切……法律法规	识别产品和生产法规的细节	项目合规性评价
	4.4.1.2　产品安全 应形成文件……a.组织对产品安全法律法规要求的识别	策划如何管理安全有关的法规特性	产品合规性评价
	8.5.2.1　标识和可追溯性-补充 对所有汽车产品的内部、顾客及法规可追溯性要求……形成文件	识别法规对标识和追溯性的要求,及如何实现	标签要求 MES 系统基本资料
设计和开发	8.3.3.1　产品设计输入 g.顾客确定的目的国法律法规 8.3.4.2　……包括适用的行业和政府机构发布的监管标准	定义产品的法规要求(输入和确认)	产品设计输入 产品确认计划和报告

续上表

职　能	ISO 9001/IATF 16949 条款	如何实施	落地点
供应链	8.4.2　控制类型和程度 c. 考虑……满足法律法规要求的能力	识别对供应商的法规要求	供应商评估表
	8.4.2.2　法律法规要求 确保产品……符合收货国、发运国和目的国的现行法规	识别零件、材料的法规细节	物料规格书
	8.4.3.1　外部供方的信息-补充 向供应商传达法律法规要求	向供应商询价时明确对法规的要求	供应商询价文件 PPAP 资料
IQC/生产	8.6.5　法律法规符合性 产品进入生产流程前,应能提供证明……符合……最新的适用法律、法规和其他要求	识别 IQC 中关于法规特性的检测方法	IQC 检验报告
审核管理	9.2.2.4　产品审核 ……验证所规定要求的符合性	产品安全特性、安全相关特性的符合性	产品审核报告

　　企业在不同业务职能阶段,在相应的文件中需要确定合规管理的流程、具体工作事项和责任人。合规管理涉及的层面比较多,不是单纯依靠法务部或某个专业人士就能全部解决的。

4.3　新产品开发

　　IATF 16949:2016 对新产品开发的核心要求,见表 4-9。

表 4-9　关于新产品开发的核心要求

条　款	核心内容	实施措施
8.3.2.2　产品设计技能	……应确保设计人员有能力实现设计要求,具备适用的产品设计工具和技术技能	岗位职责说明书
8.3.3.1　产品设计输入	……应识别、形成文件、评审输入: a. 产品规范,包括特殊特性 b. 边界和接口要求 c. 标识、可追溯性和包装 d. 设计的替代选择 e. 风险评估 f. 要求的目标,包括防护、可靠性、耐久性、适用性、健康、安全、环境、进度和成本 g. 目的国法规要求 h. 嵌入式软件要求 ……以往设计项目等经验	产品设计输入清单 APQP 阶段性输入

条　款	核心内容	实施措施
8.3.3.2　制造过程设计输入	……应识别、形成文件、评审输入要求： a. 产品设计输出数据，包括特殊特性 b. 生产力、过程能力、进度和成本的目标 c. 制造技术替代选择 d. 顾客要求，如有 e. 以往开发的经验 f. 新材料 g. 产品搬运及人体工学要求 h. 面向制造设计和面向装配设计 ……应使用防错法	工艺设计输入清单 APQP 阶段性输入
8.3.5.1　设计和开发输出—补充	……输出应包括： a. 风险分析（FMEA） b. 可靠性研究结果 c. 产品特殊特性 d. 产品设计防错结果 e. 产品定义，包括 3D 模型、技术数据、制造信息和 GD&T f. 2D 图纸，制造信息及 GD&T g. 产品设计评审结果 h. 服务诊断指南及维修和可服务性说明 i. 服务件要求 j. 发运的包装和标识要求	产品设计输出文档 APQP 阶段性输出
8.3.5.2　制造过程设计输出	……应文件化过程设计输出： a. 规范和图纸 b. 特殊特性 c. 识别过程输入变差 d. 工装和设备，包括性能研究 e. 流程图/布局 f. 产能分析 g. PFMEA h. 维护计划及指导书 i. 控制计划 j. 标准作业和作业指导书 k. 过程批准接收准则 l. 质量、可靠性、可维护性、可测量性的数据 m. 适当时，防错法的确认和验证结果 n. 不合格的快速探测、反馈和纠正方法	过程设计输出文档 APQP 阶段性输出
8.3.4.2　设计和开发确认	……应根据顾客要求和行业及监管标准进行确认……应与顾客指定的进度相一致	确认试验

条　　款	核心内容	实施措施
8.3.4.3　原型样件方案	……要求时，应制作原型样件方案和控制计划。……应使用与正式生产相同的供应商、工装和制造过程……应监视测试的及时性和符合性……外包时，应将控制的类型和程度纳入其 QMS 范围	样件制作样件控制计划
8.3.4.4　产品批准过程	……应建立、实施和保持符合顾客规定要求的产品和制造过程批准过程	PPAP 流程
8.3.6.1　设计和开发更改—补充	……应评价……所有设计变更，评价对配合、外形、功能、性能/耐久性的影响。生产前得到批准	产品设计变更流程

4.3.1　如何有效实施设计评审

设计评审（design review），是指对设计方案所作的正式的、综合性的和系统性的评审，并形成文件，以评定设计要求与设计能力是否满足要求，识别其中的问题，并提出解决方案。在新产品开发流程中通常不只进行一次的设计评审。

新产品开发流程应该是由设计评审的决策来推动的。这项活动决定新产品开发小组何时进行下一步工作，资源的分配该如何来调整，同时通过设计评审，促进公司高层管理者的参与。所以这一活动在新产品开发中极为重要。很多情况下，企业对设计评审的管理缺乏有效性和效率，决策缓慢或优柔寡断导致项目失控，耽误产品的最终交付，或意见分歧较大使产品变化频繁，导致资源的浪费。一个有效的设计评审可以给新产品开发活动带来以下好处：

- 发现错误。尽早发现产品质量策划中的问题，避免耗费不必要的人力、物力和时间纠正问题；
- 风险规避。明确设计中存在的风险，根据评审结论采取相应的风险规避措施；
- 跟踪需求。确保所有市场、顾客、技术等风险得到考虑；
- 优化设计。及时发现设计中欠考虑的方面及其原因；
- 质量评估。评估设计成熟度，在关键点上评估产品的状况，为产品质量策划、项目决策提供依据。

企业在新产品开发流程中，应建立一个完善的设计评审流程，如图 4-4 所示。评审的过程虽然耗时、烦琐，但相对其利益而言，还是值得的。

◆ 评审计划

评审计划首先要考虑的是该次设计评审应交付哪个方面的结论，即评审的目的是什么。在新产品开发的不同阶段，设计评审的目的是不同的。如果没有明确的目的，那么设计评审也是没有意义的；其次就是确定参与评审的人员，最佳的做法是在公司成立一个设计评审小组。该小组应该有公司的高层管理者参与，负责对设计进行评审和决策。

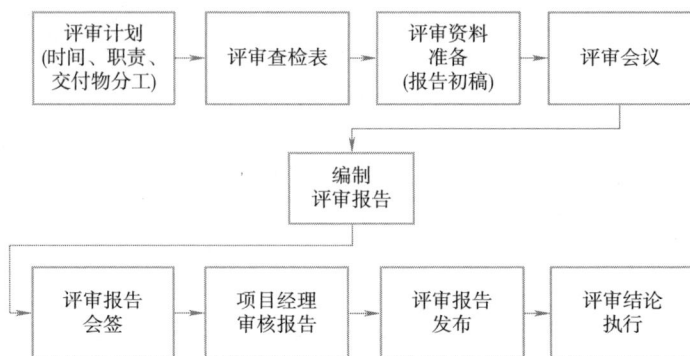

图 4-4　设计评审流程

- 新产品开发项目的立项；
- 取消或重新制定项目的优先顺序；
- 确保进行开发的产品符合公司战略；
- 评审设计工作成果是否符合计划的安排；
- 分配开发资源。

在不同的设计阶段该评审小组的人员组成可以有所变化，如：营销和市场部门的主管应参与立项阶段的设计评审，但到了产品设计阶段的评审，他们可以不参与。参与评审的公司高层在评审中应保持一致。以我们的经验，很多公司高层管理者通常在新产品开发项目快要结束、产品即将推向市场时才参与。可惜，在这个时候大多数决策已经确定，他们的参与所带来的实际影响是非常微弱的。

最后就是评审时间的安排，新产品开发小组应该提前安排评审的时间，以便评审者和被评审者有足够的时间来安排工作和准备相关的资料。

◆ 阶段性的评审

不同的公司对每一阶段的具体要求有所不同。在前两个阶段，与各项要求联系较为密切的是周密的计划和高效的决策；在以后的阶段，这种要求会因所开发产品的特征不同而有所不同。评审小组对每一阶段目标进行总结，并在每一阶段结束时对各项决策加以说明，就有助于把这点说清楚。

· 立项阶段（概念评审）

立项阶段的目标是使公司迅速评审产品的市场机会，并尽快启动产品开发过程。立项阶段的成果是对产品概念或机会做出的评审，该评审结论提交给公司高层，以此作为新产品开发的拨款依据。

· 项目任务评审（计划和确定项目）

这一阶段是新产品开发的基础阶段。其目标是清楚定义产品，认识产品竞争优势，明确功能，决定开发可行性，高度准确地检查在立项阶段当中所做的估计，以及为产品开发阶段和其余阶段的工作制订计划。该阶段的重点是要充分理解主要设计要素的细节以便分析其可行性，但通常并不需要在这一阶段进行详细的产品设计。这一阶段结束时，应对产品质量策划所须的资源、时间和资金做出估算。该阶段的评审会议使高层管理者得以解决任何存在的问题及对项目进行优先排序，并据此分配资源，以便保证产品质量策划工作的成功。

- 技术评审（产品和工艺的设计和开发）

产品设计开发的目标是根据前一阶段评审会议批准的项目任务书来开发产品，大部分具体的设计开发活动将在这一阶段进行。在开发工作开始之前，公司应进行正式的技术设计评审。这一阶段主要强调项目开发工作的实施，而不是分析产品机会或其可行性。在产品/工艺设计开发阶段可以设置多个里程碑来跟踪项目的进度，比如：产品设计完成点、工艺设计完成点、工装准备完成点、采购定点等。

- 试生产评审（产品和工艺确认）

产品/工艺开发设计完成后，就要准备试生产，以验证工艺能完成满足质量、成本和产能的要求。完成这一阶段的标志是成功地通过了顾客对产品和工艺的认可，生产和支援体系得到批准。一家对产品质量非常重视的公司会利用这一阶段的评审会议来进行最后确认，以确保产品达到了顾客和公司的质量标准。

- 投产（开始批量生产）

这个阶段包括批量生产、订单交付以及产能爬坡。该阶段的评审会议将证实这些步骤在成功地进行，还将对产品的早期表现和客户接受情况进行评审。该评审通常在第一批产品交运后的 1 至 3 个月进行。在这一阶段结束时，责任从新产品开发小组转移到了各职能部门，它们对产品进行不间断的管理。最后，新产品开发小组应对整个策划过程进行经验总结，确定在策划过程中，哪些事项或方法做得不错，以及存在哪些问题点，作为持续改进的依据。

◆ 评审查检表

新产品开发小组根据流程开展产品的设计工作，在进行阶段评审时，应依据评审检查表确认各项细节工作是否符合要求。一般说来，大部分公司都有正式的设计流程，在实践中变动也不大，但是评审检查表就未必了。其原因一是编制评审检查表的工作量特别大；二是整合新产品开发小组的个人观点很不容易；三是我们习惯了"老大说了算"的管理文化。

评审检查表可以帮助新产品开发小组就产品的功能、制造的可行性、质量、可靠性、成本等方面的符合性展开评估。我们很容易借助这种形式将小组的智慧聚焦到产品上，尤其是那些未能满足要求的项目。一旦评审检查表做好了，那么新产品开发小组成员之间的配合就会容易些，问题也具有可预测性。

评审检查表另一个很重要的功能是技术的累积。我们有过这样的经验，如果某个小组成员离职了,那么他的知识就随他而去了,因为绝大部分的公司,知识和技术经验都在个人脑袋里。这就给管理者提出一个现实的问题,如何将个人的能力转化为组织的能力。如果有设计评审检查表,情况就会不一样了。试想,我们在设计产品时,如果能有之前的产品设计评审查检表,就有机会吸取前人的经验教训,也有机会超越前人。新产品开发小组也可将新的知识和技术注入检查表中,如此一来,每设计一款新产品,我们可以将检查表更新,并将其标准化。这本身也是训练新产品开发小组的一种好方法。

【案例 4-4】项目委托与询价阶段评审

项目委托与询价阶段评审,见表 4-10。

表 4-10 项目委托与询价阶段评审

项 目	检查点	完成程度(说明)	证明的记录	判 定
顾客期望要求	获取的市场调研情况和以往的质量信息 来自经营计划的结果,对产品和过程的行业水准比较,内部和外部顾客项目输入要求	市场调研/顾客的呼声 顾客满意度调查表 行业水准比较	市场调查分析表 顾客满意度调查表	
项目目标开发要求	技术目标:如可靠性要求、质量、售后服务等 成本目标:如零件/材料成本、项目成本、投资 期限:如重要的里程碑 产能目标:如生产能力、资源	产品和过程特性识别 过程要求:技术目标、成本目标、生产能力和资源	失效模式分析 DFMEA 特殊特性清单 产品开发任务书	
可行性	生产能力、成本、质量、技术、期限	能力是否满足及可行性分析	产品开发任务书 市场调查分析表	
开发方案	只要适合,就须制定产品和过程方案,从技术和经济性方面实现项目委托的不同解决或替代方法	盘点所须材料 编制初始工艺流程	材料清单 过程流程图	
项目责任	项目组织,任命一位项目负责人并确定其任务和权限	任命项目负责人 明确其项目任务及权限	项目小组立项书	
项目计划	制订项目计划,并以可行性研究的准则为基础,随着项目的不断发展,项目计划必须得到进一步的细化	符合顾客要求的项目时间进度表	项目进度计划	

续上表

项　　目	检 查 点	完成程度(说明)	证明的记录	判　定
文档处理	根据项目的范围必须就项目文档的处理、分发及信息在参加项目的企业和员工之间协调作一个适当的规定	对项目资料的管理 图纸、项目计划、市场调研 项目信息沟通协调	项目资料清单 技术部归档	
评审结论	E=已完成 GD=具有较低潜在风险的微小缺陷 SD=具有较高潜在风险的严重缺陷		跟进的措施:○需　○否	

◆ 评审结论

阶段性评审有一个重要的任务就是对某阶段的工作进行总结和评价，以决定产品质量策划小组的工作是否能推进到下一阶段。评审的结论不外乎三种情况，如图 4-5 所示。

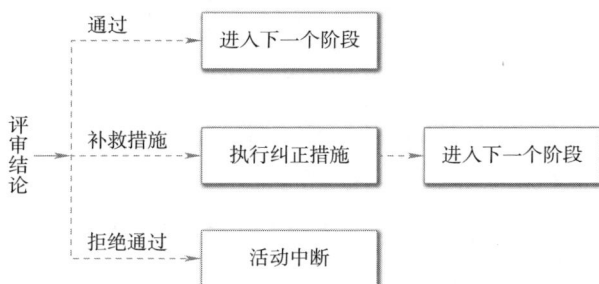

图 4-5　设计评审结论

- 通过：满足所有要求和目标，问题都得到解决，进度按计划推进，所须文件齐备。
- 补救措施：所有要求和目标没有全部达到，并有问题存在，但是补救措施已落实，有充足的事实证明是有效的，顾客不受影响并同意解决方案，进度上的风险可以控制。
- 拒绝通过：主要的要求和目标没有达到，并存在主要问题，没有充足的事实证明措施是有效的，顾客受影响或不同意解决方案，没有足够的资源去解决问题，进度受到较大的影响。

新产品开发小组应根据评审小组的结论对项目计划、人员配置和资源等要素进行调整，以符合企业和顾客的要求。一个有效率的阶段性评审过程具备四个主要特征：

- 为新产品开发的决策提供清晰、连贯的过程。在每个阶段结束时，评审小组都应决定是否应继续、取消或重新布置新产品开发小组的活动，并解决这一阶段的主要问题,以及改变资源的分配等。

- 授权新产品开发小组执行项目计划。阶段性评审过程要使评审小组能够确定优先权,批准或修改产品质量策划项目方向,制订产品和项目目标,并监督项目。

- 提供可衡量的检查点,以便监督进展情况。阶段评审过程应定义出检查点,以便评审小组对时间进度以及产品目标进行审核。

- 确定里程碑,以加强紧迫感。应有意识地把阶段性评审会议看作是新产品开发项目的里程碑来解决问题和制订决策。这些里程碑会造成一种紧迫感,这种紧迫感是非常必要的,经验告诉我们,大多数问题都应该在两周之内得到解决。

【案例 4-5】苹果公司的设计工作流程:及时紧凑,不要惊喜

苹果的设计工作计划以周为单位,常规的一周通常如下:

周一开团队会议,设计团队讨论进行中的项目及本周要完成的项目。周二设计团队会先进行两小时的回顾会议,每个设计师都要展示正在进行的工作,人人都得评价和做笔记。周二、周三设计师要完善自己的设计项目。周四将再次举行两小时的回顾会议,所有团队成员都参与并给出评价意见。到了周五下午 4~6 点,设计团队和副总裁及管理团队一起评审当周的设计结果。

这个工作流程保证所有人的工作内容在 48 小时内都经历了一轮完整的反馈和修改。该流程的优点突出:

第一,高迭代意味尝试成本更低。

假如周五的提案被否了,也不会有很大的影响,下周可以开启新一轮循环。

第二,高透明度的方式让团队能真正同步工作。

每 48 小时回顾一次工作成果,团队所有人都知道大家在做什么,做得如何,透明度非常高。回顾的目标是找到都认同的执行方案,因此当设计师开始独立工作时,就是要去落实这个方案,然后再一起去优化。

大部分公司都是让设计师先完成设计,才交给管理层批准。这种做法其实是在剥夺管理层的修改空间,因为每动一个地方,都牵涉了很多员工的工作。

第三,没有惊喜。

苹果拥有非常严格的保密文化,即便在公司内部也如此。这样每周五和高层评审项目就非常重要。在评审会议上,高管会结合公司整体策略提供设计反馈。同样的道理,一周一会的频率,意味着高层了解设计目前的情况及修改的方向,所以不会出现这周五设计师承诺的 A 样,下周五却看到了 B 样带来的惊喜。

4.3.2 设计验证和设计确认有什么区别

《ISO 9000：2015 质量管理体系 基础和术语》第 3.8.12 条款将验证（verification）定义为"通过提供客观证据对规定要求已得到满足的认定"。客观证据是检验结果或其他形式的确定结果，如：变换方法进行计算。为验证所进行的活动有时候被称为鉴定过程。《ISO 9000：2015 质量管理体系 基础和术语》第 3.8.13 条款将确认（validation）定义为"通过提供客观证据对特定的预期用途或应用要求已得到满足的认定"。确认所使用的条件可以是实际的或模拟的。

设计验证是判断设计输出是否符合设计输入的要求，它是阶段性的；而设计确认是判断最终的产品是否能满足顾客的或规定的使用要求，其关系如图 4-6 所示。

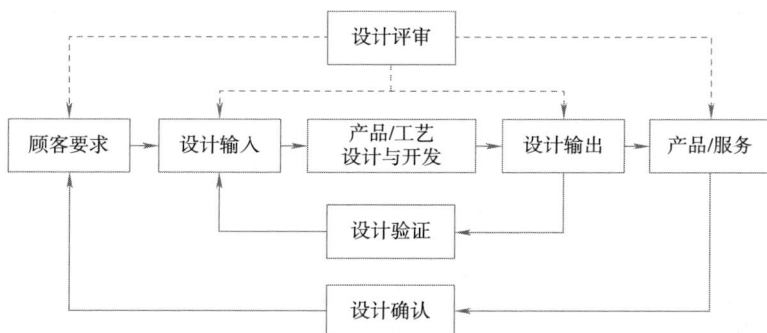

图 4-6 设计验证和设计确认

在 IATF 16949：2016 条款中，对设计验证和设计确认有明确的要求，见表 4-11。

表 4-11 IATF 16949：2016 条款对验证和确认的要求

IATF 16949：2016 条款	产品	工艺	要 求
7.1.3.1 工厂、设施及设备策划		✓	……在过程批准、控制计划维护及作业准备的验证期间作出的任何更改
8.1.1 运行策划和控制—补充	✓	✓	……资源是指所要求的产品特定的验证、确认、监视、测量、检验和试验活动以及产品接收准则
8.3.2 设计和开发策划	✓	✓	c. 所需的设计和开发验证、确认活动
8.3.4 设计和开发控制	✓	✓	c. 实施验证活动 d. 实施确认活动 e. 评审、验证和确认过程中确定的问题采取措施

续上表

IATF 16949:2016 条款	产品	工艺	要 求
8.3.4.2 设计和开发确认	✓		……对设计和开发进行确认。设计和开发确认的时程安排应与顾客规定的时程相符 ……合同约定下,设计和开发确认应包括评价产品,包括嵌入式软件
8.3.5.2 制造过程设计输出		✓	……应对……输出进行验证 m. 适用时,防错识别和验证的结果
8.4.3 提供给外部供方的信息	✓	✓	f.……外部供方现场实施的验证或确认活动
8.5.1 生产和服务提供的控制	✓	✓	f. 若输出结果不能由后续的监视或测量加以验证,对……过程能力进行确认,并定期再确认
8.5.1.1 控制计划	✓		b. 首件/末件确认,如适用
8.5.1.3 作业准备的验证	✓	✓	a. 当执行作业准备时进行作业准备验证 c. 适用时采用统计的验证方法
8.5.1.4 停工后的验证	✓		……确保在……停工期之后,产品的符合性
8.5.1.6 生产工装及制造、试验、检验工装和设备的管理		✓	为工具、量具的设计、制造和验证活动提供资源
8.5.6.1 改的控制—补充	✓	✓	a. 明确验证和确认活动 b. 在实施前对更改予以确认 d. 保留验证和确认记录 包括供应商的更改,进行以验证为目的的试生产
8.5.6.1.1 过程控制的临时更改	✓	✓	……在规定时期内对重新启动验证形成文件
8.6.2 全尺寸检验和功能性试验		✓	……对每一种产品进行全尺寸检验和功能性验证
8.6.3 外观项目		✓	d. 验证执行外观评价的人员的能力和资格

◆ 设计验证计划和报告(DVP&R: Design Verification Plan and Report)

这份测试文件是新产品开发小组依据顾客提供的产品技术规范,参考先前的产品设计经验和教训,为了验证产品设计能否达到顾客要求及设计要求而开展针对性测试的指导文件。它的主要目的是在产品质量策划过程中,通过试验的手段有目的地对设计能力进行评价。如案例 4-6 所示。

【案例 4-6】设计验证计划和报告

设计验证计划和报告，如图 4-7 所示。

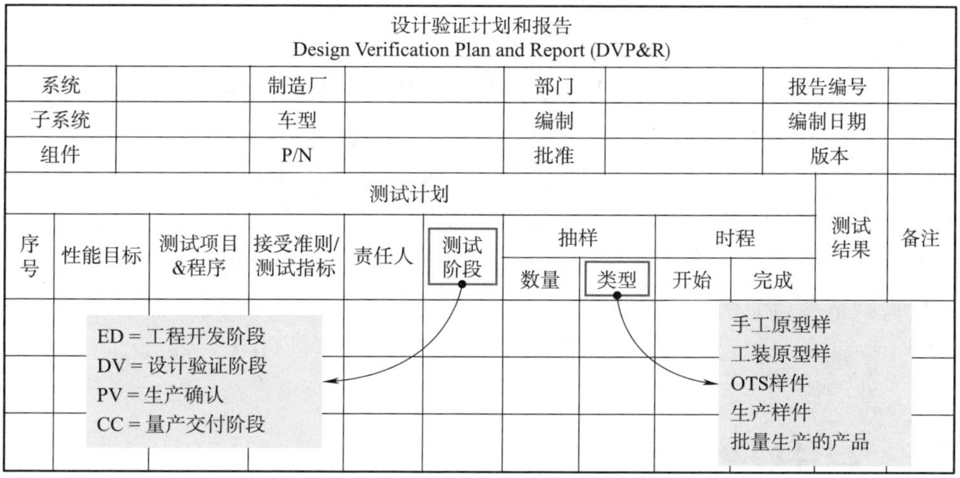

设计验证计划和报告 Design Verification Plan and Report (DVP&R)										
系统		制造厂		部门					报告编号	
子系统		车型		编制					编制日期	
组件		P/N		批准					版本	
测试计划										
序号	性能目标	测试项目&程序	接受准则/测试指标	责任人	测试阶段	抽样		时程		测试结果	备注

（图表说明文字）
- 测试阶段：ED＝工程开发阶段　DV＝设计验证阶段　PV＝生产确认　CC＝量产交付阶段
- 类型：手工原型样　工装原型样　OTS样件　生产样件　批量生产的产品

图 4-7　设计验证计划和报告

其中性能目标是指对待测试、待评价项目可量化的或定量的描述；测试项目 & 程序是指指定测试的名称及适用的程序或标准，该程序或标准应该是顾客认可的或指定的，其中的标准可能是国际或国家标准，比如：国际标准化组织汽车专业委员会（ISO/TC22）制订的一些标准、美国标准协会标准（ANSI）、美国汽车工程师学会（SAE）标准、日本工业标准（JIS）、日本汽车标准组织（JASO）标准、日本汽车车身工业协会标准（JABIA）；接收准则是指根据相关样本测试结果判断合格/拒收的依据；测试目标是指每个测试样本必须达到的性能值；测试结果是指根据接收准则对测试结果的实际描述（合格/拒收）。

设计验证计划和报告（DVP&R），是一种制订贯穿于产品/过程开发每个阶段的试验活动计划和文件化的方法。有效的 DVP&R 帮助下列领域内的工程师提供了准确的工作文件：

- 制订一份全面而完整的计划，描述为确保零部件或系统符合所有工程要求而应实施的试验项目，并安排合理的试验顺序，优先考虑顾客对进度的要求；
- 跟进产品可靠性满足顾客要求的程度和进展；
- 为产品质量策划小组提供一种工作用的工具，汇总功能性、耐久性和可靠性试验要求，编制该文件以便查询；为设计评审提供易于准备试验情况和进展报告的能力。

◆ 设计验证测试

根据 DVP&R，新产品开发小组应该实施设计验证测试（DVT：design verification

test)，它是产品质量策划过程中不可缺少的一个测试环节，是对不同的样件阶段所进行的测试，也是其他设计验证方法不可取代的，其内容包括：特殊特性的测试、性能试验、尺寸检测等。设计验证是通过一系列测试活动，向顾客展示产品质量策划小组是如何正确地设计了产品。

◆ 设计确认试验

设计确认是在规定的条件下，为了判断产品能否满足顾客的使用要求而进行的试验。它关注的是最终结果，即产品质量策划小组是否设计了正确的产品。一旦产品设计确认试验合格，产品即设计定型。一般可以通过台架测试（bench test）或型式试验（type test）来确认。型式试验是指针对某种设计，制造一个或多个样件，来确认该设计是否符合该类产品标准的全部要求而进行的试验，该试验一般是由内部的实验室或第三方实验室进行。台架测试是将样件安装在一个测试工作台上（是一个虚拟的环境），用于验证一个设计或模型的正确性。国家对汽车零部件有一系列的台架测试标准可供企业使用。

4.3.3　样件的类别及作用

在产品研发流程中，样件可以分为四个类型，研发工作和量产准备也是围绕这些样件展开的，不同的企业对样件类型的名称会不同。

◆ A 样件：原型样件

主要是验证关键尺寸和基本功能，比如说快速成型的塑胶壳或手工制作的金属支架。

◆ B 样件：功能样件

作用是验证产品功能。B 样件要对产品的功能进行全面的开发及验证，识别并更正问题。B 样件的制作条件相对比较宽松，它可以是手工样件、机加工件，也有用样品模具生产的样件。B 样件是产品开发的一个主要阶段，持续的时间会比较长，样件的状态也还可以细分为 B1、B2……样件。

◆ C 样件：OTS（Off-Tooling Sample）样件

作用是验证批量生产工装。这个阶段的样件，必须用正式模具做出来。生产OTS 样件的时候，最好能在批量产线上制作，只是产线的一些指标和最终的批量生产状态允许存在差异，比如过程能力、生产节拍等。

◆ D 样件：PPAP 样件

作用是验证批量生产能力。D 样件这个称呼用得比较少，一般都叫生产样件。PPAP 样件需要在批量产线制作，产线的各项指标必须达到批量生产状态，而且必须按照产线设计的生产节拍连续生产。客户也常常会到现场监督 PPAP 样件的生产过程。PPAP 是项目批产最关键的一个环节，PPAP 一旦得到批准，零件就可以进入

SOP 状态(Start of Production)，即可以进行批量生产了。

对各个阶段的样件还要做相应的测试。其中 DV(Design Validation)和 PV(Process Validation)都需要按客户的要求去组织，并提交相应的报告。如果没有通过这些测试，需要对产品进行整改或者申请偏差许可。

4.3.4　产品变更和工艺变更如何管理

产品更改可能会给企业或顾客带来巨大的风险，比如，导致企业或顾客生产的停线中断，或导致产品出现质量缺陷引发法律诉讼。所以，无论是顾客的第二方审核还是第三方审核，有关更改控制的管理都会成为一个关注焦点。

在 IATF 16949：2016 条款中对产品变更和工艺变更控制有要求的条款，见表 4-12。

表 4-12　IATF 16949：2016 条款对产品和工艺变更的要求

IATF 16949：2016 条款	内　容	关　注　点
4.4.1.1　产品和过程的符合性	j. 产品或过程的更改在实施之前应获得批准	安全特性变更的评审、实施和批准
7.1.3.1　工厂、设施及设备策划	制造可行性评估……用于评价对现有操作的提议变更	变更的可行性评估
7.1.5.2.1　校准/验证记录	a. 根据影响测量系统的工程变更进行的修订	变更对测量系统的影响
7.2.3　内部审核员能力	g. 基于内部变更(如：过程技术、产品技术)……对相关要求的认知	产品和工艺变更对审核员资质的影响
7.5.3.2.2　工程规范	当工程规范更改导致产品设计变更时，参见第 8.3.6 条……导致产品实现过程变更时，参见第 8.5.6.1 条	企业产品变更和工艺变更的来源
8.3.6.1　设计和开发变更—补充	应评价……所有设计变更，包括组织或供应商提议的变更……这些更改应对照顾客要求进行确认	产品设计变更的控制流程
8.5.1.1　控制计划	g. 当发生任何影响产品、制造过程、测量、物流、供应货源、生产量或风险分析的变更	设计变更和工艺变更后对控制计划的更新
8.5.6.1　变更的控制—补充	应有形成文件的过程，对影响产品实现的变更进行控制和反应	工艺变更的控制流程
8.6.1　产品和服务的放行—补充	……应确保在初始放行后作出更改之后，完成产品或服务批准	变更后产品在量产中的检验
9.3.2.1　管理评审输入—补充	e. 对现有操作变更和新设施或新产品进行的制造可行性评估	综合评价工艺变更流程的绩效

◆ 变更需求的识别

变更通常是指产品在进入批量生产后所发生的更改,其主要内容包括:产品规格(包括其构成零件或包装)、生产工艺、制造地点的变更。企业之所以需要变更,很可能是因为在某些方面存在某个问题,比如,质量改进、生产力提升(技术改进/成本改进)、制造地点/供应商变更等。

◆ 可行性分析

变更的申请者应向项目经理和项目团队提交申请进行可行性批准,参与可行性分析的职能部门或人员至少包括:采购、质量、研发、工艺和项目等。可行性分析的内容可能包括:

- 设计和过程 FMEA;
- 法律法规符合性;
- 变更的备选方案;
- 变更预算;
- 变更计划/期限;
- 经济性评估;
- 风险分析(财务风险、质量风险、设计风险、制造风险和安全风险);
- 花费成本责任判定。

当然可行性分析应该与产品的生命周期相关联,比如,设计确认前后的变更,其参与可行性分析的人员组成可能会不一样,对成本、质量和技术/工艺方面的取舍点会不一样。

◆ 更改的计划和实现

项目经理组织会议制订变更的计划,计划包括评审和修改下列文件(适用时):

- 更新有关的产品文件;
- 设计 FMEA/过程 FMEA;
- 控制计划;
- 认可计划。

项目团队成员共同研究和策划:

- 产品变更计划;
- 草图/技术方案;
- 产品文件;
- 认可计划;
- 设计 FMEA/过程 FMEA;
- 控制计划。

过程小组成员研究和策划:

- 过程设计;

- 可制造性；
- 成本和期限；
- 过程 FMEA；
- 防错法(Poka-Yoke)。

采购小组成员研究和策划：

- 零件价格趋势和投资。

质量小组成员研究和策划：

- 质量计划；
- 控制计划。

变更计划应明确规定每项任务的责任者，计划完成日期以及所产生的文档资料。同样的道理，更改的计划和实施与产品的生命周期相关联，其计划和实施内容会有所不同。

◆ 内部认可

变更实施完成后，企业需要据此制作样件，进行相关的验证或确认实验，这些实验应符合企业内部的相关规定。

◆ 顾客认可

根据顾客对 PPAP 的要求，提交样件和资料供顾客认可。

◆ 变更的实施

顾客接收 PPAP 的样件/资料后，项目负责人应发布《产品/过程更改通知》，批准后发放实施。有关生产工厂物流负责人牵头实施工作，主要负责：

- 原材料、组件和成品库存的周转；
- 变更前原材料、零件和成品的处理(应预先准备处理措施)；
- 被变更产品向顾客的第一次供货时，其标识方法；
- 通知质量验收部门。

物流负责人在信息管理系统中更新变更实施的日期，并且向项目负责人确认被变更零件第一次使用的日期。以上全部的信息由项目负责人在跟踪卡中记载，并且发放通报给全体联系人以及顾客/主机厂和备件销售部门。

◆ 变更项目的关闭

对产品或工艺变更项目进行经验总结，项目完整的资料交给技术部门存档。变更控制的管理同产品和工艺设计同样重要。即使企业有再好的产品和过程设计控制能力，如果这个企业无法对变更控制进行有效的管理，一次失控的变更过程就会给企业带来巨大的损失。所以，企业在策划和建立变更控制过程时，除了要严谨细致之外，还应该与顾客保持密切的沟通，了解和明确顾客对变更控制有哪些明确的要求，并将这些要求转化为企业的作业程序内容。

【案例 4-7】变更管理控制表

变更管理控制表,见表 4-13。

表 4-13 变更管理控制表

变更申请人:		部门:		申请日期:	
客户:		产品名称:		料号:	
变更原因:					
变更影响的产品/过程/工模具等:					
变更类型:□产品 □过程 □生产地变更 □供应商变更 申请提出:□客户 □供应商 □质量问题 □内部生产力 □材料变更					
变更前(可以使用附件):			变更后:		
建议方案(可以使用附件):					
工艺工程师: 新生产/组装设备:□YES □NO		库存处理	□报废 □返工/返修 □其他		
		物流:		数量	处置
设计工程师:		零件			
质量/过程工程师: 新的检测设备:□YES □NO		半成品			
		成品			
项目负责人: 估计的成本和利益:				日期:	
变更成本承担:□客户 □供应商 □本公司 □无成本				申请者签名:	

续上表

可行性分析					
参与人员	姓名	风险评估 Yes/No	观点 Yes/No	签名	日期
□项目经理					
□质量经理					
□质量					
□售后					
□工艺					
□采购					
□物流					
□财务					
□					
□					

结论	备注
□接受 □拒绝	是否需要通知客户：□YES　□NO （如须通知客户，必须得到客户书面同意后才能启动）

变更计划和实现：行动计划				
活动内容	负责人	预计完成日期	实际完成日期	相关文件编号
□项目计划				
□产品设计				
□控制计划				
□产品				
□过程				
□认可计划				
□供应商计划				
□				
□				

（具体的问题、困难、延迟……）

续上表

内部认可			
测试结果	□合格　□不合格	内部认可日期	
首件样品数量		认可报告编号	
质量负责人签署		日期：	
备注			
提交客户			
是否通知客户？　□YES　□NO			
提交报告日期	提交报告编号	客户认可日期	客户认可报告号
质量负责人签署：		日期：	
变更实施			
成品标识：□YES　□NO 半成品标识：□YES　□NO 零件标识：□YES　□NO		特别的物流说明： □YES　□NO	
估计完成时间：		完成日期(变更开始实施)：	
变更牵头人签署：		日期：	
项目关闭			
变更关闭日期：			
变更牵头人签署：		项目负责人签署：	
质量负责人签署：			

4.3.5　4M 变更管理

IATF 16949：2016 条款中对 4M 变更管理有要求的条款，见表 4-14。

表 4-14　IATF 16949：2016 条款对 4M 变更的要求

IATF 16949：2016 条款	内　　容	关 注 点
9.1.1.1　制造过程的监视和测量	应记录重要的过程活动，如更换工具或修理机器等，并将其当作形成文件的信息予以保留	生产过程中 4M 要素的变化

一个稳定的受控生产过程是很难出现异常的，如果出现异常，则是这个过程的要素出现了变化。为了追溯不良的原因，须对过程的变化点进行管理。变化点是指设备和工装模具的换装、作业者的交替、物料变更等日常作业中的 4M 要素的变化。

【案例 4-8】4M 变化点

4M 变化点，见表 4-15。

表 4-15　4M 变化点

4M	计划内的变化	突发的变化
人员	人员交换	临时离岗(上卫生间等)
	岗位变化	作业中断
	年休、短期休息返回	生产停止后重启
设备	工装修改	设备故障、异常
	新模具	模具异常
	设备移动	工具、冶具和刀具的老化/破损
	工具/冶具/刀具变换	工具、冶具和刀具的故障
	定期点检保养	检具的故障、破损
	周转箱、台车交换、清洁	
	设备备品更换	
	防错装置的变更移动	
	物流装置的变更	
物料	物料的更换	
	辅料的变化、更换	
	批次的变更	
方法	节拍变更	
	生产线的移动	
	作业指导书修订	
	作业环境变化(温度、湿度、清洁度、照明等变更)	
	软件升级	

对 4M 变化点的管理是防止因制造工序中发生的变化，而造成不合格品流入后续工序；其次产品出现异常时，为原因分析提供相关信息；最后是当过程控制图有异常点出现，便于工艺人员或质量人员去追溯工艺失控的原因。

【案例 4-9】4M 变化点管理指南

4M 变化点管理指南,见表 4-16。

表 4-16　4M 变化点管理指南

4M	对象	变化点项目	管理方法					
			变化点管理的可视化和记录					
			可视化	管理期间	确认事项	负责人	频度	记录
人员	人员配置	新人	变化点管理板	前 1 万 PCS	是否按照作业要领书进行作业,对作业要领是否熟练掌握,确认作业顺序、品质	组长	前 1 万产品全数	变化点管理记录表
		多能工、休假时人员的变更间隔一个月以上后工作的人员		前 10 模产品		组长	初次生产时 1 次	变化点管理记录表
机器	加工组装设备	新设、改造、修理	变化点管理板	试作 20 模次以上,首件开始连续 5 模次	良品条件的复原质量确认(产品完成状态、防误装置能够检查出 NG)	组长技术员检验员	试作 1 次,初次生产时 1 次	变化点管理记录表
	防错							
	工具冶具刀具							
物料	零件	设计变更、特采(包含返修品)	变化点管理板	试作 20 模次以上,从首件开始连续 5 模次	质量确认(产品的完成状态)对流出防止手段有无影响	班长以上工艺、质量担当者	试作时 1 次,初次生产时 1 次	变化点管理记录表
	材料							
	辅料							
方法	加工组装作业(作业指导书)	工程变更、暂定工序的实施	变化点管理板	试作 20 模次以上,从首件开始连续 5 模次	良品条件的复原,质量确认(产品的完成状态)对流出防止手段有无影响	班长以上工艺、质量担当者	试作时 1 次,初次生产时 1 次	变化点管理记录表
	设备条件变更	条件变更、暂定工序的实施						

4.4 产品安全

IATF 16949：2016 对产品安全和作业安全的核心要求，见表 4-17。

表 4-17 关于产品安全和作业安全的核心要求

条 款	核心内容	实施措施
4.4.1.2 产品安全	应有形成文件的过程，管理产品和制造过程： a. 识别法律法规要求 b. 向顾客通知 a 的要求 c. DFMEA 的特殊批准 d. 产品安全相关特性的识别 e. 产品及制造时安全相关特性的识别和控制 f. CP 和 PFMEA 的特殊批准 g. 反应计划 h. 职责、升级过程和信息流的定义，及顾客通知 i. 人员的培训 j. 变更管理 k. 产品安全要求的传递 l. 供应链中追溯性 m.新产品导入经验教训	将产品安全管理与 APQP 整合
8.3.3.1 产品设计输入	f. 产品要求符合性的目标，包括防护、可靠性、耐久性、可服务性、健康、安全、环境、开发时程安排和成本等方面	定义产品安全的设计目标
8.4.2.4.1 第二方审核	基于风险分析，包括产品安全/法规要求……，对二方审核的需求、类型、频率和范围的确定准则形成文件	审核供应商对产品安全的管理流程和措施
8.5.1.2 标准化作业—操作指导书和目视标准	标准化作业文件还应包含操作员安全规则	建立职业安全管理规范
8.5.2.1 标识和可追溯性—补充	可追溯性目的是清楚识别……发生质量和/或安全相关不符合的情况 f. 确保标识和可追溯性要求被扩展应用至外部提供的具有安全/监管特性的产品	识别产品安全的标识和追溯性要求
9.3.2.1 管理评审输入—补充	k. 实际使用现场失效及其对安全和环境的影响	评估售后市场产品安全绩效

IATF 16949：2016 第 3.1 条款将产品安全（product safety）定义为："与产品设计和制造有关的标准，确保产品不会对顾客造成伤害或危害。"简单地说，产品安全就是标准，如果产品和工艺的标准定义低，则产品和工艺的安全性就无法保障，对产品使用者和操作人员就有伤害和危害的可能性。

4.4.1 产品安全特性的识别

【案例4-10】产品安全特性的识别

在第三方审核时,外审员开出不符合项:"现行的某个新项目按照 IATF 16949 条款 4.4.1.2 产品安全的要求,没有证据证明组织进行了法律法规和产品安全特性的识别。"

我们 APQP 小组在项目开发阶段已经识别产品是否为安全件(结论为非安全件,客户也无相关要求)。我们这样理解有什么问题?

🔍 **案例点评**

第 4.4.1.2 条款着重关注影响最终装配安全性能的产品特性和制造工艺特性。这些特性可能不是在法律法规要求中直接提出的,而是由顾客定义的。该条款不要求识别产品是否为安全件。

产品安全特性的分类见表 4-18。

表 4-18　产品安全特性分类

类别	安全特性	来　源	案　例
产品特性	产品安全特性	法律法规 行业标准 顾客技术文件 企业自定义	设计文件中任何可能影响产品安全的特性,如:安全带的强度、锁止性;安全气囊的起爆时间及起爆强度等
	产品安全相关特性		本身不是安全特性,但会影响安全特性的材料特性、制造公差,如:座椅外套缝线的强度、脚距等
工艺特性	影响操作人员安全的特性		会导致操作人员工伤和职业病,危及其生命安全和身体健康,最严重时致死亡的工艺特性。如:设备运行噪声等
	影响产品安全的特性		影响产品安全特性的工艺参数,如:车轮固定螺栓的扭矩 有关汽车电子的安全特性管理可以参考 ISO26262 Part7

4.4.2 产品安全特性的管理

产品安全特性的识别、确定及控制措施的定义应该与 APQP 流程或产品设计开发流程整合,图 4-8 提供了产品安全管理如何与 APQP 进行整合,即在 APQP 各阶段应将哪些产品安全要求进行细化。

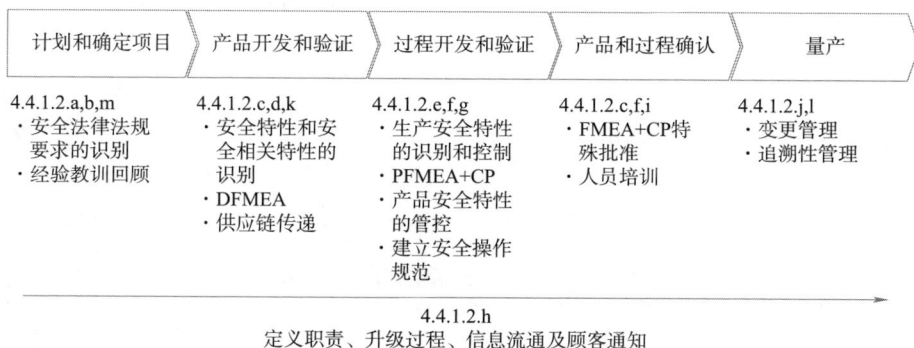

图 4-8 产品安全管理与 APQP 过程的整合

4.4.1.2 条款要求企业编制正式的文件来描述如何管理与产品安全有关的产品和制造过程。企业可以在本文件中描述 4.4.1.2.a～m 要求的责任分配、作业时机、作业文件，具体的管理流程和方法可以落实到其他相关文件。比如：4.4.1.2.j 变更管理的具体细节可以落实到《变更控制程序》中，把与产品安全相关的设计变更和工艺变更流程描述清楚。

4.4.3 项目阶段和量产阶段产品安全管理的文件输出

结合 APQP 或产品设计开发流程，企业在产品项目阶段及量产阶段，应该输出各种项目文件。图 4-9 供读者参考，可以结合企业的产品和工艺，明确在项目的实施阶段和量产阶段的文件输出。

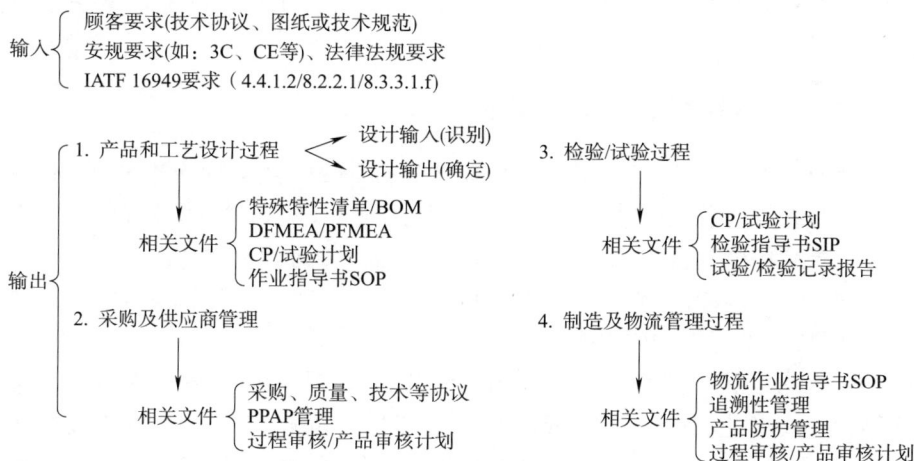

图 4-9 产品安全管理文件输出

产品安全特性一般属于特殊特性,是产品设计阶段和量产阶段管理的核心要素,也是企业重要的风险源之一。

4.5 特殊特性的管理

IATF 16949:2016 对特殊特性的核心要求,见表 4-19。

表 4-19 关于特殊特性的核心要求

条　款	核心内容	实施措施
8.2.3.1.2 顾客指定的特殊特性	……应在特殊特性的指定、批准文件及控制方面符合顾客要求	技术交流会
8.3.3.3 特殊特性	……应建立形成文件过程,识别特殊特性,包括顾客及风险分析确定的特殊特性 　将特殊特性记录进产品和制造文件、PFMEA、CP 和工作/操作说明书;用指定的符号标识,并在制造文件中体现 　开发控制和监视策略 　顾客批准,当要求时 　符合指定的定义和符号或等效的……如要求,应向顾客提交	特殊特性管理流程

如何识别、确定和控制特殊特性(special characteristic)是产品质量策划的核心内容,如果产品质量策划不能有效地控制和管理特殊特性,则该产品质量策划过程是失控的。特殊特性的管理和控制也是 IATF 16949:2016 质量管理体系的一个核心内容。

4.5.1 特殊特性的识别与定义

特性分为两类:产品特性和过程特性。产品特性是指在图纸或其他的工程技术资料中所描述的零件或总成的特点与性能,如尺寸、材质、外观、性能等特性。过程特性是指被识别产品特性具有因果关系的过程变量,也称为过程参数或工艺参数。过程特性仅在它发生时才能测量出,每一个产品可能有一个或者多个过程特性。在某些过程中,一个过程特性可能影响到多个产品特性。

IATF 16949:2016"条款 3.1"将特殊特性定义为"可能影响安全性或产品法规符合性、可装配性、功能、性能、要求或产品的后续加工的产品特性或制造过程参数。" AIAG 的《产品质量先期策划和控制计划》(第四版)对特殊特性的定义为"由顾客指定的产品和过程特性,包括政府法规和安全特性,和/或由组织基于对产品和过程的知识而选择的特性。"《产品质量先期策划和控制计划》强调特殊特性主要是来自顾客的指定，因为该手册就是三大主机厂的要求；而 IATF 16949：2016 条款则强调特殊特性对产品带来的重大影响。

我们可以把特殊特性归纳为三大类：

- 政府法规特性和安全特性。如车内饰件的阻燃性是属于与安全有关的特性；对氮氧化物（NOX）、一氧化碳（CO）和碳氢化合物（HC）排放的限值要求是属于政府法规有关的特性。
- 产品正常使用所必需的特性。如基本功能特性、装配/安装特性、外形（含造型）等。
- 过程特殊特性。影响产品特殊特性的重要的或关键的过程参数。

任何产品特性最终都是依靠过程来实现的，所以产品的特殊特性和过程的特殊特性之间存在密切的联系，其关系如图 4-10 所示。正常情况下，顾客会在其设计文件或采购文件中指定产品的特殊特性，企业应根据对产品制造过程的经验和知识来识别对应的过程特殊特性。

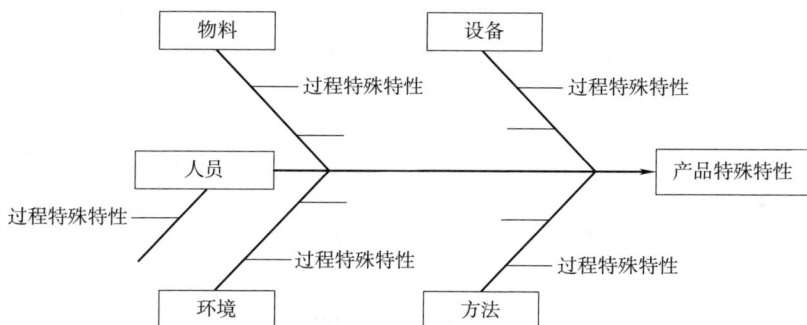

图 4-10　产品特殊特性与过程特殊特性的关联

不同的顾客对特殊特性的定义会有差异，比如：Nissan 在《联合新产品质量程序》（ANPQP）中将特殊特性定义为：

- A 级重要——零件/部位，指转向系统、制动系统基本的零件/部位、或燃油系统组件部位。这些零件应该在图纸中指定，以保持以下功能：

  a. 转向控制；

  b. 制动系统；

  c. 燃油系统完整性；

  d. 由 Nissan 指定的其他特殊特性。

- B 级重要——零件/部位，指必须符合安全法规的基本的零件/部位。这些零件应该在图纸中指定，以保持以下主要功能：

  a. 碰撞时的乘客保护；

    b. 碰撞之后的安全；

    c. 安全驾驶所必要的信息传送。

- OBD(On Board Diagnosis,车载诊断)——偏离设计规范的现有零件和特性，可能导致不符合排放法规。

长安福特在《零部件质量开发管理手册》将特殊特性定义为：

- 关键特性(与安全或法规有关)。在可预料的合理范围内变动可能显著影响法规的符合性或车辆/产品的安全特性。这些产品/特性需要供应商在制造、装配、运输、监督、检查的过程中采取特别措施加以控制。
- 重要特性(与安全或法规无关)。在可预料的合理范围内变动可能显著影响顾客对产品/特性的满意程度(非安全或法规方面)，例如配合、功能、安装或外观。

顾客指定是特殊特性的重要来源之一，产品质量策划也是围绕特殊特性这个核心点来展开的。所以企业应对顾客的供应商管理手册、产品质量策划方面的手册、图纸、技术规格书等文件进行研究，以确定哪些特性属于特殊特性。

产品特殊特性识别可以运用质量功能展开、DFMEA、以往的投诉/退货信息、GD&T 分析、变差模拟分析、同步工程小组和产品开发小组的团队意见、工程标准/安全/法规、DOE 等工具。过程的特殊特性识别可以运用损失函数分析、PFMEA、相关性和回归分析、能力研究和分析、现有或类似的工艺过程的 SPC 数据、同步工程小组和产品开发小组的团队意见、变差分析、失效树分析等工具。没有产品设计责任的供应商，关于产品特殊特性主要承担传递职责，即将顾客指定的特殊特性传递给工艺部门、生产部门、质量部门和次级供应商等。有的企业对特殊特性进行了识别，但最后确定的结论是某产品或其过程没有特殊特性。这样的结论是不符合 IATF 16949:2016 要求的，会导致产品的管理出现重大的漏洞和隐患。

4.5.2 特殊特性的文件化

企业在产品质量策划过程中，应在其不同的阶段将特殊特性的识别、确定和控制等活动文件化。我们以《产品质量先期策划和控制计划》参考手册为例，在其计划和确定项目阶段应输出《产品和过程特殊特性初始清单》，于产品设计和开发阶段，在初始清单的基础上，汲取各方面的分析和评价，在设计特性的评审和开发过程中，由跨功能小组共同确定《产品/过程特殊特性清单》。这些特殊特性至少体现在过程流程图、车间平面布置和物流路线图、FMEA、控制计划和作业指导书中，并保证一致性。

表 4-20 所示的内容是对《产品质量先期策划和控制计划》参考手册关于特殊特性文件化要求的汇总，如果企业使用其他顾客的参考手册，则应好好研究确定顾客对特殊特性的文件化有哪些具体要求。

表 4-20 《产品质量先期策划和控制计划》对特殊特性的要求

APQP章节	内　容	输出文件
第一章　计划和确定项目 1.11　产品和过程特殊特性的初始清单	特殊特性识别的输入范例包括： ——基于顾客需求和期望分析的产品设想 ——可靠性目标和要求的识别 ——识别过程特殊特性 ——类似零件的FMEAs	《特殊特性初始清单》
第二章　产品设计和开发 2.8　材料规范	……对于涉及物理特性、性能、环境、搬运和储存要求的特殊特性应评审材料规范，应包括在控制计划中	采购文件，如《材料规范》
第二章　产品设计和开发 2.11　产品和过程特殊特性	小组已识别了初始的产品和过程特殊特性。组织的产品策划团队应通过评价技术信息达成共识并建立特性清单	《特殊特性清单》
第三章　过程设计和开发 3.5　特性矩阵图	特性矩阵图是推荐用来显示过程参数与制造工位之间关系的分析工具	《过程特殊性与工位》对照表
第四章　产品和过程确认 4.8　质量策划认定和管理者支持	……作业指导书，验证这些文件包括控制计划中规定的所有特殊特性及PFMEA提及的所有建议措施	根据控制计划提供证明特殊特性符合性的文件和记录
第五章　反馈、评定和纠正	……必须满足顾客指定的特殊特性的要求	特殊特性的持续改进文件和记录

图 4-11 是特殊特性的传递工作流程，供读者参考。

责任部门	流程	表格	关键时间节点
RD	制定特殊特性清单	特殊特性清单	××
RD	特殊特性清单落实到图纸		××
RD	特殊特性清单冻结	特殊特性清单	××
QE	特殊特性清单汇总	特殊特性清单	××
RD	特殊特性清单落实到BOM	BOM	××
QE	审核	特殊特性清单	××
项目小组	工作总结及模板优化	工作模板	××

图 4-11 特殊特性的传递工作流程

4.5.3 特殊特性的管控

◆ 特殊特性的符号标识

如果特殊特性是顾客指定的,一般会对特殊特性符号有明确的规定,而且要求其供应商必须使用顾客指定的专用符号。在供应商的文件体系中,该符号必须保持一致性和完整性,即在不同的文件或记录中,同一个特殊特性的标识符号必须相同,所有的特殊特性必须都有符号标识,不能遗漏。

【案例 4-11】某日系主机厂对特殊特性符号的规定

特殊特性在相关规格提示书或发布的图纸上有明确规定,必须将重要/OBD/各国法规要求反映到所有文件,即图纸、管理计划书、工程流程图、量产承认、作业指导书、作业标准书、培训记录及其他供应商相关文件,如表 4-21 所示。

表 4-21 特殊特性符号的标识要求

A 级重要			
标记	$D=$ 在重要零部件专用容器上为 12 mm $D=$ 如在图纸、文件上为 7 mm	特性标记	A 级重要特性用矩形方框标注
B 级重要			
标记	$D=$ 在重要零部件专用容器上为 12 mm $D=$ 如在图纸、文件上为 7 mm	特性标记	B 级重要特性用圆角矩形标注
OBD			
标记 & 特性标记	OBD 在相关特性旁边采用以上记号标注		

如果顾客没有指定特殊特性,而是供应商自行识别和确定的特殊特性,可以使用供应商自己的等效符号来标识,同样的道理,该符号必须保持一致性和完整性。

◆ 风险评估

顾客指定的所有特殊特性必须在 DFMEA 和 PFMEA 中予以关注和分析，产品项目小组也可以使用 FMEA 分析来识别和确定自己指定的特殊特性，如可以将严重度为 8 分、9 分和 10 分的功能定义为特殊特性。在后续的现行设计控制中，对特殊特性必须采取合适的预防控制和探测控制措施。所谓的预防控制是分析产品设计或工艺设计可能存在的漏洞，对该设计漏洞采取措施；探测控制是指通过验证试验去发现失效模式或产生该失效模式的原因，进而采取相应的控制措施。在提出建议措施时，产品项目小组应优先考虑和关注对特殊特性的改进。

◆ 样件/产品验证

DFMEA 的重要输出之一就是设计验证计划和报告 DVP&R（design verification plan and report），该份文件就是对样件控制计划中的测试活动的具体实施计划。DVP&R 能够对产品的设计风险进行全面验证。所以产品项目小组在 DVP&R 中仅列出测试项目是不够的，还应该考虑其测试项目的优先等级，对特殊特性的验证过程和结果必须符合顾客的要求或策划的要求。

◆ 特殊特性确认

在 APQP 的产品和过程确认阶段，产品项目小组应对产品和工艺进行确认，其中包括确认产品特殊特性满足顾客的使用要求，确认工艺条件能满足产品特殊特性的实现。PPAP（production part approval process）是对产品的所有生产条件进行确认，产品特殊特性和过程特殊特性是确认工作中的重要任务。

◆ 量产阶段的管控

经过产品确认和过程确认的特殊特性在量产阶段应能得到有效持续管控，其管控方法有多种：

- 质量检验。对产品的特殊特性可以实施质量检验，以验证该特性符合顾客的要求；
- 作业指导书。在作业指导书中详细描述如何对过程特殊特性进行控制；
- 工艺参数。为确保某产品特殊特性或过程特殊特性得到有效的控制，其工艺参数该如何设置和管理；
- 监视计划。为确保某产品特殊特性或过程特殊特性持续符合规定的要求，可以实施监视活动，如为了确保法规的符合性，可定期进行这方面的评价和检测；
- SPC。对产品特殊特性或过程特殊特性进行统计分析，识别产生该变差的特殊原因，并对该原因进行及时的响应。

所以企业可以根据具体的特殊特性，选择其中一种或几种方法对特殊特性进行管控，SPC 只是其中的一种选项而已。

4.5.4　对特殊特性管控的扩展

上面提及的方法关注的是生产过程中如何对特殊特性进行管控，除此之外，企业还应该将特殊特性的管控进行扩展。

- 供应商管理：特殊特性涉及企业的供应商时，企业必须要求供应商满足顾客对特殊特性要求；企业必须对供应商零部件质量及相关文件的管理和确认承认。
- 质量目标及过程能力目标：企业必须证明有能力保证所有的特殊特性，其过程能力指数和质量目标满足顾客的特殊要求。
- 零部件追溯管理：企业必须制定零部件相关的批次管理/追溯管理相关作业指导书；如果可能的话，该作业指导书能够成为生产相关重要项目的基础（如：生产日期、生产班次、组装、交付）。
- 零部件识别管理：特殊特性零部件必须打上顾客指定的标识；该标识必须以产品/零部件为单位，由顾客指定或与顾客协商决定；确定后的标识必须在图纸、控制计划、FMEA、作业指导书及其他供应商管理文件上使用；在托盘、包装箱上使用相关标识。
- 过程审核：企业必须策划实施内部过程审核。该计划必须涉及所有的特殊特性及其过程管理项目；为确认采取对策的有效性，组织必须对所有跟踪活动的进度情况实施确认。
- 变更管理：零部件的特殊特性发生工程变更时必须获得顾客的承认，否则不得实施；企业必须在变更后，零部件首次发运前获得顾客承认。
- 零部件的返工：特殊特性零部件无法满足规格要求必须返工时，要求编制返工文件并按之实施；返工必须获得组织质量责任人承认，并使用明确的标识实施全数检查。相关记录必须保存，以便进行检索。
- 不合格品管理：企业必须将特殊特性不合格品纳入管理运行体系，例如：为了使（试制、量产及试验中）不合格品得到有效纠正、处理，必须建立向高层汇报的渠道。
- 保养维护：特殊特性零部件相关的所有机械设备必须实施特别的保养维护活动。
- 记录：生产及批次管理、检查、试验及不合格履历等管理记录必须按规定期间实施保管。

4.6 嵌入式软件产品的管理

IATF 16949：2016 对嵌入式软件产品的核心要求，见表 4-22。

表 4-22 关于嵌入式软件产品的管理的核心要求

条 款	核心内容	实施措施
8.3.2.3 带有嵌入式软件的产品的开发	应有质量保证过程 应采用软件开发评估方法 应保留自我评估形成文件的信息 软件开发过程应纳入内审方案范围	CMMI ASPICE ISO 26262
8.4.2.3.1 汽车产品相关的软件或带有嵌入式软件的汽车产品	应要求实施和保持软件质量保证过程 应评估其开发过程，保留软件自我评估形成文件的信息	

某权威咨询公司在其汽车零部件供应商研究报告中指出一辆高级轿车的软件代码约 1~1.5 亿行，2030 年后将达到 3 亿行；而波音 787 飞机的软件代码约 1 800 万行。2006 年嵌入式电子电气系统占整车总成本约 10%，到目前已超过 30%，其中软件成本占比约 5%；2004 年一辆大众辉腾的嵌入式电子系统由 10 000 多个电气设备、61 个微处理器和 3 种控制器局域网（CAN）组成。据分析师估计，整车和零部件 80% 的创新和由此带来的附加值源自电子系统。由此可见软件对汽车的重要性，未来汽车的发展会更加数字化和软件化。

含嵌入式软件的电子电气产品的汽车零部件，见表 4-23。

表 4-23 嵌入式软件的电子电气产品类别

车辆类型	涵盖的电子电气产品
传统汽车	动力总成：发动机电控单元（EMS）、自动变速箱电控单元（TCU）等
	底盘控制：电动助力转向（EPS）、防抱死制动系统（ABS）、车辆稳定性控制系统（ESC）、牵引力控制系统（TCS）、电子制动力分配系统（EBD）、紧急制动辅助系统（AEBS）、智能泊车辅助系统（IPA）、自适应悬架控制模块等
	车身电子：无钥匙进入系统（PEPS）、安全气囊电控、自适应前大灯控制模块、车道偏离警告系统（LDWS）、安全带预张紧系统、驾驶员睡意测试模块、直适应巡航控制系统（ACC）、轮胎压力监控测试系统（TPMS）等
新能源汽车	整车控制系统、驱动电机控制系统、电池管理系统

目前汽车行业软件开发流程的常见管理方法有三种：CMMI、ASPICE 和 ISO 26262。

4.6.1　CMMI：能力成熟度模型集成

CMMI（Capability Maturity Model Integration）是卡耐基梅隆大学软件工程研究所（Software Engineering Institute，SEI）组织软件过程改进和软件开发管理方面的专家历时四年开发出来，并在全球推广实施的一种软件能力成熟度评估标准，主要用于指导软件开发过程的改进和进行软件开发能力的评估。

CMMI 共有五个级别，代表软件组织能力成熟度的五个等级，数字越大，成熟度越高。

CMMI 一级：执行级。表示软件组织对项目的目标与要做的努力很清晰，项目的目标可以实现。但是由于任务的完成带有很大的偶然性，软件组织无法保证在实施同类项目时仍然能够完成任务。项目实施能否成功主要取决于实施人员。

CMMI 二级：管理级。表示软件组织在项目实施上能够遵守既定的计划与流程，有资源准备，权责到人，对项目相关的实施人员进行了相应的培训，对整个流程进行监测与控制，对项目与流程进行评审。二级水平的软件组织对项目有一系列管理程序，避免了软件组织完成任务的随机性，保证了实施项目的成功率。

CMMI 三级：定义级。表示软件组织能够根据自身的特殊情况及自己的标准流程，将这套管理体系与流程予以制度化。软件组织不仅能够在同类项目上成功，也可以在其他项目上成功。

CMMI 四级：量化级。表示软件组织的项目管理实现了数字化。通过数字化技术来实现流程的稳定性，实现管理的精度，降低项目实施在质量上的波动。

CMMI 五级：优化级。表示软件组织能够充分利用数据信息，对项目实施过程中可能出现的瑕疵予以预防。能够主动地改善流程，运用新技术，实现流程的优化。

CMMI 等级评估已经成为业界公认的标准，就目前来看，一些侧重北美市场的公司，会注重供应商是否有 CMMI 资质。

4.6.2　Automotive SPICE：汽车软件过程改进及能力评定

A-SPICE（Automotive Software Process Improvement and Capacity Determination）是汽车行业用于评价软件开发团队的研发能力水平的模型框架。它最初由欧洲 20 多家主要汽车制造商共同制定，于 2005 年发布，目的是指导汽车零部件企业的软件开发流程，从而改善车载软件的质量。

ASPICE 分为 0～5 级，其中：

0 级，是不完全流程级，表示企业的软件开发管理混乱。

1 级，已执行流程级，代表企业已经能够完成软件产品开发相关的工作，但缺乏管理，虽然偶尔能够成功，但项目中存在大量不确定的因素，对项目缺乏掌控能力，无法确保一定能够按时交付高质量的产品。

2级，已管理流程级，代表企业不仅能够完成软件产品开发相关工作，制订严谨和周全的工作计划，并能有效根据计划实施项目监控和管理，各项目能够有序进行。

3级，已建立流程级，代表不仅各项目能够管理好，而且能够有效地吸取经验教训，形成标准工作流程，用于指导后续项目及持续改善。

4级，可预测流程级，应用统计学对项目相关各项数据进行统计和分析，并将之运用于未来的项目管理之中，达到对项目结果的预测，并根据预测结果对项目进行实时调整，确保达成项目目标。

5级，持续优化流程级，代表企业能够基于商业目标的需要，主动对过程进行调整，对变革有很强的管理能力，能够基于对过程的量化分析设定明确有效的过程改进目标，并能对过程改进结果进行有效的量化监控和分析。

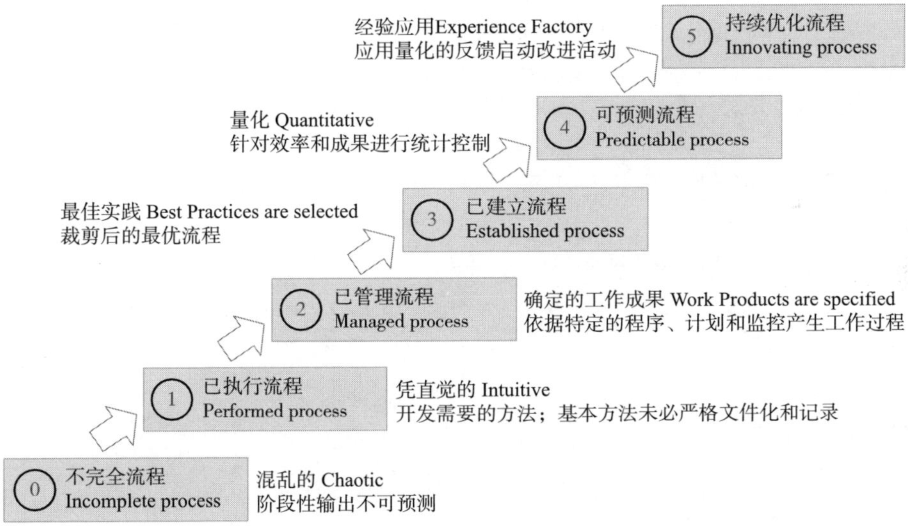

图 4-12　ASPICE 能力等级

侧重以德系为市场的主机厂或一级供应商，对供应商的 A-SPICE 级别会有要求。2018 年 VDA 发布了当前最新版本 A-SPICE V3.1，其涵盖 8 个过程组和 32 个过程，如图 4-13 所示。

Acquisition Process Group (ACQ)	System Engineering Process Group (SYS)		Management Process Group (MAN)

Acquisition Process Group (ACQ)
- ACQ.3 Contract Agreement
- ACQ.4 Supplier Monitoring
- ACQ.11 Technical Requirements
- ACQ.12 Legal and Administrative Requirements
- ACQ.13 Project Requirements
- ACQ.14 Request for Proposals
- ACQ.15 Supplier Qualification

System Engineering Process Group (SYS)
- SYS.1 Requirements Elicitation
- SYS.2 System Requirements Analysis
- SYS.3 System Architectural Design
- SYS.5 System Qualification Test
- SYS.4 System Integration and Integration Test

Management Process Group (MAN)
- MAN.3 Project Management
- MAN.5 Risk Management
- MAN.6 Measurement

Software Engineering Process Group (SWE)
- SWE.1 Software Requirements Analysis
- SWE.2 Software Architectural Design
- SWE.3 Software Detailed Design and Unit Construction
- SWE.6 Software Qualification Test
- SWE.5 Software Integration and Integration Test
- SWE.4 Software Unit Verification

Reuse Process Group (REU)
- REU.2 Reuse Program Management

Supply Process Group (SPL)
- SPL.1 Supplier Tendering
- SPL.2 Product Release

Supporting Process Group (SUP)
- SUP.1 Quality Assurance
- SUP.2 Verification
- SUP.4 Joint Review
- SUP.7 Documentation
- SUP.8 Configuration Management
- SUP.9 Problem Resolution Management
- SUP.10 Change Request Management

Process Improvement Process Group (PIM)
- PIM.3 Process Improvement

Primary Life Cycle Processes 主要生命周期过程组	Organizational Life Cycle Processes 组织生命周期过程组	Supporting Life Cycle Processes 支持生命周期过程组	HIS或VDA 范围(16个)

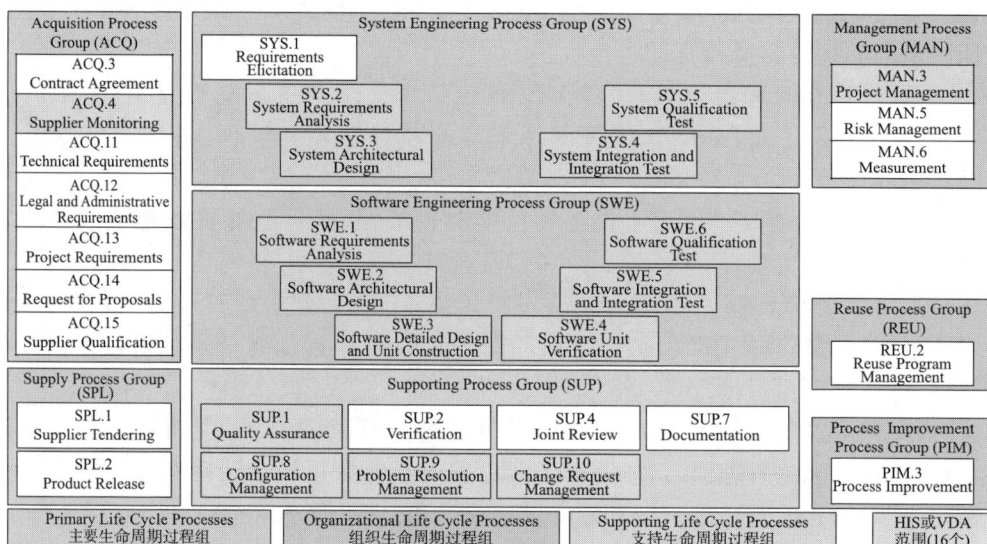

图 4-13 Automotive SPICE Process Reference Model-Overview

ASPICE 标准使用统一的结构对过程结构进行描述,见表 4-24。

表 4-24 过程结构描述

过程参考模型(Process reference model)	过程识别号 Process ID	过程的唯一标识 ID
	过程名称 Process Name	过程的名字,例如:供应商监控
	过程目标 Process Purpose	对过程目标的简述
	过程结果 Process Outcomes	过程成功实施后的结果
过程执行指标(Process performance indicators)	基本实践 Basic Practices	为确保达到过程目标和过程结果而建议的实践活动和任务
	工作产品 Output Work Products	实施过程产生的工作产品,每个工作产品都有一个唯一标识(WP ID),一个工作产品和一个或多个过程结果关联

4.6.3　ISO 26262：《道路车辆功能安全》国际标准

ISO 26262 是从电子电气及可编程系统功能安全基本标准 IEC 61508 派生出来的，主要定位在汽车行业中特定的电子电气设备、可编程电子系统，旨在提高汽车电子电气产品功能安全的国际标准。

ISO 26262 为汽车功能安全提供了一个生命周期（概念阶段、软件和硬件产品开发、生产/运行、服务、报废）理念，并在这些生命周期阶段中提供必要的支持。该标准涵盖功能安全方面的整体过程（包括需求规划、设计、实施、集成、验证、确认和配置）。

ISO 26262 标准根据安全风险程度对系统或系统某组成部分确定划分由 A 到 D 的安全需求等级（ASIL：Automotive Safety Integrity Level，汽车安全完整性等级），其中 D 级为最高等级，需要最苛刻的安全需求。伴随着 ASIL 等级的增加，针对系统硬件和软件开发流程的要求也随之增强。

IATF 16949、A-SIPCE 和 ISO 26262 三者关注的问题和领域，见表 4-25。

表 4-25　ASPICE、ISO 26262 和 IATF 16949 的差异

标　准	ASPICE	ISO 26262	IATF 16949
解决的问题	适用于产品和服务软件的开发活动 覆盖从概念、交付和维护整个产品生产周期	由于 E/E/PE 系统的故障行为，包括这些系统交互行为产生的可能危害 概念阶段、产品开发（系统/硬件/软件）、生产和运行、服务、退出	质量管理体系，提供持续改进、缺陷预防和减少变差 设计开发、生产及相关汽车产品的生产和服务
关注领域	ECU 软件开发过程	E/E/PE 产品的整个生命周期功能安全管理	生产件和服务件的开发和制造过程质量管理

注：E/E/PE，电子电气和可编程电子系统（Electrical/Electronic/Programmable Electronic systems）。

4.6.4　软件产品质量保证过程和评估

CMMI、A-SPICE 和 ISO 26262 的符合性要求取决于顾客的要求，或企业战略发展的要求。这三个标准的第三方认证成本比较高，难度也相当高，如果能获得证书，则是企业的竞争优势。IATF 16949：2016 质量管理体系对嵌入式软件产品管理只要求：建立质量保证过程和对软件开发过程进行自我评估。企业可以建立如【案例 4-12】所示的《软件产品质量保证计划》，即可满足 IATF 16949：2016 的要求。

【案例 4-12】软件产品质量保证计划

{项目名称}
质量保证计划

文件状态： [ ] 草稿 [ ] 正式发布 [ ] 正在修改	文件标识：	
	当前版本：	
	作者：	
	完成日期：	

版 本 历 史

版本/状态	作 者	参与者	起止日期	备 注

目 录

1. 过程与产品质量检查（PPQC）计划
2. 参与技术评审的计划
3. 参与产品测试的计划
4. 本计划审批意见

----

1. 过程与产品质量检查（PPQC）计划

提示：质量部根据本项目特征，确定需要检查的主要过程和主要工作成果，并估计检查时间和人员，注意对某些过程的检查应当是周期性的而不是一次性的，例如配置管理、需求管理等。

过程与产品质量检查计划			
本项目质量经理			
PPQC 检查表	参见 [　　　　　　　　　　　]		
主要过程	主要工作成果	检查时间	参加人员

2. 技术评审计划

提示：

(1)《技术评审计划》一般由项目经理或者项目的技术骨干制订。

(2)质量经理应当参与并监督重要工作成果如需求、设计、代码的技术评审。质量经理根据《技术评审计划》，制订参与技术评审的计划。

(3)工作成果的技术评审有两种形式，正式技术评审(FTR)和非正式技术评审(ITR)。FTR 需要举行评审会议，参加评审会议的人数相对比较多。ITR 形式比较灵活，一般在同伴之间开展。

质量保证人员参与技术评审计划				
工作成果名称	技术评审方式	预计评审时间	质量保证人员	主要技术评审人员
需求规格说明书	FTR			
系统设计文档	FTR			
源代码 A,B,C……	ITR 或 FTR			
……				

3. 参与产品测试的计划

提示：

(1)项目开发小组负责单元测试和集成测试，测试小组负责最终产品的测试(如系统测试和验收测试)。由于测试的种类比较多，《测试计划》也可能有多个。

(2)质量经理应当参与并监督重要工作成果的测试。质量经理参考各种《测试计划》，制订参与测试的计划。

质量保证人员参与产品测试计划				
测试类型	质量保证人员	主要测试人员	测试时间	详细测试计划
单元测试				单元测试计划
集成测试				集成测试计划
系统测试				系统测试计划
验收测试				验收测试计划

4. 本计划审批意见

提示：(1)虽然质量保证小组在行政上不属于任何项目，但是质量经理的工作与项目紧密相关，所以《质量保证计划》应当经过项目经理的审批才能生效，以确保《质量保证计划》与《项目计划》一致。(2)质量经理也要审批《质量保证计划》，以确保《质量保证计划》符合要求(避免过于宽松而流于形式)。

项目经理审批意见：
签字
日期
质量经理审批意见：
签字
日期

4.7 FMEA 和控制计划

IATF 16949:2016 对控制计划的核心要求，见表 4-26。

表 4-26 关于控制计划的核心要求

条 款	核心内容	实施措施
8.5.1.1 控制计划	……在系统、子系统、部件和/或材料层次上开发 CP，可接受控制计划族 ……在试生产和生产阶段都有 CP……应提供控制计划执行期间收集的测量数据 应确保控制计划： a. 过程控制的方法，包括作业准备验证 b. 适用时，首/末件验证 c. 特殊特性控制的监控方法 d. 顾客要求的信息，如有 e. 规定的反应计划 ……评审、更新 CP： f. 不合格品交运顾客 g. 任何影响产品、制造过程、测量、物流、生产量、供应源或 FMEA 的变更 h. 客诉及纠正措施实施后 i. 基于风险分析的设定频率 如顾客要求应获得批准	APQP 阶段性输出采用数据库管理

4.7.1 AIAG-VDA FMEA 的开发

IATF 16949:2016 质量管理体系有 20 个条款对 FMEA 有要求，可见这个工具对做好产品非常重要。产品开发团队都知道 FMEA 是个好东西，可是能把它用好的却不多，久而久之 FMEA 就变成了没有用的东西。为何会出现这种状况，笔者根据二十年的工作经验，总结以下几个原因供参考：

◆ 太关注 SOD 和 RPN 值的评分

SOD 评分不是一个客观的分值，只是团队的主观评价而已，单独的分值没有任何意义，工程师们却花费很多时间在评分上面，希望能将 RPN 值压低到某个阀值以下，这样就可以不用实施改进措施，因为改进实在有点难度。SOD 和 RPN 值原本的目的是评估改进措施的优先顺序，它们并不是 FMEA 分析的目的，如何合理地分配有限的资源才是 RPN 值的目的，RPN 值是结论不是过程。SOD 和 RPN 值本身并不能说明对产品设计或工艺的控制措施是否合理，即它们并不创造价值。但很多 SQE 和认证审核员在审核时，往往揪住企业的 RPN 值不放，强迫企业对高 RPN 值提出改进措施，这样导致企业没有把焦点放在预防措施和控制措施的有效性上。

AIAG-VDA FMEA 已将 RPN 值取消改为 AP 值，也是希望工程师不要花太多时间去控制分值，而是应当多思考产品和工艺的控制措施是否有效，是否应该优化。

◆ FMEA 分析聚错焦点

主机厂希望供应商能协助其降低售后成本和装配工时，然后才是提高产品质量，换句话说 FMEA 分析应该更加聚焦售后问题和零公里问题。供应商工程师应思考如何将产品和问题与这两类问题建立联系，即失效后果应该更多是关于售后和零公里问题，失效原因是零件的设计问题或工艺控制问题，预防措施是如何规避这两类问题的发生，探测措施是如何在问题发生后把它们揪出来。如果这些措施的有效性不如预期，那么可能就要提出改进方案。

◆ 没有思考 FMEA 的落地点在哪里

FMEA 相当于过滤器，将产品和工艺的所有问题及其原因和措施都梳理一遍，评估这些问题、原因和措施是否相匹配，将那些不匹配的项目拎出来再评估是否需要改进，需要哪些资源。很自然，原因和措施的分析才是落地点，即工程师用什么方法去找到问题和原因，用什么方法去阻止问题和原因的发生。

◆ FMEA 是工具，不是任务

FMEA 就如同绘图软件一样，帮助工程师提升工作效率，专注产品和工艺，目的不是快速填完 FMEA 表格，也不是填完就没事了。FMEA 是思维工具，为团队提供共同的思维架构，便于沟通和达成共识，并追踪尚未达成目标的事项，然后将沟通的结果文件化。这样团队成员可以突破时空和地点的约束，与不同的人在不同的时空进行沟通，可以站在前人的肩上实现突破。FMEA 应贯穿整个产品开发过程，只要工程师需要彼此交流，就可以应用 FMEA 来协同和记录分析的结果。没有结果的交流都是浪费时间，这也是为何 FMEA 是动态文件的原因。

综上所述，如果 FMEA 是为了应付审核或提交 PPAP，那就是一堆资料；如果把它看成思维工具，才会有助于改进产品和工艺，其作用才能彰显。

◆ FMEA 的落地点：预防措施和探测措施

预防措施是指如何应用设计手段阻止问题的发生，常见的有：

- 数学计算。很多参数可以基于物理/化学公式进行计算，比如结构设计用到的有限元分析，这些公式是理论知识；另外一种就是经验公式，属于私有知识，FMEA 分析可以指导工程师去建立和优化经验公式。

- 设计规范或设计手册。无法用公式表达的参数，那就选择编制设计规范，指导工程师如何进行设计。

- 建立数据库。前面两种方法不能很好表达的，就建立数据库，不断累积和优化经验。

- 选材标准。材料对产品质量产生巨大的影响，FMEA 可以指导工程师关注材料有哪些特性，从而建立相应的选材标准。

探测措施是指如何发现设计或产品已存在的问题，常见的有：

- 设计评审。在 FMEA 分析中将失效原因转化为评审检查表。

- 设计验证实验及量产中的检验。实验的目的在于发现失效原因或失效模式是否存在于设计文档或产品中；量产中的检测是监控产品和工艺过程是否处于控制状态。

- 设计确认实验。实验的目的是确认产品完工后能否解决客户的业务问题，FMEA 可以指导工程师应如何策划实验方案。

4.7.2 控制计划的开发

也许是受《产品质量先期策划和控制计划》参考手册提供的格式范例的影响，很多企业制订的《样件控制计划》《试生产控制计划》和《生产控制计划》几乎都没有差别。IATF 16949：2016 条款的"附录 A"对控制计划的内容有明确的定义，这些要求是强制性的。APQP 手册的控制计划方法论和"附录 A"对控制计划的开发分三个阶段：

- 原型样（Prototype）。对样件制造过程中将进行的尺寸测量、材料和性能试验的描述。如果顾客要求，组织应有原型样件控制计划。

- 投产前（Pre-launch）：对将会出现在原型样件制造后和全面生产前将进行的尺寸测量、材料和性能试验的描述。投产前被定义为在原型样件制作后产品实现过程中可能要求的一个生产阶段。

- 生产（Production）：在批量生产中，对产品/过程特性、过程控制、试验和测量系统的形成文件的描述。

由此可见，三种控制计划的侧重点不同、详略程度也不同，将顾客的需求转化为制造过程中的控制点不是一蹴而就的，现将它们之间的区别总结见表 4-27。

表 4-27　控制计划的类型

类　型	时　机	目　的	要　求	所需输入
原型样件	原型样件制作	防止样件制造时的潜在不合格	描述特殊特性、关键特性及有关样件试制的确认活动 每个样件在试制中的尺寸测量以及材料和性能检测的说明	图纸/设计规范、DFMEA、设计评审、类似零部件的历史记录等
投产前	试生产	防止试生产时的潜在不合格	除了以上的要求之外，还应包括实施额外的产品/过程控制，直至生产工艺确认有效为止 应当考虑任何适用的维护、试验活动和防错法	除了以上的输入外，还可包括：过程流程图、PFMEA、过程经验、物流/包装文件等
生产	量产阶段	防止首次正规工艺产品实物的潜在不合格	它是有关产品/过程特性以及在正常生产期间运行的过程控制、试验和测量系统的综合文件 应当考虑任何适用的维护、试验活动和任何防错法 并在产品整个寿命周期之内保持为不断更新的文件	除了以上的输入外，还可包括试生产、供应商对产品和过程的知识等

控制计划的格式，见表 4-28。

表 4-28　控制计划格式

□样件　□试生产　□生产 控制计划编号：		主要联系人/电话			日期（编制）			日期（修订）	
零件号/最新更改水平		核心小组			客户工程批准/日期（如需要）				
零件名称/描述		供方/工厂批准/日期			客户质量批准/日期（如需要）				
供方/工厂	供方代码	其他批准/日期（如需要）			其他批准/日期（如需要）				

零件/过程编号	过程名称/操作描述	生产设备、夹具、工具	特性			特殊特性分类	方法						反应计划
			编号	产品	过程		产品/过程规范/公差	评价/测量技术	样本		控制方法		
									容量	频率			

◆ 控制计划的目的

正确开发控制计划的优点在于：

- 质量。控制计划方法降低了浪费，改善了设计、制造和装配的产品质量。该结构化的方法提供了对于产品和过程的完全的评价。控制计划识别过程特性，并且有助于识别过程变差的根源（输入变量），后者导致了产品特性变差（输出变量）。
- 顾客满意与法规要求。控制计划关注的重点是对于顾客非常重要的过程和产品的特殊特性、关键特性的资源分配。合适的资源分配有助于降低成本,又无损质量。

- 沟通。作为一个不断更新的文档,控制计划对产品/过程特性、控制方法和特性测定的更改进行确定和沟通。

◆ 过程流程、FMEA 和控制计划的关系

过程流程图(flow chart)是过程设计的开始,也是理解和分析过程的基础和起点,故产品质量策划小组应首先编制和评审过程流程图,该流程图一般是覆盖从物料接收到产品交付的全过程。根据确定好的过程流程图,产品质量策划小组应进行PFMEA 的开发和评审,找到每个工艺过程中潜在的或已发生的失效模式及其原因,针对其中的高风险项目,产品质量策划小组应实施改进措施以降低该项目的风险。该风险分析是编制控制计划的一个重要输入,即 PFMEA 和控制之间存在密切的联系和逻辑,其关系如图 4-14 所示。工艺中存在的所有风险项目及其原因、控制方法都需要在控制计划中描述,控制计划中的方法应与风险相适应。一旦工艺流程有变更,则 PFMEA 和控制计划应随之更新。这三个文件的编制和开发有先后顺序,其编制和评审的人员应尽量保持一致。PFMEA 起到一个平衡的作用,产品质量策划小组可以根据 PFMEA 分析的结果,确定控制计划中控制方法的严格程度。如果 PFMEA 中所识别的风险,不能最终落实在控制计划中,那么 PFMEA 分析也没有什么意义。

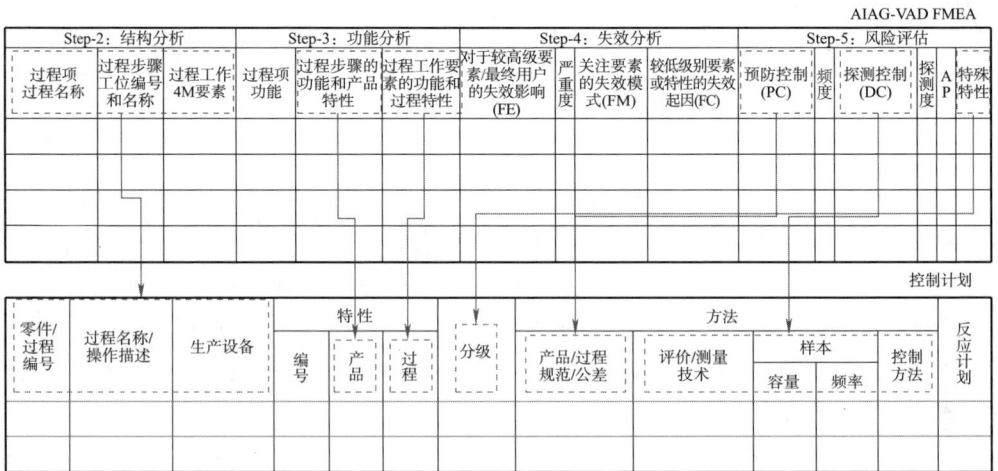

图 4-14 如何将 PFMEA 的要求传递至控制计划

我们在企业里常常遇到的问题是过程流程图、PFMEA 和控制计划之间存在严重的脱节现象,比如:PFMEA 没有对所有的工艺过程进行分析;PFMEA 识别的风险项目,在控制计划中没有对等的控制手段。过程流程图、PFMEA 和控制计划是产品质

量策划过程中工程师沟通的语言，通过三个文件的逻辑联系，确保工程师最终能编制出真正符合工艺控制和产品控制要求的作业指导书。

预防措施和探测措施是 FMEA 分析的落地点，其他的都是分析和评估，这些都需要转化为措施才有意义。FMEA 的预防措施、探测措施与控制计划的产品特性、过程特性及其管理都有直接的关联。

◆ 控制计划的评价

控制计划是否全面、是否能真正起到控制产品特性和过程特性的作用，可以从以下几个方面来评价：

• 关键过程特性（KPIVs）

a. 如何监控它们？

b. 多久确认一次？

c. 有最优的目标值和规格吗？

d. 目标值的变异有多大？

e. KPIV 的变异原因是什么？

f. KPIVs 多久失控一次？

g. 哪些 KPIVs 需要控制图？

• 不可控制的输入（噪声）

a. 是哪些？

b. 控制起来不可能或不实际吗？

c. 如果它们变化如何来补偿变化？

d. 系统对噪声的稳健性如何？

• 作业标准书

a. 有 SOP 吗？

b. 简单、容易理解吗？

c. 员工有遵守吗？

d. 是最新版吗？

e. 有培训员工吗？

f. 有审核计划安排吗？

• 保养程序

a. 是否有识别关键的备品？

b. 保养计划是否指定人员、时间及保养事项？

c. 有故障排除方法吗？

d. 需要为保养人员提供哪些培训？

4.8　作业验证

IATF 16949:2016 对作业验证的核心要求,见表 4-29。

表 4-29　关于作业验证的核心要求

条　　款	核心内容	实施措施
8.5.1.3　作业准备的验证	组织应: a. 验证作业设置,如:初次运行、材料更改或新设置的更改 b. 保持文件化信息 c. 适当时,用统计方法验证 d. 适用时,首、末件确认 e. 保留作业准备和首末件批准的记录	验证作业指导书 过程查检表 产品检验记录
8.5.1.4　停机后的验证	……计划性和非计划性停产期之后,应确定并实施必要的措施,以确保产品符合要求	

进行作业准备验证的目的是评价作业准备的充分性和正确性,即"人、机、料、法、环"的实际状态是否满足工艺规范的要求,起到事前预防,防止出现不符合的条件投入到生产过程中。

4.8.1　作业验证的流程和内容

◆ 作业准备的时机

"8.5.1.3 作业准备的验证"规定"作业的初次运行(initial run of a job)、材料的更换或工作的变更(job change)"时,企业需要进行作业准备的验证。"8.5.1.4 停工后的验证"规定计划性和非计划性停机后,如:设备维修后、修模之后,都需要对作业准备进行验证,以确保过程确认的条件能持续有效。

◆ 验证哪些内容

针对任何一次作业准备,作业过程的负责人必须对以下内容进行验证:

- 人员资格的验证。操作人员和检验人员的资质是否符合规定要求。
- 设备、工装夹具和仪器检具的验证。这些设备器具的标识状态是否持续有效。有无变更、修改/修理,是否经过确认。
- 物料的验证。投入生产所用的物料(含辅料)是否处于合格状态,是否为规定的物料(型号、料号、制造商、批次等)。
- 作业指导书的验证。作业所须的各类指导性文件是否齐全,如图纸、技术标准/规范、检验规程、工艺作业指导书、设备操作规程等,其版本是否正确。

- 环境的验证。生产环境、在制品/成品的存储环境是否符合要求，生产现场是否有序、清洁。

◆ 如何验证

常见的验证方法有：

- 与上一批次的数据和记录的比较（质量记录、纠正措施等）；
- 生产、检验和试验设备及文件的完成；
- 验证后放行职责的确定；
- 试生产或验证产品处理的确定；
- 末件比较，最近一次运行的最后一件不仅应当对照规定的要求，而且应当与最新运行的第一件进行比较，以对照新准备的质量水平。

除此之外，最常见的方法就是对初次运行的产品进行验证是否合格。所有的验证活动都符合要求后，作业才能开始量产，否则应对作业的准备实施纠正措施。

◆ 该抽多少样

如果是通过检验产品的方式（即首件检验）来验证作业准备是否合格，那么该抽多少个产品才能保证验证的有效性呢？比如：很多公司的首件检验规定抽取前3件或5件产品进行检验，如果这些产品都符合要求，那么表明作业准备已妥。问题是，如果第4件或第6件产品出现不合格，那么前述的作业验证是否合格呢？此时，企业需要用统计方法来确定需要取多少样，作业准备的验证是否有效。最常见的统计方法是假设检验。

4.8.2　作业确认是什么

ISO 9001第"8.5.1.f"条款规定"若输出结果不能由后续的监视或测量加以验证，企业应对生产和服务提供过程实现策划结果的能力进行确认，并定期再确认。"本条款要求企业对某些过程要进行确定，此前我们将这样的过程称为特殊过程。该过程一般是指：

- 产品特性不能通过测量或监控加以验证的工序；
- 产品特性须进行破坏性试验、测试成本昂贵或间接测试的工序；
- 该过程的产品仅在产品使用或交付之后，不合格的产品特性才能暴露出来。

典型的特殊过程有焊接、热处理、电镀、涂装、锻造、粘结等，不同的行业都能找到自己所具有的特殊过程。这种特殊过程加工的产品特性不能完全依靠检验来验证，需要对过程条件进行确认，以确保过程的稳定和产品的符合性。

IATF 16949:2016质量管理体系要求企业应从"人、机、料、法和环"五个因素来确认生产过程的设计是否能满足产品设计的需求，如图4-15所示。

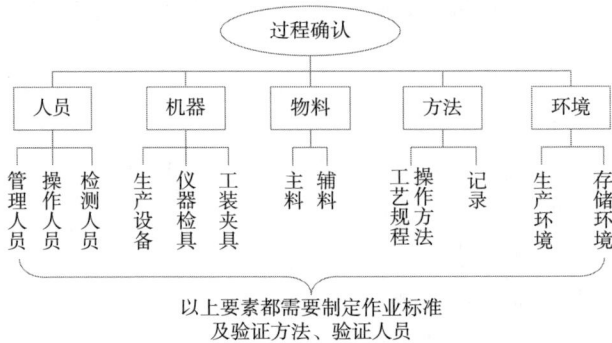

图 4-15　过程确认的要素

下面以焊接过程为例来分析如何进行制造过程确认,供读者借鉴参考。

【案例 4-13】焊接过程确认

◆ 人员资质的要求与鉴定

焊接责任(管理)人员:应符合相关的国家或国际标准(如 ISO 14731:2019 Welding coordination-Tasks and responsibilities)的要求,并取得国家/国际焊接工程师、技术员、技师资格证书。

按照 ISO 14731 标准要求,对焊接责任人员的职责、权限进行分配,具体见表 4-30。

表 4-30　焊接人员职责分配

ISO 14731	焊接工程师 (甲)	焊接工程师 (乙)
合同评审	X(主负责人)	V(副负责人)
要求和技术评审	X	V
供应商管理	X	V
焊接人员管理	X	V
焊接生产设备管理	V	X
生产计划	X	V
焊接工艺评定	X	V
焊接工艺规程	X	V
工作指令	X	V
焊接材料管理	V	X
母材存贮管理	V	X
焊前、焊中检查和试验	V	X

ISO 14731	焊接工程师 （甲）	焊接工程师 （乙）
焊后检查和试验	V	X
不合格项及改正措施	X	V
检测设备的校准和确认	V	X
标识及可追溯性	V	X
记录	V	X

焊接责任人员应能履行职责，按 ISO 3834-2 标准（Quality requirements for fusion welding of metallic materials-Part 2：Comprehensive quality requirements）的要求监督焊接管理过程的执行，并对授权管理的活动负责。当主焊接责任人不在现场时，应由副焊接责任人代替行使职权。

• 焊接工艺设计人员

主要是指焊接同步工程（SE）分析人员、焊接工艺流程（工艺路线）设计人员、焊接生产线工艺方案设计人员、焊接工装设计人员、焊接工艺规程编制人员及焊接过程质量控制人员等的资质要求。企业针对以上人员可以定义不同的技术级别/角色、必备的知识/技能/工作经验、具体的工作职责和对应的资质标准。

• 焊工及操作工

从事焊接的焊工及操作工应按照项目要求通过考核并取得相应的资质证书，例如按国家标准或国际标准 ISO 9606（Qualification test of welders-Fusion welding）的要求通过考试，操作工应按照 ISO 14732（ISO 14732：2013 Welding personnel-Qualification testing of welding operators and weld setters for mechanized and automatic welding of metallic materials）的要求通过考试，取得资格证书，才能上岗工作。针对具体的产品，焊工施焊的方法、位置、接头形式应与证书允许的范围相一致；如不一致，应在正式生产投产前，由认可的焊接工程师确定工作试件项目，通过试件确认焊工的实际能力。当试件经评定符合要求后，焊工才能上岗操作。为确保焊工能力持续满足要求，企业焊接责任人员应定期对取得资格的焊工能力进行再确认，确认合格后，焊接责任人员应签字认可。

• 试验及检验人员

试验和检验人员应具备相应的能力或资质，以确保检验和试验结果的公正性和准确性。检验人员应具备相应的知识和能力，企业应为这些试验及检验人员提供有关的培训，考试合格才能上岗。企业应配备足够的符合要求的相应级别的无损检测人员，以满足项目要求。无损检测人员应按国家标准要求参加培训和考试，并取得相应等级的资格证书。

◆ 机器设备的验证

为满足焊接结构件的生产制造应用标准的要求，企业应配备足够、适用的生产和试验设备。结合产品生产任务量、生产周期以及产品的技术、质量要求，企业应识别、确定所须的设备，当不能满足要求，应考虑提出设备需求的申请，并提供满足需求的生产和试验设备。

- 生产设备

焊接过程所须的设备应包括：

a. 焊接电源及其他机器；

b. 坡口加工及切割（包括热切割）设备；

c. 预热及焊后热处理设备，包括温度监视、测量设备；

d. 用于焊接生产的起重及搬运设备；

e. 与焊接生产直接相关的个人劳保用品及其他设备；

f. 用于焊接材料处理的烘干炉、保温筒；

g. 表面清理设备。

- 仪器和检具

a. 破坏性试验及无损检验设备；

b. 塞尺；

c. 焊缝尺。

所有的仪器和检具在投入生产前，必须进行校准、检定和进行测量系统分析，以符合产品控制和过程控制的要求，比如：仪器和检具的选型是否正确，其精度和变差是否符合要求。

- 工装夹具

a. 夹具；

b. 固定机具。

针对以上设备、仪器和工装夹具等，企业应建立焊接对应的管理台账（明细），台账内容应包括设备型号/厂家、主要性能参数等。企业应对这些设备在投产前进行认可，以确保满足项目的要求。如果这些设备有变更或焊接要求标准有变更，企业应重新进行确认，以确保设备能持续符合要求。

◆ 物料的认可

企业应根据相关的国家或标准要求，选择合适的焊接材料，以保证焊材能满足焊缝质量的要求。在正式的采购之前，应对材料进行认可，以确定供应商提供的材料能满足焊接设计的要求。如果顾客对材料有特殊要求，则企业必须满足该要求。

◆ 方法的认可

- 焊接工作程序

在产品工艺开发阶段，企业应对产品的焊接制造相关活动进行策划，编制适宜的工作程序文件。其内容至少应包括：

 a. 结构制造（即单件、组件及最终总装件）顺序规定；

 b. 制造结构所要求的每种工艺方法标识；

 c. 相应的焊接及相关工艺规程的编号；

 d. 焊缝的焊接顺序；

 e. 实施每种工艺方法的指令及时间；

 f. 试验及检验规程（包括任何独立检验机构的介入）；

 g. 环境条件，如防风、防雨；

 h. 批量、元件或部件的项目标识；

 i. 合格人员的指派；

 j. 生产试验的安排。

针对具体的产品，工艺部门应负责编制相应的工艺文件，可包括：焊接零件准备工艺卡、装焊要领卡、作业指导书、焊接工艺评定任务书等，对于使用的焊接通用工艺规范、人员的资质要求、产品标识、施焊环境要求以及需要安排工作试件的项目应在有关文件中作出安排。

 • 焊接工艺规程（WPS）

根据评审小组认可的焊接工艺评定报告，由企业焊接责任人负责组织编制焊接通用工艺规程；制订的通用工艺规程必须下发到车间的装焊小组，在正式使用前，应组织对工艺规程进行培训，使焊工清楚工艺规程的内容和要求；检验人员以及监督人员应对焊接过程进行监督、检查，以确保工艺规程在焊接生产过程中得到正确使用。

 • 焊接工艺评定

焊接工艺的适用性应在产品生产之前进行评定，企业应按应用标准规定的工艺试验标准（例如 ISO 15614/ISO 15613 等）组织实施焊接工艺评定试验。试验前应先（例如依据 ISO 15609-1 标准）编制焊接工艺预规程，再进行试件焊接。试验完后将相关资料报送评审机构或顾客认可，取得评审机构或顾客签发的合格工艺评定报告后，才能编制相应的焊接工艺规程（WPS）。

 • 检验文件及记录

质量或技术部门负责编制检验文件，可包括材料检验记录表、重要部件焊缝检验记录、主要焊接件装配检验记录等。焊接检验文件应覆盖焊接前、中、后三个阶段。

在施焊之前，检验人员应对下列项目进行检验和验证：

a. 焊工和焊接操作工证书的适用性、有效性；

b. 焊接工艺规程的适用性；

c. 母材的标识；

d. 焊接材料的标识；

e. 下料零件的几何尺寸、平整度、切割面质量；

f. 焊接坡口（形式及尺寸）；

g. 组对、夹具及定位；

h. 焊接工艺规程中的任何特殊要求，如防止变形；

i. 工作条件（包括环境）对焊接的适用性。

在焊接过程中，检验人员及焊接监督人员应在现场进行巡回检查，对工艺执行的情况进行监督。检验、监督的内容应包括：

a. 主要焊接参数（如焊接电流、电弧电压及焊接速度）；

b. 预热/道间温度；

c. 焊道的清理与形状，焊缝金属的层数；

d. 根部气刨；

e. 焊接顺序；

f. 焊接材料的正确使用及保管；

g. 变形的控制；

h. 所有的中间检查，如尺寸检验。

焊接完成后，检验人员应对外观、几何尺寸、形位公差进行检验，应按产品检验计划编制的内容进行逐项检验和记录，全部项目合格后方可办理入库手续。焊后检验项目视具体的要求可包括：

a. 焊缝外观检验；

b. 焊缝无损检验；

c. 焊缝的破坏性试验；

d. 结构件的型式、形状及尺寸；

e. 焊后操作的结果及报告（如焊后热处理、时效）。

◆ 环境的确定

• 物料的存储要求

企业应建立焊材管理的相应制度，对焊材的储存保管、烘干、发放进行规定，以保证焊材能满足焊缝质量的要求。焊材的贮存及保管应能保证并避免焊材受潮、氧化及损坏，其保管、烘干应符合焊材生产厂家推荐的方法或按有关的规范要求执行。焊材的贮存和保管应满足焊材供应商的要求（如温度、湿度），放置在专用的焊材库内，并设专人管理。焊材应按种类、牌号、规格等分类堆放；焊材应能按批号与材质证明书相对应，确保可追溯；焊材的领用、烘干应建立日常记录，库管员要如实填写，焊接责任人员应每月进行定期检查。

• 生产环境

施焊环境要求应在有关工艺文件中规定，明确工作条件（包括环境）对焊接的适用性，如很低的大气温度条件或任何有必要提供保护的有害气候条件。焊接过程是一个要求比较严格的加工过程，有非常多的国家或国际标准对其制订了具体的要求。企业的制造过程不是都像焊接过程这样要求严格，但对这些制造过程确认的逻辑与焊接过程没有本质的差别，只是具体确认的标准可以根据不同的顾客或企业自身的要求而有所差异。

综上所述，"8.5.1.f"是为满足产品规格的要求，对"人、机、料、法、环"应该具备什么条件进行确认，"8.5.1.3作业准备的验证"和"8.5.1.4停工后的验证"是对"人、机、料、法、环"是否具备了这样的条件进行的验证。"8.5.1.f"是"8.5.1.3/8.5.1.4"的基础和依据，"8.5.1.3/8.5.1.4"是"8.5.1.f"落实的证据。

4.9 过程控制的临时变更

IATF 16949:2016 对过程控制的临时变更的核心要求，见表4-31。

表4-31 关于过程控制的临时变更的核心要求

条　款	核心内容	实施措施
8.5.6.1.1 过程控制的临时变更	应识别过程控制手段……保持形成文件的清单 ……应形成文件过程，管理替代控制方法。实施前获得内部批准……使用替代方法生产的产品在发货前，如需要取得顾客批准 应定期评审替代过程控制方法的清单 应为每个替代过程控制方法提供SOP。应每日评审替代方法的操作。方法范例包括： 　a. 每日的质量审核（如，分层审核） 　b. 每日主管会议 在规定时期内对重新启动验证形成文件 应确保其所有产品的可追溯性	与APQP过程开发整合 量产阶段过程审核 快速响应会议

本条款是对 IATF 16949:2016 条款"8.3.3.2.c 制造技术替代选择（alternatives）"的具体输出和制造现场实施。

4.9.1 临时变更（替代方法）的策划

◆ 什么过程需要临时变更

过程控制手段（process controls）包括：加工制造/装配、检测/试验、防错装置三种形式。如果它们构成产能瓶颈或失败成本很高，如：某设备只有1台，则在APQP的工艺开发阶段需要考虑为这个瓶颈过程策划替代过程。APQP 团队可以在过程流程图中注明某过程是替代过程,如图 4-16 所示,其中的手动加工过程是♯2 自动过程的替代方案。在量产过程中,一旦♯2 自动过程设备出现故障无法生产,则可以切换至手动过程继续生产,确保生产的连续性。

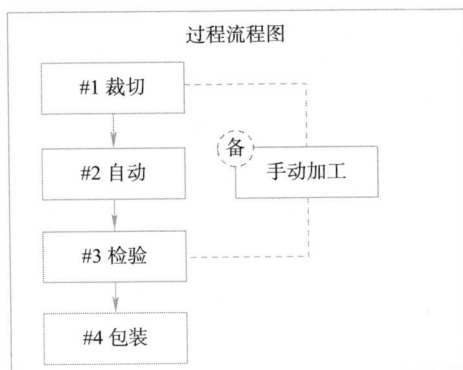

图 4-16　过程控制的临时变更

　　如果产品的生产过程无须替代过程,则须在过程流程图中注明"经评估,本制造过程无须替代过程"即可。IATF 16949:2016 并不要求每个过程控制都有一个替代方法。在导入新产品时,企业应该考虑到基本控制手段可能失败的风险,并且基于失败模式的风险和严重程度,决定哪里需要替代的过程控制。当需要备胎或替代的过程控制时,应该在过程流程图、PFMEA、控制计划和标准作业指导书中定义主替代的过程控制。

　　◆ 过程临时变更需要准备哪些文件

　　APQP 的工艺开发过程需要准备哪些资料,那么替代过程也需要准备,如:PFMEA、控制计划、作业指导书等,替代过程控制的有效性也需要验证。一句话,其策划的方法和文件要求与其他过程控制方法并没有差别,这些文档也是 PPAP 提交的文件资料。

4.9.2　临时变更(替代方法)的触发实施

　　如果瓶颈产能过程或高风险过程的设备或装置出现故障,导致生产中断,则企业应立即启动其替代过程的运作,此时无须再通知顾客授权,依据产品导入阶段策划好的控制方法实施即可。

4.9.3　快速响应会议

　　在替代过程运行时,企业应每日对其实施过程审核(一般是分层审核),针对审核中发现的问题点，应启动快速响应机制。快速响应会议实施流程如图 4-17 所示。

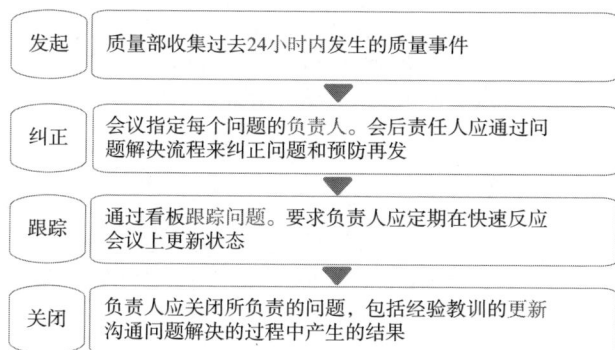

发起	质量部收集过去24小时内发生的质量事件
纠正	会议指定每个问题的负责人。会后责任人应通过问题解决流程来纠正问题和预防再发
跟踪	通过看板跟踪问题。要求负责人应定期在快速反应会议上更新状态
关闭	负责人应关闭所负责的问题，包括经验教训的更新沟通问题解决的过程中产生的结果

图 4-17　快速响应会议流程

◆ 会议模式

快速响应会议是生产部主导的跨部门会议，对每天发生的重大问题进行评审（包括替代过程实施中发生的问题）。它是一个沟通的会议，确认发生了什么问题、谁来负责解决、何时应该解决，这个会议并不讨论问题如何解决。会议一般在车间现场召开，时间约 10～20 分钟，但每个问题都要记录。

◆ 职责

会议主持人指定相关人将新问题更新至看板上，问题负责人汇报每个问题的解决进度，生产部门要确保响应活动是有效的。因此会议主持人必须为每个问题指定负责人及期限，如问题未关闭，指定下次汇报时间。

本质上过程的临时变更是一种应急风险管理措施，如果原过程控制手段恢复正常，应停止替代过程回到正常过程控制。"8.5.6.1 变更控制"与"8.5.6.1.1 过程的临时变更"的区别，见表 4-32。

表 4-32　过程的临时变更与变更控制的区别

项　目	8.5.6.1 变更控制	8.5.6.1.1 过程的临时变更
时效性	永久的	临时的
时机	发生问题之后	新产品开发阶段
关注点	关注问题的解决	关注生产的中断
对象	有问题的过程	产能瓶颈的过程

4.10　问题解决和防错

IATF 16949：2016 对问题解决和防错的核心要求，见表 4-33。

表 4-33　关于问题解决和防错的核心要求

条　　款	核心内容	实施措施
10.2.3　问题解决	……应有形成文件的问题解决过程,包括: a. 根据问题的类型和大小定义方法 b. 必要的遏制、临时措施和相关活动 c. 根本原因分析 d. 实施系统性的纠正措施 e. 措施有效性的验证 f. PFMEA、控制计划的评审,更新 ……应选择顾客有规定的过程、工具或系统的方法,除非顾客批准其他方法	8D 5Why
10.2.6　顾客投诉及使用现场失效试验分析	……应对所有客诉和现场失效,包括退货零件,进行分析,并应采取问题解决和纠正措施以预防再次发生 ……应将试验/分析结果与顾客及内部沟通	问题的分析技术
10.2.4　防错	应有形成文件过程……详细信息应……应记录在 CP 中 应包括防错装置失效或模拟失效的试验 若使用挑战件,则应对其进行识别、控制、验证和校准 防错装置的失效应有反应计划	防错技术

　　IATF 16949:2016 条款"10.2.3 问题解决"是要求企业对各类内部外部问题建立解决流程,最常见的问题解决流程就是 8D 或 5Why 法。"10.2.6 顾客投诉及使用现场失效试验分析"则是针对具体的零公里问题或售后问题,进行试验分析解读问题的真相和根本原因,然后再依"10.2.3 问题解决"要求采取措施。

4.10.1　纠正措施如何横向展开

　　企业完成一个成功的纠正措施本身就是一件不容易的事。很多纠正措施实施完成后,过不了多久的时间,相同的问题会重复出现,这就说明当时采取的纠正措施其实没有效果。在这里,笔者不想就如何实施有效的纠正措施进行讨论,这方面的书籍和资料非常多,而且 AIAG 也出版了《CQI-10 有效解决问题指南》供业界参考。

　　如果企业实施了一个有效的纠正措施,那么如何将这个纠正措施的成果复制出更多的成果,也就是我们常说纠正措施的横向展开或水平展开,就是笔者想在这里讨论的问题。毕竟实施一个有效的纠正措施,需要企业的相关部门和人士付出极大的努力,对企业来说就是付出了极大的成本,管理者有责任将这个成本效应扩大化。横向展开纠正措施的成果需要关注以下几个问题:

　　◆ 谁是纠正措施横向展开的负责人

　　绝大部分公司对纠正措施横向展开的责任人语焉不详,只是在相应的程序文件中规定,纠正措施验证完成后,相关部门应将该措施水平展开。问题是没有哪个部门会认为自己就是这个相关部门，于是纠正措施的横向展开也就不了了之。也有的公司会规定质量部应负责纠正措施的横向展开。这样也会产生问题：如果一个关于库存管理或设备保养方面的纠正措施实施之后，质量部要么就不知道有这回事，要么没有权限去指挥或调度仓库或设备部门，纠正措施的水平展开也会不了了之。因此企业必须指定某位高层担负纠正措施水平展开的责任。

◆ 没有明确横向展开的工作程序或细节

很多公司不但没有纠正措施横向展开的责任人，也没有横向展开的实施流程或细节，那么横向展开又怎么会落实呢？图 4-18 所示的两份范例表格（仅截取部分），是企业在 8D 表格中对"D7 防止再发"的管理方法，使用"表 1"格式的公司是常见的。"表 1"和"表 2"两种再发防止管理方式，哪一种会执行纠正措施的横向展开呢？

D7：防止再发		审核者	效果追踪日
表1　这种表格，员工填写会很随意			

D7：防止再发			完成状态：○	
项目	建议措施	责任部门/人员	预计完成日	实际完成日
修改程序文件/作业指导书				
更新PFMEA				
培训需求				
能否推广到类似产品/过程 □ 能（解释） □ N/A		表2		
防错法 □ 有 □ 否（成本太高） □ N/A				

图 4-18　再发防止管理

所以，企业应该在关于纠正措施的程序文件中，对纠正措施水平展开的流程和工作表格进行明确的规定。没有将纠正措施进行横向展开的话，站在最高管理者的角度来看，该纠正措施是不完整的。一个有效的纠正措施横向展开应该包括：

• 阻止问题持续恶化的紧急措施应该推广到适用的产品/过程，包括尚在开发中的产品/过程；
• 纠正措施中所实施的阻止、探测和纠正措施需要推广到适用的产品/过程，包括尚在开发中的产品/过程；
• 在组织的范围内，对更高层级的过程或程序进行评审；
• 公司的高层有责任参与和支持纠正措施的横向展开，比如：指导横向展开的进行或在制度层面给予足够的支持；
• 对纠正措施的横向展开进行文件化，并在公司范围内进行定期评审。

◆ 缺乏相应的激励措施

没有激励就没有动力,很多人认为纠正措施的横向展开不是其工作职责范围内的事,能参与纠正措施的实施已经很不错了。所以在 IATF 16949:2016 条款"7.3.2 员工激励和授权"要求"……保持形成文件的过程,激励员工实现质量目标,进行持续改进,并建立一个提倡创新的环境……",企业应对纠正措施的横向展开建立相应的激励措施,可以物质激励和精神激励相结合,通过这个手段激励更多的人参与其中,对企业在解决问题的过程中产生的一些好的实践、举措进行总结、学习、吸收和推广,这是企业文化中正能量的部分。如此一来,企业问题的总数才有可能下降,与质量管理体系有关的绩效才能提高。

4.10.2 防 错

防错法(Poka-Yoke)意即在问题发生之前即加以防止,是一种在作业过程中采用自动作用、报警、标识、分类等手段,使作业人员不特别注意也不会失误的方法。防错技术应该是 FMEA 分析的输出,DFMEA 输出产品设计防错,如:车窗玻璃防夹手;PFMEA 分析输出工艺控制防错装置,如:冲压机光删防错装置,及检验装置防错。防错法是一种利用预防代替纠正的工作方式。

图 4-19 是工艺控制防错装置或检验装置防错的设计、制造和使用流程。

类别	PFMEA分析	制作图面/验收标准	成本分析
生产防错装置	·生产安全问题 ·识别高风险项目	·技术方案构思 ·图纸、技术标准 ·验收标准制作	·材料成本 ·制作成本
	制作/外包	验收确认	使用和维护
检验防错装置	·制作时间表 ·外包商技术指导和沟通 ·进度管理	·验收试验 ·标准板的确认 ·问题汇总与改进 ·列入台账	·使用前确认 ·日常保养 ·汰旧换新计划

图 4-19 防错装置的设计、制造和使用流程

防错法的发明者新乡重夫先生(Shigeo Shingo)曾说过,企业有三种可怕的工程师:

- 办公室工程师。花大量时间开会讨论、争论有关现场发生的问题。
- 目录工程师。搜寻最新的设备目录来解决生产的问题。
- 反对工程师。反对任何改进措施。

Shingo 先生鼓励大家都做改进工程师。他们花费大部分的时间,在生产线上观察问题,提出建议,并且与操作员、经理同时找出解决问题的方法。

4.11 不合格品管理

IATF 16949:2016 对不合格品管理的核心要求，见表 4-34。

表 4-34 关于不合格品管理的核心要求

条 款	核心内容	实施措施
8.7.1.1 顾客的让步授权	应获得让步或对偏离的许可……如果再使用子部件，应向顾客清楚传达 应保持有效期限或让步授权数量的记录 当授权期满，应确保符合原有的规范和要求。应在每个容器上标识 应批准由供应商提出的请求	让步放行申请流程
8.7.1.2 不合格品控制—顾客规定的过程	应遵守顾客规定的适用的不合格品控制	将顾客的要求整合进公司业务流程
8.7.1.3 可疑产品的控制	无标识或可疑状态的产品归类为不合格品进行控制 应确保制造人员接受过遏制可疑和不合格品的培训	遏制流程
8.7.1.4 返工产品的控制	返工前，应用 FMEA 评估风险，且获得顾客批准 应有形成文件对返工进行确认，以符合控制计划 获得……拆解或返工作业指导书 应保留……文件化信息，包括数量、报废、报废日期及适用可追溯信息	PFMEA 作业指导书 返工记录
8.7.1.5 返修产品的控制	返修前，应用 FMEA 评估风险，且获得顾客批准 应有形成文件对返修进行确认，以符合控制计划 获得……拆解或返修作业指导书 应获得顾客的形成文件的让步授权 应保留……文件化信息，包括数量、报废、报废日期及适用可追溯信息	PFMEA 作业指导书 返工记录
8.7.1.6 顾客通知	如不合格品已发运，应立即通知顾客	顾客通知书
8.7.1.7 不合格品的处置	应有形成文件的过程……应验证在报废前无用……未经顾客批准，应不得将不合格品用于服务或其他用途	报废流程

IATF 16949:2016 有 7 个条款来描述企业应该如何管理不合格产品，因为不合格品稍有管理不善，就会流入到顾客工厂。其中"8.7.1.7 不合格品的处置"就对不合格品的报废处理作出了要求，目的是确保该产品无法进入非官方的售后市场、进入道路用车或意外运送给顾客。只要产品在最终处置之前被宣布为不可用，那么将不合格产品认定为不可用的过程不必在制造区域中发生。

4.11.1 返工和返修有什么区别

返工(rework)和返修(repair)是对不合格产品的两种常见处理方式,这是生产现场每天都会发生的事情。

《ISO 9000:2015 质量管理体系 基础和术语》第 3.12.8 条款将返工(rework)定义为"为使不合格产品或服务符合要求而对其采取的措施";条款"3.12.9"将返修(repair)定义为"为使不合格产品或服务满足预期用途而对其采取的措施"。在这两个定义的备注中特别说明,返修包括对以前是合格的产品,为重新使用所采取的修复措施,如作为维修的一部分。返修与返工不同,返修可影响或改变不合格产品的某些部分。

简单地说,返工就是对不合格品采取措施,让它符合要求,成为合格品;返修就是对不合格品采取措施,让它能使用,即还是不合格品,只是不影响使用。此时,企业可以针对返修品提出让步放行。有的企业会启动物料评审会议,决定是否让步放行。对汽车行业来说,最终的决策权应该是归属于顾客。返工与返修的本质差别在于对不合格品采取措施之后的最终结果。如果是合格的,那这个过程就是返工;如果产品还是不合格的,那么这个过程就是返修。

◆ 对不合格品要优先选择返工

根据前面返工、返修的定义我们知道,返工后的产品是合格的,其售价不会受到损失,只是增加工时、物料等成本;而返修后还是不合格品,只是不影响使用,通常其售价会受到损失(比如,顾客会要求折扣),还可能会增加工时、物料等成本。所以,返工是对不合格品的最优先处理方式,其损失可能是最低的。顾客也有很多不接收返修产品的,即使该产品能用也不接收。

◆ 为什么需要返工返修作业指导书

IATF 16949:2016 条款"8.7.1.4/8.7.1.5"都要求"返工作业指导书,包括重新检验的要求,应易于被适当的人员得到并使用。"根据作业指导书(8.5.1)生产出来的产品如果是不合格品,则意味着该作业指导书本身可能存在瑕疵或有不周全的地方,在返工时需要对该作业指导书进行查漏补缺;再者,返工的作业顺序或方法可能与正常的生产不完全相同。因此,IATF 16949:2016 要求必须为返工返修提供专门的作业指导书,明确返工返修人员在作业中需要特别关注的事项、返工作业的具体要求/方法和检验方法等。

企业在编制返工作业指导书的时候有两种选项:

选择一,针对公司常见的生产不合格现象或产品,编制标准的返工返修作业指导书(有文件编号、版本、审批等),以快速响应返工返修作业,比如:注塑行业就有关于去毛刺的返工返修作业指导书。

选择二，针对具体的不合格品个案，由技术部门或工艺部门编制该不合格品的作业指导书，生产部门据此执行，质量部门负责监督实施的结果。该份文件可以不需要文件编号、版本等，但一定需要经过授权人员的审批。

返工返修前后，产品质量策划小组应根据对返工过程的要求，编制、评审 PFMEA、控制计划和作业指导书对应的适应性、有效性，决定是否对这些文件进行更新。这一点，很容易被产品质量策划小组忽略。

◆ 挑选（sorting）与返工、返修是什么关系

还有一个我们在工厂常听到的名称就是挑选，即从一批不合格产品中，通过全数检验，对照产品的规格，挑选出其中不合格的和合格的产品。其中合格的产品可以交付出货或放行，不合格的产品再进行返工、返修或报废。很显然，挑选不是一种加工方法，本质上还是检验，只是抽样数与抽检不一样。挑选本身也不是一种解决问题的方式，不合格品依旧还在，严格来说，挑选只是返工、返修的准备工作。

4.11.2　不合格品的遏制

不合格品和可疑产品的遏制包括新产品试产、新产品量产和有严重质量问题的产品。

对新产品试产、新产品量产阶段的遏制流程是确保正在早期生产阶段的零部件平稳地进入正常生产阶段，实施额外的检验控制手段，以保证在企业现场发现并解决质量问题，使问题能自然暴露。

一般的遏制从试产开始，量产（SOP）6 个月后结束。其流程如图 4-20 所示。

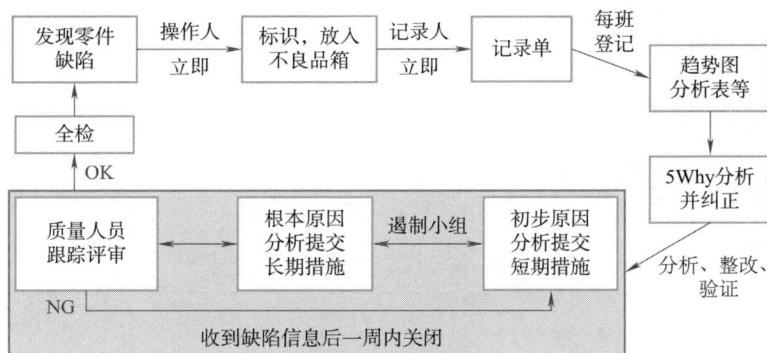

图 4-20　遏制流程

在遏制过程中，须建立表 4-35 所示的工作表格。

表格 4-35　遏制工作表

公司名称：		遏制负责人：	
产品名称：		产品编号：	
不合格品描述：			
遏制范围				
区　　域	数　　量	区域确认人	可疑品数量	确认负责人
收货区				
实验室				
在制品区				
委外加工区				
报废区				
发货区				
顾客端				
运输中				
售后部门				
总数				
已将产品隔离在（位置）				
挑选的方法（如：目视、检具）				
挑选标准				
合格品的标识				

4.12　保修管理

IATF 16949：2016 对保修管理的核心要求，见表 4-36。

表 4-36　关于保修管理的核心要求

条　　款	核心内容	实施措施
10.2.5　保修管理体系	当需要对产品提供保修时，应建立保修管理过程。应在此过程中包含保修件分析法，如 NTF（未发现故障）如果顾客指定，应实施所要求的保修管理体系	保修流程 NTF 分析流程

随着汽车生产、零件采购和销售的日益全球化，汽车行业变得越来越复杂，保修期越来越长，涉及面越来越广，企业具有预防或快速有效解决保修问题的能力变得越来越重要，这样可以避免在相同或未来的车型中再发生类似问题。保修体系是为了主机

厂及其供应商提供战术、技术和案例研究，以积极降低与保修事件相关的保修事故率和风险。

4.12.1　保修体系的建立

大部分的主机厂或汽车行业组织都有关于保养管理的标准指南，如：AIAG 的《CQI-14 汽车保修管理：行业最佳实践指南》、BMW《GS-95004 零件诊断（保修件）》，企业可以参考类似的标准建立保养管理体系。

CQI-14 的主要内容包括：

- 消费者事件和经销商行动；
- 主动预防，预定计划活动中的经验教训；
- 经验教训的应用，APQP；
- 控制索赔；
- 预防未来的保修事件，措施/解决方案；
- 持续改进，过程制度化；
- 汽车保修管理的评估。

所有主机厂都会建立相应的保修系统。对供应商来说，其保修管理过程需要和相应顾客的保修系统相融合，以满足顾客的特定要求。

4.12.2　未发现故障（NTF：No trouble found）

保修流程中产生的保修返厂件，会从经销商或主机厂退回到企业。企业应对该返厂件进行分析，图 4-21 是 VDA 的《现场失效分析过程》。该分析过程包括三个部分：零件分析、NTF 流程、根本原因分析及消除失效流程。其中 NTF 是指某些产品可能存在问题而导致不合格，但这些问题不能准确的重现。

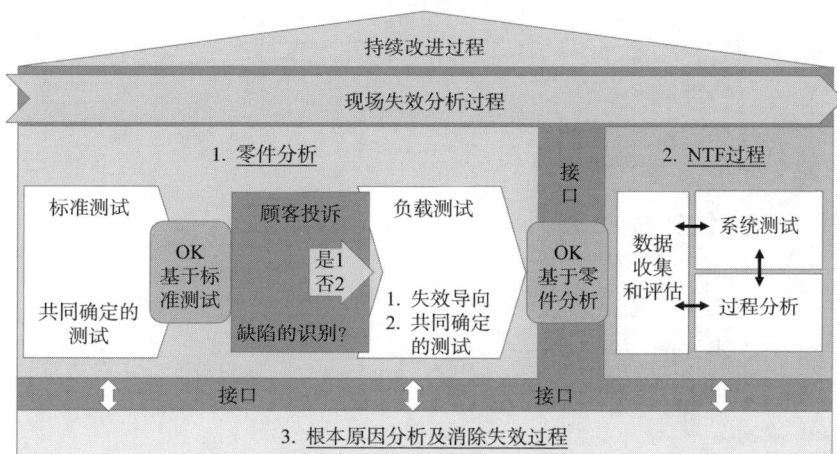

图 4-21　现场失效分析过程

零件分析首先对返厂件进行标准测试,即对确定的不合格现象进行有针对性的检测。如果结果显示没有问题,可使用成品检验指导书或检验规范对产品进行全面的检测;如果检测不合格,说明不合格品流出去了,启动不合格处理流程。

如果标准测试结果为合格则进入负载测试,以确定保修件是否存在间歇性失效或特定情况下的失效,换句话说,就是某些失效可能是在某个特定的条件下(如温差、震动、湿度、负载等条件下)偶发的,那就模拟这个使用工况,对该产品进行相关的运行监测。负载测试需要同顾客共同拟定测试环境和其变量参数。如果负载测试合格,可称其为零件分析合格,此时进入 NTF 分析过程。

企业根据试验结果决定是否触发 NTF 流程,触发条件由顾客和供应商双方事前协商好。企业应使用项目管理的方式管理 NTF 分析过程,该过程属于对产品未知领域的探索,未必能产生满意的结果。

NTF 流程包括:

◆ 内部质量信息数据收集和评估
- 应提供的必要数据(企业和顾客的);
- 顾客端的测试设备;
- 应用软件的版本;
- 参考的标准和数据表;
- 产品的版本;
- 服役时间;
- 车辆的故障点、里程;
- 现场分析数据;
- 车辆环境条件;
- 产品履历。

◆ 定义测试接受标准
- 问题内容的理解和确认;
- 适当的台架测试故障重现条件;
- 合规性测试。

◆ NTF 调查,包括潜在的额外测试
- NTF 调查截止日期;
- 不合格件的额外测试协议;
- 额外测试协议的应用环境;
- 中断 NTF 调查的准则;
- 报告流程。

NTF 流程应基于项目管理的流程实施。

4.13　产品模块小结：精心策划、项目驱动、工艺保障、质量把关

企业运营的目的是向顾客交付产品，然后收回超过其总成本的货款，实现运营的增值。产品也是企业与顾客维持关系的核心要素，没有好的产品，很难与顾客建立一种长期的关系。无论哪个行业，卓越的公司都是那些能为顾客提供卓越产品的公司，汽车行业也不例外。卓越的产品拥有一个共同的特点：卓越的产品质量。企业打造一个优质的产品需要完成三件事。

第一，策划一个正确的产品，即产品满足市场和消费者的需求；

第二，设计一个稳定的产品，即拥有严谨的设计开发过程，能预防未来可能发生的问题或将产品的问题暴露在设计阶段；

第三，生产合格的产品。稳定的工艺能制造出合格的产品，严格的检验过程能将不合格品拒之门外。

根据体系四要素模型，企业可以参考图 4-22 创建一个有效的产品体系。产品体系要实现几个基本目标：出货量、毛利、新产品营收、产能利用率和合格率等。为此企业应建立相应的新产品开发项目管理流程和新产品开发流程将顾客需要转换为产品；制造流程和质量管理流程确保将订单转化为可以交付的产品；新项目评价、产品审核、过程审核和产品检验确保前面的四个流程能有效运作；最后是工程师团队的能力建设。该团队包括产品经理、项目经理、设计工程师、工艺工程师、制造工程师和质量工程师等，其能力建设应确保工程师能用最快速、最直接的方式解决各类产品和工艺问题或完成指派的任务。

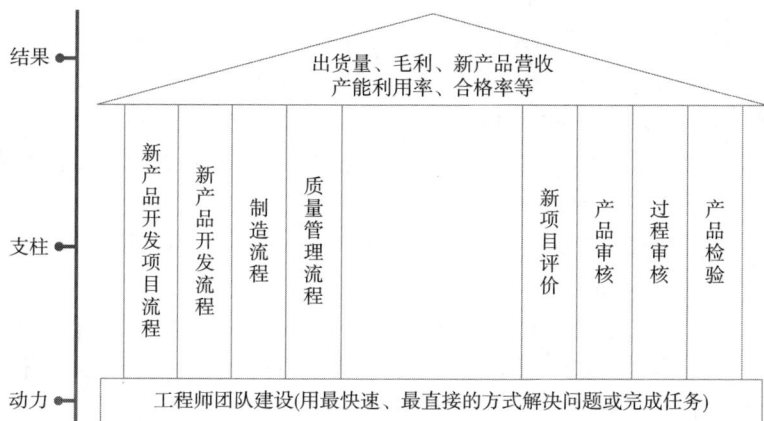

图 4-22　产品体系的要素构成

第五章

▶ **保障模块：如何夯实运营的基础**

俗话说：巧妇难为无米之炊，对一个企业来说也是如此。管理体系建立得再完善，还得依靠人去执行。企业的生产运营也越来越依赖机器设备和基础设施，竞争也不再是局限于两个企业之间了。有人甚至调侃：不怕神一样的对手，就怕猪一样的队友。可见选择商业伙伴多么重要。

在所有生产要素中，人是最重要的。社会是由人组成的，商业也是由人组成的。人员比战略或运营都要重要，因为战略和运营都是依靠人来规划和实现的；简而言之，如果企业的人出了问题，这个企业便不可能充分发挥自己的潜力。一流的人才能创造一流的公司。人最大的优势在于脑力，机器设备最大的优势在于其"体力"。如果企业能将这两个优势结合起来，毫无疑问，会给竞争力带来质的飞跃。再放眼全世界，最近十多年全球一流公司的兴衰，其背后都有一个共同的因素：供应链。

IT 行业的 Dell 因供应链而兴，也曾因供应链而衰。Apple 除了有一流的产品外，还有强大的供应链。一个是超强的"硬供应链"，能在短期内生产出数量巨大的产品，并能将之铺货到 200 个国家；另一个是其创造性的"软供应链"，以 App 为平台，为应用开发者、音乐公司和消费者创造了一个虚拟的商店。Apple 可以依靠这个虚拟的交易平台，在全球范围内，随时随地创造营业收入，而且这两条供应链还能相互促进营业收入的增长。服装行业的 ZARA，将传统服装行业的运营模式彻底颠覆，创造出一个"极速供应链"体系。ZARA 没有像其他服装巨头一样把焦点放在设计师身上，其他品牌的设计大师就是 ZARA 的设计大师，ZARA 需要做好的就是关注和跟随。ZARA 重点是关注如何在正确的时间把正确的产品送到正确的地点。

汽车行业拥有全世界最复杂的供应链体系。一辆汽车大约由 1.5～2 万个零部件构成，涉及 30 几个行业，因此，汽车产品是一个产业关联度极高、涉及面广，对相关产业带动力很大的产品。管理大师 Peter Ducker 把汽车工业称为"工业中的工业"（the industry of industries）。我们也可以看到，全球所有的主流主机厂其背后都有一个庞大且强有力的供应链体系。

IATF 16949:2016 就是全球九大主机厂为了协调其供应链的运营而开发的，其目的就是要增强供应链和主机厂自身的竞争力。除了我们在前面三章介绍的内容外，IATF 16949:2016 对资源管理和供应链的管理也有非常明确的要求。在此，笔者将各类资源和供应链的组合称之为保障体系，即它是为企业经营计划的实施、管理体系的运营和产品体系的实现提供物质和人员保障的。

本模块相关的 IATF 16949:2016 条款的逻辑关系如图 5-1 所示。

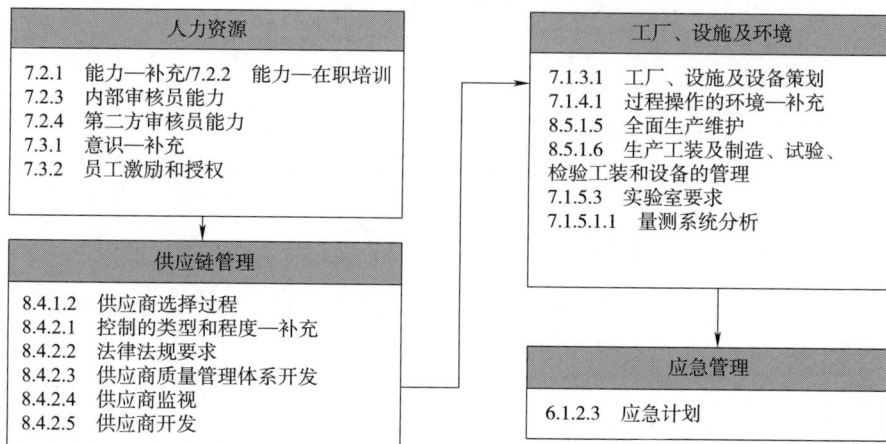

```
┌─────────────────────────────────┐          ┌─────────────────────────────────┐
│           人力资源               │          │        工厂、设施及环境          │
├─────────────────────────────────┤          ├─────────────────────────────────┤
│ 7.2.1  能力—补充/7.2.2  能力—在职培训 │   ┌─────▶│ 7.1.3.1  工厂、设施及设备策划     │
│ 7.2.3  内部审核员能力            │   │      │ 7.1.4.1  过程操作的环境—补充      │
│ 7.2.4  第二方审核员能力          │   │      │ 8.5.1.5  全面生产维护             │
│ 7.3.1  意识—补充                 │   │      │ 8.5.1.6  生产工装及制造、试验、    │
│ 7.3.2  员工激励和授权            │   │      │          检验工装和设备的管理      │
└─────────────────────────────────┘   │      │ 7.1.5.3  实验室要求               │
              │                        │      │ 7.1.5.1.1  量测系统分析           │
              ▼                        │      └─────────────────────────────────┘
┌─────────────────────────────────┐   │                     │
│           供应链管理             │   │                     │
├─────────────────────────────────┤   │                     ▼
│ 8.4.1.2  供应商选择过程          │───┘      ┌─────────────────────────────────┐
│ 8.4.2.1  控制的类型和程度—补充   │          │           应急管理               │
│ 8.4.2.2  法律法规要求            │          ├─────────────────────────────────┤
│ 8.4.2.3  供应商质量管理体系开发  │          │ 6.1.2.3  应急计划                 │
│ 8.4.2.4  供应商监视              │          └─────────────────────────────────┘
│ 8.4.2.5  供应商开发              │
└─────────────────────────────────┘
```

图 5-1　保障模块相关的 IATF 16949:2016 条款的逻辑关系

5.1　人员能力建设

IATF 16949:2016 对人员能力建设的核心要求，见表 5-1。

表 5-1　关于人员能力建设的核心要求

条　款	核心内容	实施措施
7.2.1　能力—补充	······识别培训需求，并······具备能力 ······承担特定任务的人员应具资格，关注顾客要求的满足	培训需求分析
7.2.2　能力—在职培训	······对新的或调职的人员，应进行在职培训，包括合同工或代理人······详细程度应与教育程度及任务复杂性相适应	人员能力矩阵
7.2.3　内部审核员能力	验证内审员能力，考虑组织的要求和/或顾客特殊要求 体系审核员应最少具备以下能力： a. 理解过程审核方法，包括风险思维 b. 理解适用的顾客特殊要求 c. 理解 ISO 9001 和 IATF 16949 d. 理解核心工具要求 e. 理解如何管理审核 ······过程审核员应具备技术知识······产品审核员应理解产品要求，能使用仪器设备 ······证实培训师能力满足以上要求 内审员能力的维持和改进： f. 每年实施规定的最小数量的审核 g. 基于内部变更和外部变更	能力矩阵 内部讲师资格认定标准 内审员资格的年审

条　　款	核心内容	实施措施
7.2.4　第二方审核员能力	应满足顾客的要求，至少具备以下核心能力： a. 过程审核方法，风险思维 b. 适用的顾客特定和组织要求 c. ISO 9001 和 IATF 16949 要求 d. 被审核制造过程 e. 适用的核心工具要求 f. 如何管理审核	能力矩阵

5.1.1　如何进行人员任职资格的鉴定

人员是否能从事和胜任某项作业的实施？企业该如何对其进行资格的确认？在 IATF 16949:2016 条款中有两种描述方式：

1. 能力/胜任（competence/competency/competent）。是指"经证实的应用知识和技能的本领，尤其是指人员的能力"。能力是判断一个人能否胜任某项工作的起点。

2. 资格（qualified/qualification）。任职资格是指某岗位员工达到合格水平应该具备的各项要素的集合，包括知识、技能、经验、学历等。它可以鉴别员工是否合格，但并不能保证合格的员工能达到优秀水平。

IATF 16949:2016 质量管理体系强调"所有从事影响产品要求和过程要求符合性的活动的人员具备能力。"

◆ 谁是影响产品要求符合性工作的人员

答案很简单：公司所有的人员，无论是全职的还是兼职的；操作员、职员、工程师、基层管理者、中层管理者和高层管理者都是影响产品要求符合性工作的人员。

◆ 素质能力模型

素质能力模型可以从三个层次来解读，具体如图 5-2 所示。

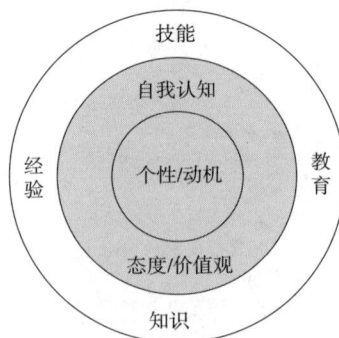

图 5-2　能力模型解析

- 第一个层次是表象类，如：技能、经验、知识和教育。

技能：指结构化地运用知识完成某项具体工作的能力，即对某一特定领域所需技术与知识的掌握情况。

知识：指个人在某一特定领域拥有的事实型与经验型信息。

经验：从多次实践中得到的知识或技能。

这个层次的素质能力容易培养和评价。企业通过培训、工作轮换等多种人力资源管理手段与措施，使员工个体具备或提高知识与技能水平是相对比较容易且富有成效的。

- 第二个层次是自我认知、态度及价值观，属于较深层次的，比如：顾客导向和结果导向的价值观、职业定位等。
- 第三个层次是个性和动机，属于最深层次的，比如：主动行为、系统思考能力等。

这两个层次的素质能力都属于深层次的，比较难培养和评价，需要的时间比较漫长、成本较高，效果往往也不是很好。

第一个层次就是我们常说的任职资格，关注的是合格员工应具备的浅层次的素质；第二、三个层次就是我们常说的素质模型，关注的是优秀员工应具备的深层次的素质。两者应该相互补充，而不能相互替代，只有将任职资格与素质模型相结合，才能保证获得真正的优秀人才。

操作类岗位一般仅关注任职资格即可，越高层次的管理类岗位或技术类岗位，则需要更多的关注其素质模型中的某些核心因素。

◆ 如何确定员工的任职资格

IATF 16949:2016 更多的是关注第一个层次的任职资格，有关深层次的素质模型读者可以参考人力资源方面的书籍。公司的人员大致上可以分为三大类：管理人员、技术人员和技能人员，其任职资格应分别予以规定。

- 管理人员任职资格管理体系

管理人员是指初级管理、中级管理、高级管理、经营管理等，其适用职能岗位有财务、人事行政、生产管理、采购、市场销售等事务性管理人员（包括前台、秘书、保安等）。

- 技术人员任职资格管理体系

技术人员是指技术员、工程师、主管工程师、高级工程师、总工程师等，其适用职能岗位有技术/产品研究开发、生产制造、质量管理、物流、设备维修等。

- 技能人员任职资格管理体系

技能人员是指初级技师、中级技师、高级技师等，其适用职能岗位有制造部、质量部、物流部等部门的生产操作工、设备维修工、包装运输工（包括司机）等。

表 5-2 将管理人员的职业发展规划与其任职资格有机的联系在一起，也规定了不同管理职位需要不同的资格要求。其能力是从以下几个方面来评价的：

表 5-2 管理人员任职资格

成长阶段	资格	职位	能力要素 P	D	C	A	下属培养能力	业务执行能力	沟通能力	资源管理能力	学历	经验	其他
事业拓展阶段	经营管理	副总总经理	经营环境分析 公司方针的制定 问题分析 重大提案的制定	任务下达 监督实施	成果评价	制度化	人才培育	变革能力	团队氛围建设	战略管理、组织运营能力等	本科	8年	
职业开创阶段	高级经理	部长总监	部门方针制订 工作目标制订 实施方案制订	组织实施 部属指导	效果确认、报告	问题追踪、防止再发	把握部下	预测能力 业务改善	信赖下属 团结合作	预算管理和成本控制能力等	本科	5年	
职业育成阶段	中级管理	主任主管	把握现状 解决方案制订	按指示完成任务	效果确认、反馈	作业标准化	业务实践（事先实践）	业务流程制定	横向合作	成本控制能力等	本科	3年	
学习阶段	初级管理	一般管理	问题发现 按上级设定的目标进行对策制订	按指示如期完成	确认效果、汇报	再发防止对策		规范的事务处理能力	遵守公司制度 服从上级指示	时间管理等	本科	1年	

a. 管理能力。运用 PDCA 管人、管事的能力；

b. 下属培养能力。如何培育、指导下属更好的工作的能力；

c. 业务执行能力。正确地完成任务的能力；

d. 沟通能力。与他人或其他团队合作的能力；

e. 资源管理能力。获取资源、分配资源和利用资源的能力。

此外，企业还需考虑任职者的学历和经验，相对来说学历是比较容易评价的，但高学历未必是高能力；经验最好能以过去取得的成果为依据，因为时间不一定就是经验，很可能只是经历而已。

企业应针对不同的职位，对上述的因素提出不同的要求，以此来确定其任职资格条件。

该任职资格也是新员工进入公司后，薪酬定级、加薪及晋升的人事考核、奖金福利考核、培训和员工职业生涯发展规划的重要依据。

有关技术人员任职资格和技能人员任职资格，读者可以根据表 5-2 举一反三。

◆ 其他资格要求

企业除了依据 IATF 16949：2016 的要求对所有的岗位制定资格要求外，国家也会对一些特殊工种提出资格的要求，比如：电工、部分天车操作工、司机等必须取得国家相关主管部门颁发的从业人员资格证书。企业必须满足这些要求，国家法律法规对资质的要求优先于企业的要求。另一种情况就是顾客对供应商从业人员的资格要求，比如：某些主机厂对供应商的内部审核员的资格有具体的要求，此为顾客的特殊要求，企业也必须满足。

5.1.2　内审员的资格认可

企业的内部审核员包括：体系审核员、过程审核员、产品审核员及第二方审核员。他们的资质要求有所差异，其中过程审核员和产品审核员有专业性的要求，比如：过程审核员应懂被审核的工艺，产品审核员要了解产品和有仪器设备的操作能力。

◆ 内部审核员的能力要求

企业可以根据下表所示的内容，对其审核员的能力要求进行识别。这里需要特别说明两点，首先这种能力要求可能比较个性化，如：某位内审员只审核管理过程，则不需要核心工具方面的能力；如果他要审核产品开发过程，则需要核心工具方面的能力。其次，企业的顾客可能会对内审员资质有具体的要求，则该能力要求应体现在表 5-3 所示。

表 5-3　内审员能力需求矩阵表

审核类型	能力要求												备注
	标准的理解与应用			核心工具理解与应用			审核管理			专业			
	ISO 9001	IATF 16949	CSR	APQP	FMEA	……	过程方法	策划	……	产品	工艺	仪器	
体系审核员	✓	✓	✓	✓	✓	✓	✓	✓	✓				
过程审核员					✓						✓		
产品审核员										✓	✓	✓	
二方审核员	✓	✓	✓	✓	✓	✓	✓			✓	✓	✓	
审核员姓名	审核员资格鉴定												
张三	◐	◑	◐		◑		◑	◑	◑				
李四													
……													

◔ 培训中　◐ 合格　◕ 能指导他人　● 能持续改进

◆ 审核员能力的获取及认可

通常情况下企业对审核员能力的获取和认可方法包括培训和工作经历。培训分为外部培训，如：第三方认证公司或其他咨询机构等；内部培训由内部讲师完成，企业应对内部讲师的资质进行认可，其能力要求不能低于内部审核员的能力要求。IATF 16949：2016 对外部讲师的资质并未有相应的要求，企业可以自行决定。

◆ 审核员资质的保持和更新

IATF 16949：2016 提升了对审核员的资质要求，原来的审核员资质保持和更新是针对第三方审核员的，现扩展到企业的内部审核员。首先企业要规定内部审核员每年最少要完成的审核次数，如果某个审核员获取审核资质后一年内都未实施一次审核，则会丧失该资质；其次是审核员知识技能的更新，如果企业的工艺技术发生变化，则过程审核员的工艺技术知识需要重新培训，如现在 FMEA 已升级换版了，那么此前审核员的 FMEA 知识需要重新培训考核。

5.1.3　如何提高员工的能力

我们在前面两个问题中分别分析了 IATF 16949：2016 对员工的能力要求，以及如何通过培训让企业员工获得这些能力。现在很多企业虽然特别重视培训，员工课也上了不少，但发现效果不是很好，员工的能力还在原地踏步。企业就开始对培训产生怀疑，觉得这个钱花得不值得，究其原因，企业的培训可能存在某些不足，但这不是重点。培训只是提高能力的一个途径，但不是唯一的途径。一个员工光靠听课是不可能提高自身能力的。企业也是一样，把能力提高都押在培训上面，肯定收效甚微。

下面我们以某主机厂为例，来分析有哪些途径可以帮助企业开发其员工的能力，见表5-4。

表5-4　员工能力开发的途径

类　别	内　容
业务执行	挑战更高难度的工作 计划性的在职培训（OJT） 接受高层主管或其他主管的直接指导
培训	内部培训课程（含课程外包） 设置"管理人员专门讲座" 举办不同专业交流、演讲会 资深员工的传承指导培训
自主活动	QCC活动 创意提案活动 自主性研发活动

◆　业务执行

业务执行，说得通俗一点就是在工作中锻炼员工，即在职培训（OJT：on job training）。一个人要想提高自己的能力，首先还是踏踏实实把本职工作做好；在此基础之上，再去做一些有挑战性的工作，就好像练武之人，要想成为武林高手，除了练好基本功之外，还需要同高手过过招，这样才有可能成为武林高手，否则能力不会有大的提高。为此，企业需要建立在职培训体系，即各级管理人员应有计划地、有意识地针对业务上所需要的知识、技能、问题解决能力和态度对其下属进行训练。这种训练是在工作中完成的，不是在培训教室完成的。一个完整的在职培训是由以下四个步骤构成的：

- 第一步：训练之前与被训练的下属沟通，目的是激发对方的学习欲望；
- 第二步：准备教材、安排场地和指导人员，最好能让指导人员事先演练一下；
- 第三步：正式向受训者示范，言传身教，确保受训者完全理解并能独立操作；
- 第四步：评估受训者训练后的表现，评价学习的效果，必要时开展再训练。

在日常的工作中，管理人员应经常性地询问下属：

"这项工作要如何开展？"

"如何知道该项工作是在正确地执行？"

"如何知道最终的结果没有问题？"

"如果发生问题你应该如何处理？"

如果上面四个问题，下属都能很好地回答，说明其工作能力达到了相当的水平，这也是管理人员实施在职培训的核心所在。因此，提高员工能力的第一责任人是其直接主管，而非人力资源部。

◆ 培训

这里所讲的培训是指脱产培训（off job training）。企业培训的形式可以多种多样，最常见的是课堂培训，除此之外，还可以有其他的方式来实施培训，比如：

- 管理人员专门讲座。主要是培养具有专业性的管理人员，针对如何传承管理中的经验、知识和技能而进行的研讨、讲座。其内容比较短小精悍，发言人比较多。

- 举办不同行业交流、演讲会。主要是为培育管理人员或技术人员的广阔视野，比如，参加行业的技术展示会，了解供应商有哪些新技术可能适用于新车型，对工程师来说，这是一个很好的学习机会，而且还可以与供应商的工程师进行面对面的交流。

- 从经验中学习。如果一个企业没有收集、保存和重复利用知识的机制，那么这个企业肯定会不断地"重复发明轮子"。当然，从经验中学习，说起来容易，做起来比较难，尤其是很多经验比较复杂、分散。因此，要想在这个方面做得比较好，企业需要特别留意以下几个方面：首先，在活动结束之后尽快总结并保存这些资料，随着时间的流失，有用的实时信息会丢失的越来越多；第二，经验交流和分享必须是定期的活动，而且应该是工作中的一部分；第三，宽容地对待批评，真诚地交流，参加者能够自由地表达自己的观点而不怕反驳，当然更不能打击报复；第四，随时更新标准和流程，所谓空谈误国，实干兴邦，仅仅是谈论不可能解决问题，每一次经验交流的最终结果必须是具体的、有可见成果的，否则以后没人会愿意参与这样的活动。

- 关注问题解决的学习。IATF 16949：2016 条款"10.2.3"要求"应有形成文件的解决问题过程……"比如 8D 就是一个这样的过程，这个工具可以帮助员工在寻求长期解决方案的过程中进行学习。在汽车行业，问题解决强调要从问题的源头下手，而且是一个数据驱动的过程，同时将学习作为整个过程的一部分。

◆ 自主活动

绝大部分的企业将人才培养的重点放在技术、知识与能力上面，培养人才的重点应该是如何培养有动机的人。一个人有动机的话，技术与知识就会随之而来。因此，企业需要建立一些制度，主动去激发员工的动机，而不是依靠员工个人的悟性。比较常见的制度有：

- QCC 活动

QCC 活动也称为品管圈（QCC：Quality Control Circle），就是由来自相同、相近或互补的工作场所的员工自动自发组成的小团体（又称 QC 小组），然后全体合作、集思广益，按照一定的活动程序，活用 QC 七大手法，来解决工作现场、管理、文化等方面所发生的问题及课题。它是一种比较活泼的质量管理形式。QCC活动的核心是强调工作氛围的建设以及激发员工的自主能动性，问题的解决只是QCC活动的附属成果。但在实际的QCC活动推行中，很多企业还是将重点放在QC小组取得的成果上面，导致QCC活动很难推广。原因是QCC活动本身对生产力和质量改进的贡献度有限，比如丰田前TQC推广负责人根本正夫就表示过：在丰田内部，对生产力和质量改进的贡献度，现场管理者所作的改进方案远比QCC活动大，前者所作的贡献度占八成，而QCC活动最多占两成。很多企业在推行QCC活动时，强制要求一定要产生多少成果，但实际上这项活动不大可能产生这么多成果，就导致QC小组为了完成任务而开始编故事（QC story），这样QCC活动就会走入死胡同。所以，企业为何要推行QCC活动，还是要回归到这项活动的本质上来，就是建设一个良好的工作氛围，调动员工的主观能动性，在全公司范围内传播这种正能量。

- 创意提案活动

福特汽车早在20世纪40～50年代就提出了提案制度（Ford suggestion system），1951年丰田将之引入并发扬光大。提案改善活动是指企业通过制度化的激励措施，引导和鼓励员工积极主动地提出并实施任何有利于改善公司经营活动的革新建议、改进建议或创新等。

有效的提案改善活动需要以下几个因素的配合：

1. 提案改善委员会。负责提案改善活动的具体事宜，如：培训、宣导、资料的收集、效果评价以及激励措施的落实等。

2. 制度建设。制订提案改善活动的实施流程和管理等制度。

3. 定期的优秀提案评选。每月或每季组织相关的人员进行优秀提案改善活动的评比。

4. 优秀提案改善案例的发表。定期组织各部门观摩学习公司优秀的提案改善活动案例，表彰其中的优秀人士和案例。

综上所述，当员工内在的正面动机被激发出来后，企业再辅之以各种培训和训练方法，才能有效地提高员工的能力，单靠培训一种力量，对能力提高的作用是有限的。

5.1.4 如何进行员工的激励和授权

IATF 16949：2016条款"7.3.2员工激励和授权"要求"激励员工实现质量目标，进行持续改进，并建立一个提倡创新的环境……"

杰克·弗朗西斯（Jack Francis）曾在沃顿商学院金融学系任教，后来成为美联储（Federal Reserve）的经济学家。弗朗西斯博士先后出版了二十余本著作。他说过一句很有名的话："你可以买到一个人的时间，你可以雇一个人到固定的岗位上工作，你可以买到按时或按日计算的技术操作，但你买不到热情，你买不到创造性，你买不到全身心的投入,你不得不设法争取这些。"这说明员工激励是一个很重要的工作,当然也是一个很难做的工作。关于激励的理论有很多,其中最广为人知的就是马斯洛在1943 年提出来的"需求层次论",如图 5-3 所示。

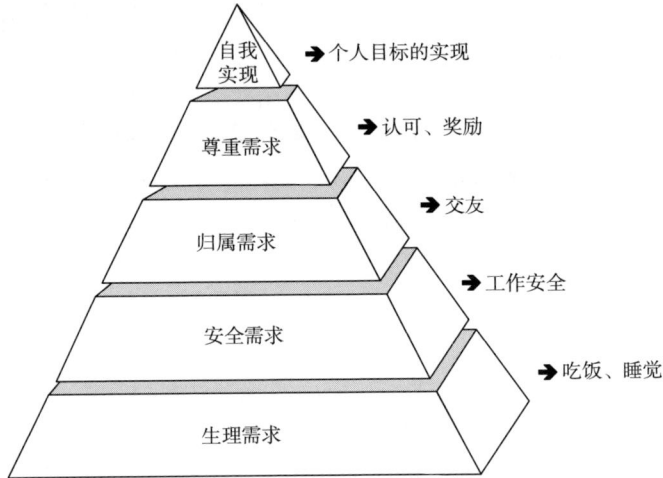

图 5-3 马斯洛的需求层次论

　　该理论将人的需求分为五个层次,即:生理需求是维持生存最基本的原始需求,比如,衣、食、住、行等方面。在实际的工作中,足够的工资、良好的工作场所都是用来满足这一需求的;安全需求是人要求保障自身安全、避免失业和保护财产不受损害的需求;归属需求是人对从属于某个群体或组织、与人交往、获得情感等方面的需求;尊重需求是指受人尊重以及自尊的需求,即人需要受到群体成员的尊重和承认,并在其中享有较高的地位;自我实现是最高层次的需求,人总是希望能最大限度地发挥自身的潜能,达到所追求的远大目标,取得一定的成就感。

　　举例来说,《西游记》的五人团队分别代表了马斯洛五个层次的需求。八戒追求的是生理需求,他会偷懒,吃饱睡饱是对八戒最好的激励;沙僧的需求是安全,他会撮合团队,只要不出事沙僧就满足了;白龙的需求是归属,它会默默无闻埋头苦干,不被抛弃白龙就满足了;唐僧的需求是荣誉和尊重,在上司面前会哭哭啼啼,以获取赞赏,在下属面前会念紧箍咒,以获取威信;悟空的需求是实现自我价值,他会拼命,也会不按常理出牌,对他来说,有更多发挥的空间是对其最好的激励。所以这师徒五人取经的目的不同,价值观不一样,如果用马斯洛的需求层次论来分析,对他们一路上的行为就好理解了。

　　◆ 如何激励员工

　　应用马斯洛的需求层次论对员工进行激励的一个重要前提条件,就是要了解员工的需求到底是什么。不同企业、不同时期以及不同的员工,他们的需求不仅是不同的,而且还是动态的。因此，管理者应该经常性的运用各种方法进行调查，明确员工哪些需求还没有得到满足，然后有针对性地进行激励。针对不同的员工需求，企业可以实施或建立如表 5-5 所示的激励方法或制度。

表 5-5　激励的层次与方法

需求的层次	企业的激励方法或制度	
自我实现	给予事业成长机会	鼓励创造力
	员工参与决策	提案改善制度
尊重和地位	公布个人成就	给予更大工作责任
	赞扬良好表现	经常给予回馈
	设置工作头衔和职位	给予荣誉和奖励
归属和社交	让员工加入各种团队	建立各种正式或非正式的社交活动
安全和保障	工作合同、长期雇佣制度	提供安全的工作环境
	提供足够的保险等福利	良好的退休制度
基本生活	提供公平的薪金	提供足够休息时间
	提供舒适的工作环境	

◆ 如何授权

科学管理之父泰勒主张在管理人员和工人之间明确分工和划分职责，他要管理者从事计划工作和思考工作，要工人只是按照管理者的吩咐去做。泰勒的方法在二十世纪初也许是一个好的建议，但是，今天的工人所受的教育和培训远比那时要好得多。事实上，因为许多工作的复杂性，使今天的工人比他们的管理者更清楚如何把工作做得更好。管理者认识到，可以通过重新设计工作和让工人来决定那些与工作有关的事情，能使质量、生产力和员工的责任感得到改进，我们把这种过程称为授权（delegation）。

很多管理者会认为，对下属的培养，与其手把手地去教，不如放手让他去做，美其名曰"授权"，即让下属凭自身的能力去解决问题。按自己的意志去做事可以算是一种激励，但未必是授权。我们的员工有一个特点，一切听上司的，上司怎么说员工就怎么实施，上司没有交代员工不会自作主张。所以上司都很累，一切都要为员工想好，员工其实也累，不知道上司下一步怎么变。很明显，这种行事方式已完全不适合瞬息万变的市场了。

IBM 的前任 CEO 帕尔米萨诺指出："依靠组织结构以及经营者的指示（当时 IBM 全球共有 20 多万员工），最大限度地发挥 IBM 的实力是不太可能的。这就要求我们必须在支持每一位员工通过正确的方法做出正确判断的同时，把权限交给他们。"那么，把授权作为下属的权利与上司的义务来考虑又如何呢？我们可以从职业化的角度来重新审视被授予权利的人以及授权的人。

对于授权的讨论,我们会发现其中缺少了顾客的角度,换言之,大家讨论的仅仅是上司和下属的关系,或者是公司与员工的关系,比如有人会说"不让我做这项工作",或者是"不让我自主地去做"。我们暂不考虑上司愿意授权给谁的问题,先想想以下几个问题:

权限扩大了,提供给顾客的价值如何?

具备使用新权力的能力和技能吗?

能力和技能不足,无法熟练运用新权力时,该怎么办?

也许有人会这样回答:这些问题在没有得到授权之前无从知晓,未得到授权,是无法学到新的能力与技能的。的确如此,人都是在错误中成长起来的,俗话说"失败是成功之母"。另外,被授予新的权力后,有的人会与以前判若两人,能充分发挥出自己的潜能,这也是事实。尽管如此,有一点我们不能忘记,对于个人而言,失败是成长的代价,对顾客而言则没有道理去接受这个代价。所以在授权之前,我们必须问问:员工是否做好了接受权力的准备?员工能否在获得授权后解决顾客的问题,并为顾客提供独特的价值?员工是否有为此而学习必要的能力和技能的欲望?在不得不借助他人的力量时,员工面对比自己年龄小的人或是与自己关系不太好的人,能否放得下自尊心?

另一方面,也要求授权者,即上司做好同样的思想准备。正确的做法应该是这样的:在认清下属的能力与技能的基础之上,确定合适的权限范围;把握下属现有的能力水平与权限所要求的能力水平之间的差距,做好亲自缩短这种差距的思想准备,然后授权给下属,当然,切记不要连累顾客。例如,综合考察某位员工的经验、能力和士气,各项都能评为五分的话,赋予他新的权限,以实现新的顾客价值。该价值需要上述三项得八分才能实现,为了弥补三分的差距,获得授权的员工应该努力,其上司也应该一起努力。如果被授权的员工在过程中出差错,则上司必须负责弥补差距。只有做好这样的准备,才能够放手授权给下属。

5.2 供应商选择与管理

IATF 16949:2016 对供应商的选择与管理的核心要求,见表 5-6。

表 5-6 关于供应商选择与管理的核心要求

条　　款	核心内容	实施措施
8.4.1.1　总则—补充	······例如子总成、排序、挑选、返工和校准服务,纳入······范围	合格供应商名单

续上表

条　款	核心内容	实施措施
8.4.1.2　供应商选择过程	……选择过程应形成文件： a. 风险评估 b. 相关质量和交付绩效 c. 供方 QMS 的评价 d. 多方论证决策 e. 适当时，软件开发能力的评估 应当考虑如下的其他选择准则： 汽车业务量、财务稳定性、采购产品复杂程度、所需技术、资源充分性、设计开发能力、制造能力、变更管理过程、业务连续性管理、物流过程、顾客服务	供应商准入评估表
8.4.1.3　顾客指定的货源	……规定时，应从顾客指定货源采购产品、材料或服务	BOM 合格供应商名单
8.4.2.1　控制类型和程度-补充	……应根据供应商绩效和产品的风险评估，增加或减少类型和程度以及开发活动的准则和措施 ……确认和控制供应商零件的传递特性	供应商分类管理标准
8.4.2.2　法律和法规要求	……确保符合收货国、发运国及目的国法律法规要求	采购合同 质量协议 技术协议
8.4.2.3　供应商质量管理体系开发	……最终目标是通过 IATF 16949 认证 ……供应商体系开发遵守如下步骤： ISO 9001 认证（IAF 认可标志） ISO 9001 认证＋二方审核 ISO 9001 认证＋二方审核（IATF 16949） IATF 16949 认证	供应商体系开发计划（3 年）
8.4.2.4　供应商监视	……至少应监视以下指标： 交付产品的符合性 在收货工厂的顾客中断 交期绩效 适当时，供方监视中包括： 特殊状态顾客通知 经销商退货、保修、使用现场措施及召回 笔者注："d. 超额运费"的要求在最新的修订中已删除	供应商绩效评估（月度、季度或年度）
8.4.2.4.1　第二方审核	基于风险分析，……应对二方审核的需求、类型、频次和范围的确定准则形成文件……审核方法应与汽车行业过程方法相一致	供应商年度审核计划（3 年）
8.4.2.5　供应商开发	……确定行动的优先级、类型、程度和进度，基于： 供应商绩效问题 二方审核发现 质量体系的证书状态 风险分析 ……解决未决的绩效问题，寻求持续改进机会	供应商能力提升计划

5.2.1　如何进行供应商定点

　　汽车行业整车开发的周期越来越短、项目的多样性、主机厂逐步增加零件外购比例和全球化的趋势,使贯穿整个供应链的供方和顾客之间的紧密合作越来越具有重大的战略意义。IATF 16949:2016 质量管理体系强调,企业与供应商之间应建立合作的伙伴关系,这种合作关系始于产品设计阶段,直至量产阶段。也就是说企业以质量、服务和价格为目标,在产品策划过程早期的某个时间点,确定重要的新零件及工装的开发和批量供货厂家,我们把这个过程称之为供应商定点或称为前期采购。在此过程中,供应商必须保证企业的机密信息得到有效的保护(如:技术、专利、程序和配方等),同时企业也要确保供应商的利益得到有效的维护。顾客、企业和供应商合作的基本阶段如图 5-4 所示。

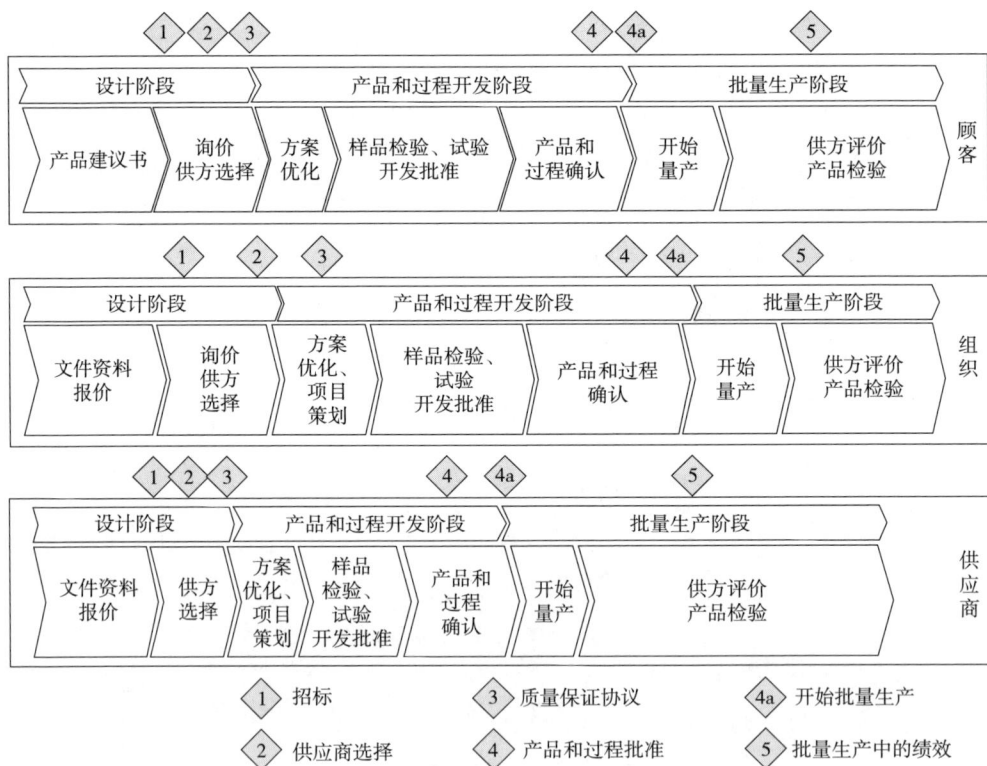

图 5-4　顾客、组织和供应商的合作阶段

企业和供应商合作的方式和程序可以根据以下的内容由双方来协商:

- 产品的复杂性(例如:产品技术/工艺技术);

- 供应商的类型（例如：开发供应商、制造商、服务商、经销商、内部供应商）；
- 供货范围（例如：原料、零件、模块、系统）；
- 采购类型（例如：全球、零星采购、垄断产品、目录商品）；
- 法律要求（例如：IMDS）。

◆ 产品诞生阶段（设计、产品开发和过程开发）

在设计阶段，企业的产品质量策划小组有一个重要的任务就是确定所有物料的规格要求，并编制对应的采购文件（其中的各项要求应该是全面的、明确的和适当的）。这些采购文件交由采购或寻源（sourcing）部门进行供应商询价、报价和供应商选择等工作。企业和供应商需要对该采购文件进行共同的技术评审，比如有关经济的、技术的、物流的和组织的要求、质量管理方法、质量目标等，为此可能需要签署采购合同、供货协议、产品建议书和质量保证协议。

供应商有责任在提供报价前评审顾客要求是否完整以及是否可以实现，为此供应商应从其顾客那里了解供应件和顾客产品的使用条件。这样，供应商才可以就供应件的正确使用方法或正确用途向顾客提供指导，从而可以避免顾客在进行产品开发时产生错误的想法。企业应在相同的条件下（相同的信息状态、同一时间、相同的评定标准）对所有的投标者进行产品的询价。

在产品开发和过程开发阶段企业应制订一个产品质量策划计划，描述从设计阶段到批量生产开始的各个里程碑。此项目计划应由企业和供应商根据里程碑以合同的形式确定下来，取得双方一致同意后才能进行修改。产品开发和生产过程开发成功的标志是获得生产过程和产品批准（PPAP）。

◆ 供应商的选择

企业根据要采购的产品/服务选择供应商。通常情况下，供应商的选择是跨部门进行的，例如企业的采购部门在选择供应商时同时召集开发、生产、质量和物流等部门参加。在此企业应考虑供应商的选择宜尽早进行，这样可在产品开发的早期阶段就能开始双方的合作。产品越复杂、技术要求越高，供应商的选择就要越认真、细致。除了技术的、经济的和物流方面的评估要素，供应商的质量能力也是最重要的选择标准，必要时，必须向供应商介绍企业所规定的质量能力。企业可以参考 VDA6.3"P1 潜力分析"作为决定是否发包的准备工作，其作用是对新的不了解的供应商（申请方）、生产基地和工艺技术开展评价，必要时，还可能需要对申请方的研发和过程潜力开展评价。潜力分析的具体要求请参考 VDA 6.3，本书不再赘述。

在潜力分析之前，企业应开展一项采购市场分析，以便限定需要开展的潜力分析的数量。供应商信息的采集对潜力分析至关重要，企业可以要求供应商提交自陈报告以及开展内部调研。其参考格式，见表 5-7。

表 5-7 供应商基本资料表

供应商基本资料			
公司名称			
企业性质		成立年份	
公司地址			
邮政编码		电话/传真	
联系人		电话/电邮	
被询价的产品		被询价的工艺技术	
电子数据交换（EDI）设施			
地 点		系统名称	
通信标准		联系人姓名	
电话/传真		电子邮件	
产 品			
主要产品系列		每种产品的最大产能	
模 具			
自主模具开发比例		自制模具比例	
外部模具供应商			
客户基本情况			
所有客户清单			

销售额最大的五家客户					
客户所在行业					
年产量					
年销售额					
占企业年销售额的比例					

主要的供应商						
名 称	产品线	产 品	原产地	距 离	年销售额	占总采购的比例

续上表

产品质量		
	被询价的产品、产品线	总 计
内部 ppm		
内部报废率		
首次合格率		
外部 ppm		
交付准时率		

生产设备				
设备名称	型 号	制造商/年份	产 能	产能利用率

生产基础设施				
班次模式		每班工作时间		
每周工作日天数		是否允许特殊工作时间安排		
是否制定了应急计划	数据处理	停 产	停 运	人力资源

竞争对手	
名 称	市场份额

管理体系认证			
体系名称	认证机构	范 围	到期时间

业务/企业发展（最近 5 年）					
年 份	年	年	年	年	年
总销售额					
产能利用率					
市场份额					
员工人数					
出口比例					

续上表

采购量				
模具/设备投资				
研发投入				
员工薪资比例				
当前运用的物流系统(国内/出口)				
交付模式(JIT\物流中心)		主要客户所占比例		占总出货量比例

◆ 质量保证协议

供应商选择好之后,企业应该与供应商签订质量保证协议。该协议定义了各个重要接口并促进双方紧密而顺利的合作,因此质量保证协议可以从产品策划阶段就为顾客所要求的质量提供保证。质量保证协议涉及的基本上都是质量问题,协议的核心是为适用于所有制造商的质量措施制定普遍性规定,同时协议内容不能对一方有利而对另一方不利。因此,无论成本、义务或责任朝哪一方偏倚,都是与质量保证协议的基本初衷背道而驰的。产品特性和对产品的技术要求应在诸如开发合同、产品建议书、图纸或其他规范中形成文件。而商务内容则应在采购和供货合同中协商确定。质量保证协议中的各项内容可以分别单独签署协议(例如关于供货质量的协议或者关于可靠性的协议),也可以作为其他协议的组成部分(例如供货合同),再或者简单地以质量规范的形式存在。可能的质量保证协议内容:

- 对供应商管理体系的要求(例如质量、环境、劳动保护等);
- 限定与质量相关的责任,例如:开发、确认、包装、运输等;
- 定义供应链中的各个接口;
- 确定双方的通报义务;
- 顾客要求特定审核的权利;
- 质量数据的文档、保存时间、报告事务;
- 确定生产过程和产品批准程序;
- 澄清产品更改程序;
- 避免、识别和排除偏差的措施;
- 确定普遍的质量控制环节;
- 在解决问题过程中或识别改进潜力过程中顾客与供应商之间的相互作用;
- 确定对组织的供应商的要求;
- 供货质量和产品可靠性协议;

- 协商各种检测或检验方法；
- 调整进货检验（例如对于准时供货）；
- 技术上的和物流上的投诉处理；
- 产品识别和产品可追溯性；
- 关于产品履历文档的协议；
- 保密规定协议；
- 督促签订保险协议；
- 协议的有效期。

5.2.2 供应商管理

汽车产品是一个非常复杂的系统，必须依赖零部件之间的相互配合才能发挥作用。即便是一些通用零件，如轮胎、地毯等都需要进行设计更改以便与某个车型匹配，为此供应商需要开发工装和模具，修改调整生产线，才能生产和交付符合规范的零部件。但是消费者在购买汽车时，并不是很在意某个零件是哪个供应商制造的，他们只要求汽车必须要有可靠的质量，任何问题都必须由主机厂负责。因此，主机厂必须把供应商看成是自己设计和生产的延伸。毫无疑问，在汽车供应链的所有企业都应该把供应商看成是自身的延伸，需要对供应商进行主动的管理和支持，与供应商共同解决在新产品导入过程遇到的各种各样的问题，而不是将所有的责任都推给供应商。企业和供应商之间应该建立一种双赢的伙伴关系。如此一来，整车厂的要求才能在供应链中得到体现和落实。

◆ 供应商的分类

供应商管理最核心的就是如何对供应商进行分类，这样才能针对不同类别的供应商制定不同的管理策略和管理深度。常见的供应商分类标准如图 5-5 所示。

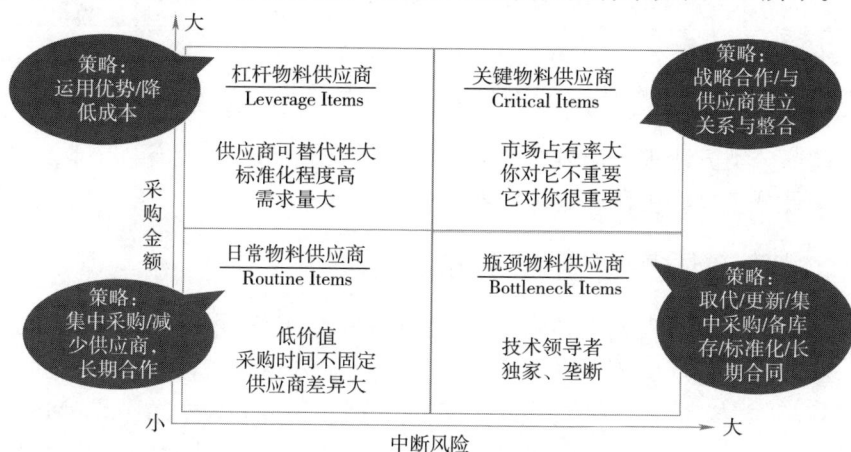

图 5-5 供应商分类及管控策略

图 5-5 是从两个维度对供应商进行分类：第一个维度是中断风险，是表示市场上该供应商数量的多寡，如垄断型供应商其中断风险就比较高；第二个维度是采购金额，采购金额大则风险就高。其对供应商管理的具体策略，见表 5-8。

表 5-8　供应商分类与管理策略

	伙伴关系	集中竞价	确保供应	集中采购
目的	建立长期合作	获得最低价格	保证供应，维持生产的连续性	减少供应商，提高效率
适用	关键物料供应商	杠杆物料供应商	瓶颈物料供应商	日常物料供应商
方法	准确预测需求 供应商风险分析 慎选供应商 分析综合成本 滚动采购 有效控制订单变化	提高对产品和市场认识 寻找后备产品或供应商 供应商间调整订单 优化订单数量 设定目标价格 集中采购	准确预测需求 供应商风险分析 排出供应商优先顺序 准备应急方案 寻找后备产品、供应商 建立适当库存	集中采购 产品标准化 采用网络采购

企业可以根据自己产品的要求和运营管理模式的差异，确定合适的供应商分类标准。表 5-9 所示的分类在企业特别常见，但不是很适合，作用不是很大。

表 5-9　常见的不适当供应商分类

方　法	角　度	结　果
优秀供应商、良好供应商、合格供应商、不合格供应商	基于供应绩效	等级
电子类、塑胶类、五金类、辅料类……	基于产品属性	无用的正确答案
ABC 分类法（20% 的供应商占 80% 的采购金额）	基于金额（量）	等级
战略类、优先类、考察期类、淘汰类……	基于供应绩效（隐含）	等级
重点商业型、商业型、伙伴型、优先型	基于关系	分类

以上这些分类方法都是从供应商的角度来认识供应商的，没有从企业自身需求的角度主动设计分类模型去认知其供应商。

5.2.3　供应商质量管理体系开发

供应商质量体系开发就是如何改进供应商的质量管理体系。首先要求供应商必须通过 ISO 9001:2015 的第三方认证；其次，在此基础上增加对供应商的质量体系审核，审核的标准参考 IATF 发布的《Minimum Automotive Quality Management System Requirements for Sub-Tier Suppliers》，即将此标准转化为供应商审核查检表；再次，用 IAFT 16949:2016 标准对供应商进行二方审核；最后，要求供应商通过 IATF 16949:2016 的第三方认证。

企业可以根据供应商的类别或风险大小，要求供应商的质量管理体系符合以上四个层级中的某一级。如果供应商已达到级别，则要进一步要求供应商在多长时间内将其质量管理体系升级至更高级。具体的升级时间表由企业自行决定。

5.2.4 供应商绩效监视

供应商绩效监视的主要目的是确定供应商的供应是否能够符合企业的要求，同时淘汰绩效差的供应商；也可以了解供应存在的不足之处，将不足之处反馈给供应商，促进供应商改善其业绩，为日后更好地交付订单打下良好的基础。

企业在制定绩效监视指标体系时，应该突出重点，评估供应商绩效的因素主要有质量、交货时间、价格和服务水平等。

- 质量指标：来料批次合格率、上线不合格率、退货率、售后投诉件数、零公里问题件数、问题重复发生次数等。
- 交付指标：准时交付达成率、交付异常件数、超额运费发生次数、平均交付周期、库存周转、导致生产中断次数等。
- 成本指标：价格水平、主动降价幅度等。
- 服务指标：报价及时率、出货文件出错次数、投诉回复周期等。

针对不同类别的供应商，企业可以建立不同的供应商监控指标体系。

【案例 5-1】某企业供应商监控指标体系

一、指标体系

序　号	指　　　标	权　重
1	不合格品率 ppm	25%
2	投诉	20%
3	交付	30%
4	服务	10%
5	竞争力	15%

二、每项指标分数计分方法

1. 不合格品率 ppm

计算公式＝（不合格零件数×1 000 000）÷收到零件总数

不合格零件数：在报告期内被确认为不合格、企业正式记录注明的零件数（含标识标贴错误、混装等）。评分方法：

ppm	得　分	ppm	得　分
0～25	25	351～375	11
26～50	24	376～400	10
51～75	23	401～450	9
76～100	22	451～500	8
101～125	21	501～550	7
126～150	20	551～600	6
151～175	19	601～650	5
176～200	18	701～725	12
201～225	17	726～750	11
226～250	16	651～700	4
251～275	15	701～750	3
276～300	14	751～800	2
301～325	13	801～850	1
326～350	12	＞851	0

2. 投诉

问题类别	内　容	扣　分
Level 1	工程问题	0.5 分/次
Level 2	小问题	1 分/次
Level 3	重复小问题	3 分/次
Level 4	特殊特性问题	5 分/次
Level 5	售后问题、零公里问题	10 分/次

3. 交付

出现下列情况的交付异常,且已确认是供应商的责任:

- 交货晚;
- 提前交货;
- 零件损坏;
- 超出订货数量;
- 少于订货数量。

每发生一次扣 2 分。

4. 服务

服务包括:报价准时性、提交 PPAP 的准时性、8D 回复及时性、出货文件的完整性。

以上要求每发生一次异常扣 3 分。

5. 竞争力

竞争力包括：价格水平、主动降价。

价格水平是否高于同行，每高 1％扣 1 分；主动降价：每降 1％加 5 分。

5.2.5　供应商绩效能力开发

我们在前面的第三章提及，企业实现目标有两种方式：业务流程和方案（项目管理）。比如企业投诉供应商的产品质量不合格，那么该供应商会启动客户投诉处理流程，但是类似的问题已经发生好几次了，说明供应商的客户投诉处理流程已经失效了。这时企业应要求供应商启动专题项目管理，解决这个老大难问题。IATF 16949条款"8.4.2.5. a～d"就是项目管理的输入，即供应商的绩效问题、二方审核的不符合事项、供应商质量管理体系状态、风险分析的结果都可以引发企业要求供应商启动项目实施机制，通过这些方案（项目管理）的有效落实，提升供应商某个具体的能力。不过这些方案（项目管理）的实施是被动的，都是问题发生之后才要求供应商响应的。

另一个供应商能力开发途径是主动的，即企业根据其业务目标识别对供应商的能力要求，进而引发供应商能力改进，其逻辑如下：采购需求→供应商定位→评价方法、指标→行动计划和供应商能力提升计划。企业根据业务发展确定采购总需求，如确定采购总量、金额和质量要求等；再将这些需求分解至不同的物料类别，根据这些物料的需求确定需要什么样的供应商，即定位合适的供应商；然后要对现有供应商满足需求的程度进行评价，根据评价结果决定使用何种监控指标体系来衡量供应商，比如是按常规的指标体系来衡量，还是要设置专门的指标体系来衡量，即我们常说的你要什么就衡量什么；最后确定企业的行动计划，如哪些类别的供应商可以扩大采购范围、提高订单比例、降价比例、奖励等，哪些类别的供应商能力不支持企业运营，需要提出专门的改进计划提升其能力。

【案例 5-2】如何将运营目标转化为供应商能力开发项目

如图 5-6 所示：公司运营总目标之一是全年总成本要降低 10％。其中 7％的成本降低分解到物料总成本，物料总成本降低又分解至采购成本和库存成本降低。企业确定通过降价、缩短订单周期和降低不良率三个手段来实现 5％的采购成本降低。不同类别的供应商承担不同的指标，如：类别一的供应商需要降价 6％、缩短交期 7 天、降低不良率 50％。这三个指标驱动该类别的供应商提出相应的改进方案（项目管理），企业要对方案的实施进展进行监控，或辅导供应商如何实施改进方案。

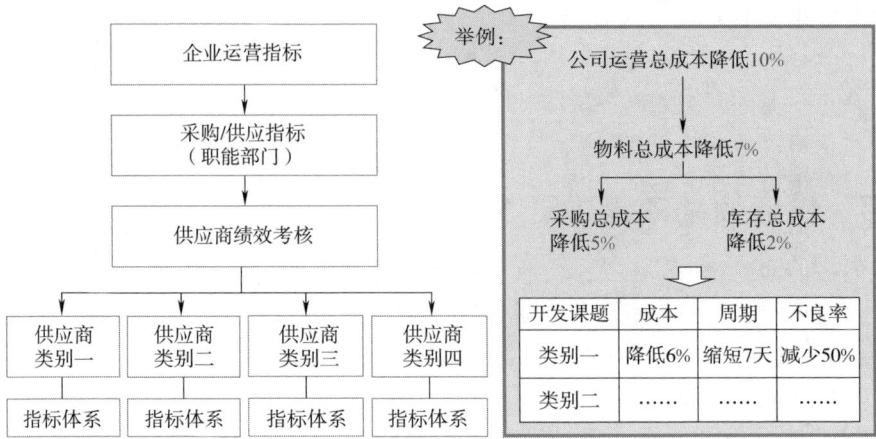

图 5-6　供应商能力开发

5.3　工厂、设施和设备的策划与管理

IATF 16949:2016 对工厂、设施、设备的策划和管理的核心要求，见表 5-10。

表 5-10　关于工厂、设施和设备的策划和管理的核心要求

条　　款	核心内容	实施措施
7.1.3.1　工厂、设施和设备策划	……应用风险识别和风险缓解方法 ……工厂布局应优化： a. 材料物流和空间的增值利用 b. 同步物流 ……应制定和实施制造可行性方法： ……评价新产品、新作业和作业变更；评价产能策划；应定期重新评估	设施设备常见故障及排除方法 精益生产 制造可行性评估
7.1.4.1　过程运行环境-补充	……保持生产现场有序、清洁和整理	推行 5S
8.5.1.5　全面生产维护	……全面生产维护系统至少包括： a. 设备的识别 b. 备品管理 c. 提供维护资源 d. 设备、工装和量具的包装和防护 e. 适用的顾客特定要求 f. 文件化维护目标……并作为管理评审输入 g. 定期评审维护计划及目标，当目标未能达到时文件化纠正措施计划 h. 预防性维护方法 i. 预见性维护方法，如适用 j. 定期检修	建立 TPM 体系

如果企业有实施精益生产，那么建立和实施 IATF 16949：2016 质量管理体系就有很好的基础，条款"7.1.3.1 工厂、设施和设备策划""7.1.4.1 过程运行环境—补充"和"8.5.1.5 全面生产维护"都是精益生产的基本内容。本书重点分析全面生产维护，其他内容请读者参考精益生产和 5S 方面的书籍。笔者强烈推荐企业实施精益生产，如果没有精益生产 IATF 16949：2016 质量管理体系的效果会打折扣。

关于企业如何推行精益生产，笔者想阐述几点看法供读者参考：

- 精益生产是一个永续的过程。任何想一年半载完成精益生产的企业，最终一定会失败，就连精益生产的始作俑者丰田汽车，还在持续改进其精益生产体系。这是一个有起点没有终点的活动，想做就别停，想停就不要开始做。
- 找到一个合理的切入点。一个设备型的企业和一个装配型的企业，其切入点是不一样的。前者可以从快速换模切入，后者可以从产线平衡切入，然后根据这个需求导入培训，即边做边学，做一些具体的改进项目，目的是建立管理层和员工对精益生产的信心。一开始就开展全公司的精益培训，然后绘制各种各样的价值流程图，失败的可能性很大。
- 围绕质量、成本、交期和安全（QCDS）制定阶段性的工作目标和工作内容。精益生产是实实在在的工作，需要有具体的项目运作来推动 QCDS 的改进，它不是漂亮的 PPT 报告或文字游戏。
- 精益生产的推动力来自企业对卓越 QCDS 的追求。企业需要根据这个目标去寻找合适的精益工具和方法。别人教你的精益生产内容，不一定是你所需要的，虽然这些内容都是正确的，但对你不一定有益。
- 精益生产不是 KPI 考核游戏。笔者也见过一些推动精益生产的企业，采用工作外包、库存转移给供应商等方法，如此一来企业各部门的 KPI 是漂亮很多了，问题是浪费真的减少了吗？

5.3.1　全面生产维护

设备的维护活动主要有三类，见表 5-11。

表 5-11　维护活动的类别

类　　别	内　　容	案　　例
预防性保养	基于运行时间，也称周期性保养	每日点检 每周点检 每月点检
预见性保养	基于设备状态，一般要进行数据分析	如监控设备的能耗波动状况，决定是否需要采取保养措施
检修	为防止重大意外故障，主动停机进行拆解、维修、更换零件、重新装配恢复使用	发电锅炉周期性检修

企业根据设备运行的需求和法规的要求,选择合理的保养活动。

◆ 如何实施预防性维护

其一是实施以防止设备劣化为目标的点检活动。点检是指利用人们的五官感官、简单的仪表、工具或精密检测设备和仪器,按照事前策划好的五定管理和点检实施五要素,对运行的设备实施全过程动态的检查。点检的分类如图 5-7 所示。因此,设备点检是一种及时掌握设备运行状态、指导设备状态检修的一种科学的管理方法,也是设备管理的一个核心。

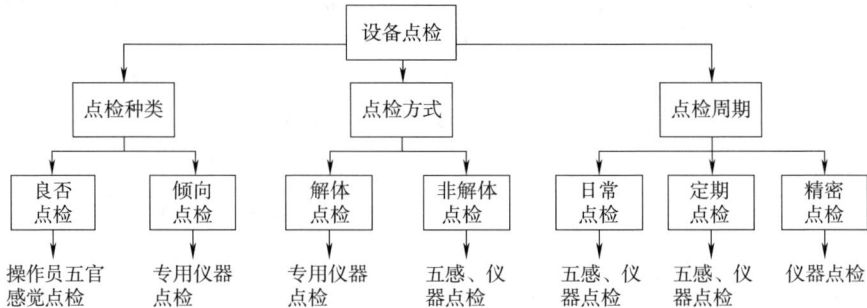

图 5-7　点检分类

五定管理是指点检人员实施点检时,要对点检对象做到定点、定期、定法、定人和定标。

A. 定点:设备上需要点检的具体位置。

B. 定期:对设备的状态控制点而言,是指两次点检作业的间隔时间。点检周期过长,难以保证设备点检的有效性;点检周期过短,则降低了点检工作的效率。设备点检周期,应该由设备状态受控点在生产中的重要程度和该状态受控点发生故障的概率所决定。

C. 定法:点检的实施方法,如:目视、听音、敲打、嗅觉、解体或精密等。

D. 定人:由谁执行某项具体的点检,可以是操作人员、设备维修人员或专门的点检员。

E. 定标:点检标准是衡量或判别点检部位是否正常的依据,也是判别该部位是否劣化的尺度。因此,凡是点检的对象设备都有规定的判定标准,点检人员要掌握和熟悉它,以便采取对策,消除偏高标准的劣化点,恢复正常状态。其内容包括:压力、温度、流量、泄漏、给油脂状况、异音、振动、龟裂(折损)、磨损、松弛等要点。

【案例 5-3】给水泵点检作业指导书

给水泵点检作业指导书,见表 5-12。

表 5-12　给水泵点检作业指导书

序号	检查部件项目	内容	点检周期	运行	停止	目视	手摸	听音	敲打	嗅觉	解体	精密	其他	点检标准	点检员
				状态		点检方法									
设备名称：给水泵					设备编码：										
1	进口滤网	滤网压差	D	√		√								≤1.0 bar	
2	压力、流量	进出口压力	D	√		√						√		正常	
3	辅助设备、管道	现场设备管理	D	√		√								符合 5S 管理标准	
		各辅助设备的连接螺丝	D	√		√								紧固、无松动	
		各附属管道、阀门等	D	√		√	√							各隔离阀、疏水阀、调节阀阀位正常、无泄漏	
4	运行状态	噪声及异响	D	√				√						无异常噪声及异响	
5	油系统	系统泄漏	D	√		√								无漏油	001
		油质	D	√		√								无异物、杂质，颜色正常	
6	泵	机械密封冷却水	D	√		√								冷却水温度正常	
		机械密封	D	√		√								运行中无水滴出	
		润滑油流量	D		√	√								各轴承回油流量正常	
		轴承温度	D	√								√		≤75 ℃	
		轴承振动	D	√								√		振动＜0.07 mm	

点检实施四个要素是指：制定点检标准、编制点检计划、理顺点检路线、实施点检作业及点检绩效管理。

• 点检标准。是针对定标的项目进行具体的细化，比如《给油脂点检标准》应包括以下内容的详细描述：

a. 给油脂部位；

b. 给油脂方式；

c. 油脂品种牌号；

d. 给油脂点数；

e. 给油脂量与周期；

f. 油脂更换量及周期；

g. 给油脂作业的分工。

• 点检计划。点检人员应根据点检标准的要求，按开展点检工作方便、路线最佳并兼顾工作量的原则，编制所辖设备的点检计划。点检人员为了达到路线最佳的目的,在编制周计划时,应把相近的设备列入同一天点检计划;为了使点检工作量均衡化,对每周检查一次的设备,均衡分配在周一至周四,周五可集中安排每月点检一次的设备。一般每一个点检员要有 5～6 条点检路线。

• 点检路线。根据设备的平面布置以及点检项目,事先策划好点检人员的工作线路,防止走回头路和迂回走动,尤其对车间、厂区占地面积比较大的企业,合理的点检路线能节省大量的无效工时。

• 点检绩效。点检工作完成后,企业可以对以下的数据进行统计、分析和汇报来评价点检工作是否有效:

a. 外部、内部审核时存在多少问题点;

b. 每月发生了多少设备运行故障;

c. 每月发生了几起突发故障和紧急抢修;

d. 设备点检结果的记录及处理情况。

其二是实施以测定设备劣化为目标的定期检查或诊断。企业对设备的劣化倾向进行测定和管理,即为了把握对象设备的劣化倾向程度和减损量的变化趋势,必须对其故障参数进行观察,实施定量的劣化量测定,对设备劣化的定量数据进行管理,并对劣化的原因、部位进行分析,以控制对象设备的劣化倾向,从而预知其使用寿命,最经济地进行维修。具体如图 5-8 所示。

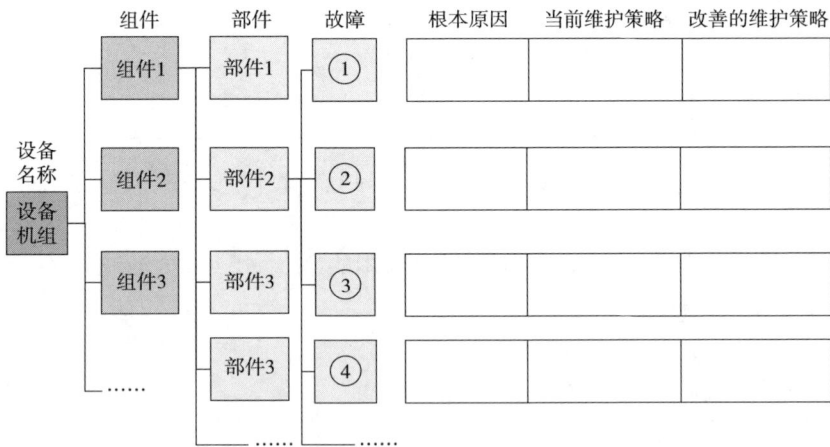

图 5-8 定期检查或诊断策略

其实施步骤分为:

• 确定项目——即选定对象设备;

• 制订计划——倾向检查管理表;

• 实施与记录——根据数据统计、分析;

- 分析与对策——预测更换和修理周期，提出改善方案。

另外就是用精密仪器、仪表对设备进行综合性测试调查，或在不解体的情况下应用诊断技术，即用特殊仪器、工具或特殊方法测定设备的振动、磨损、应力、温升、电流、电压等物理量，通过对测得的数据进行分析比较，定量地确定设备的技术状况和劣化倾向程度，以判断其修理和调整的必要性。

◆ 如何实施检修

我们也可以称之为修理和整备，或定期维修，其目标是将劣化恢复到正常。企业常常会以设备的实际技术状况为基础而制定出一系列检修管理制度。其目的是为了能安全、经济、高效率地进行检修，以防止检修时间的延长而影响生产。

- 编制维修计划：把所有生产作业线分为两大类，即它的停机对全厂生产计划的完成有影响的称为主作业线，没有影响的称为辅助作业线；同时按施工管理模式将检修分为日修、定修、年修、抢修。定（年）修与全厂生产计划关系重大，故定修计划是全厂生产计划的重要内容。

- 对检修工程实行标准化程序管理：要按条件立项，如预定需用的物资或专用工器具是否已经准备妥当，复杂项目的技术方案是否已经确定，检修方是否有能力承担等；为使维修计划尽可能符合实际，通常定修项目的委托时间为施工前 10～20 天，年修为施工前 30～60 天。

国内很多企业沿用所谓的三级保养制度，即：日常保养、定期保养和年度保养。这种完全以时间来划分的保养制度已经不适合设备管理的需求，在预防性维护中，强调的是以结果来划分保养的类型。

◆ 预见性维护如何实施

预见性维护是杜邦公司首先提出来的，在 TPM 中称为状态保养（CBM：condition based maintenance），这是一种以设备的状态为基准进行数据分析，来决定保养时期的方法。这些过程数据大致可以分为以下几类：

- 关注设备的数据

a. MTBF（mean time between failures）。故障平均间隔时间，是两次故障间的平均正常运行时间。在这段时间内，有效时间被多次故障打断，只有有效时间列入计算中，而计算中的故障是指从任何状态恢复到正常生产的次数。

$$MTBF = \frac{有效时间}{有效时间中的故障次数}$$

b. MTTR（mean time to repair）。平均修理时间，修理中断使设备回到正常运行的平均耗时。在一段时间期内（包括设备和流程测试时间，但不包括维修延时），被中断数断开的所有修理时间（不仅仅是所有流逝的人工时间）。

$$MTTR = \frac{总修理时间}{总中断次数}$$

c. 生产时间利用率。在生产时间内设备按预定功能运行的时间百分比,目的在于反映该设备的总体运行表现。

d. 设备的振动、磨损、应力、温升等有关数据。

其中 MTBF 和 MTTR 是核心的数据。

- 关注过程输入的数据

设备的能源消耗(如:电、气、油、水等能源)、物料的损耗,如果设备的能耗和物料消耗超出正常范围或波动起伏比较大,则表示设备的运行状态有异常,很可能需要及时采取维护活动。

- 关注过程输出的数据

产品的合格率、安全事故件数、安全隐患件数、点检数据分析等。

企业应建立以上三大类数据的标准值,在设备日常的运营中,收集、监控和分析重点的几个数据,一旦这些指标超出标准值,设备管理责任人应立即着手相应的维护活动,以防止设备故障的发生。关键设备应该以预知性维护为主,设备管理负责人应对关键设备建立核心的数据分析指标体系,密切注视其波动和变化,及时采取维护措施。

5.3.2　设备综合效率 OEE

一般情况下,每一个生产设备都有自己的理论产能,要实现这一理论产能必须保证没有任何干扰和质量损耗。设备综合效率(OEE:overall equipment effectiveness)就是用来衡量实际的生产能力相对于理论产能的比率,它是一个独立的测量工具。

◆ OEE 的计算

OEE 是由时间稼动率(availability %)、性能稼动率(performance %)和良品率(quality %)三个关键要素组成,如图 5-9 所示。

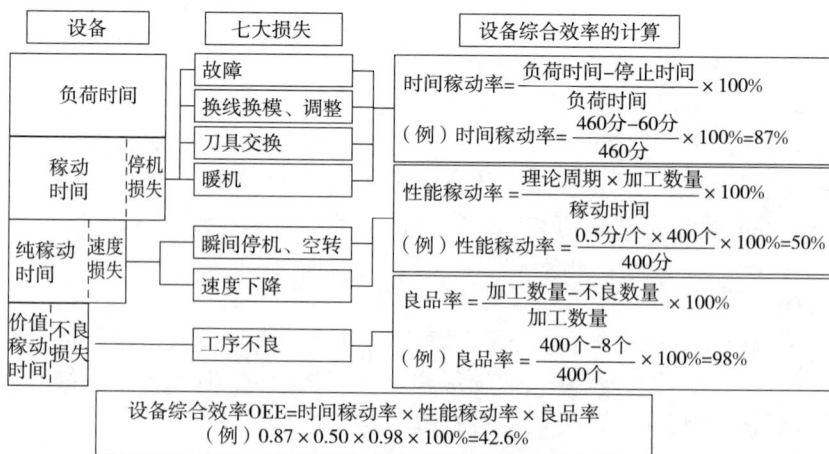

图 5-9　设备综合效率的计算

OEE＝时间稼动率×性能稼动率×良品率，其中：

时间稼动率＝操作时间÷计划工作时间

它是用来评价停工所带来的损失，包括引起计划生产发生停工的任何事件，例如设备故障，原材料短缺以及生产方法的改变等。

性能稼动率＝理想周期时间÷（操作时间÷总产量）＝（总产量÷操作时间）÷生产速率

性能稼动率是用来评价生产速度上的损失，包括任何导致生产不能以最大速度运行的因素，例如设备的磨损，材料的不合格以及操作人员的失误等。理论周期时间就是我们通常所说的节拍。对于设备或单一节拍的线体来说，就按此节拍计算；对于多节拍的线体，按最快段作业线体的节拍计算。

良品率＝良品÷总产量

良品率是用来评价质量的损失，它用来反映没有满足质量要求的产品（包括返工的产品）。

◆ OEE 的本质

我们可以将 OEE 计算公式展开如下：

设备综合效率＝设备时间稼动率×性能稼动率×良品率＝（实际生产时间÷计划运行时间）×（生产数量×理论周期÷实际生产时间）×（合格品数量÷生产数量）×100％＝合格品数量×理论周期÷计划运行时间＝合格品理论时间÷计划运行时间。由此可见 OEE 的本质实际上就是合格品理论加工时间与计划运行时间的百分比。

企业要达到世界级的维护保养水平，则需要达到以下目标要求：设备时间稼动率≥90％；性能稼动率≥95％；良品率≥99％；设备综合效率≥85％。

OEE 能准确地告诉设备管理部门设备效率如何，在生产的哪个环节存在多少损失，以及企业可以进行哪些改进工作。企业持续监控设备的 OEE，可以轻松地找到影响生产效率的瓶颈，并进行改进跟踪，以达到提高生产效率的目的。

5.3.3　备品备件管理

◆ 备品备件的分级

如果我们将关键设备称之为 A 类设备的话，那么我们也可以将备品、备件进行 ABC 分类。

• 备件（总成）的 ABC 分类

A 类备件：设备的核心、主要负载部件，直接影响设备的生产运行，发生故障后果严重、停机损失严重；

B 类备件：设备的较重要部件，发生故障影响设备性能、产品质量、生产效率和安全环保，但不会造成严重停机损失；

C 类备件：设备的辅助部件，发生故障暂不会对设备功能、产品质量、生产效率和安全环保产生即时的影响。

- 备品的 ABC 分类

A 类零件：部件的核心、主要负载零件，直接影响设备的生产运行，发生故障后果严重、停机损失严重；

B 类零件：部件的较重要零件，发生故障影响设备性能、产品质量、生产效率和安全环保，但不会造成严重停机损失；

C 类零件：部件的辅助零件，发生故障暂不会对设备性能、产品质量、生产效率和安全环保产生即时的影响。

◆ 哪些备品备件需要库存

根据上面的分类，由下列组合来决定是否需要建立库存：

- 关键设备的 A 类部件和 A 类零件；
- B 类设备的 A 类备件和 A 类备品；
- 长采购周期的备品、备件。

◆ 需要多少库存

库存量是由设备的生产量、维修方式、设备技术状态、备品备件获得的难易程度、备品备件的使用寿命、备品备件的质量综合决定的。

◆ 如何获得备品备件

有三种获得方式：采购、自制和修复。

采购是获得备品备件最常见的方式，此时，企业应与设备的供应商在购买设备时协商好采购流程、采购条件、价格等细节。此外，有一些进口件的采购周期特别长，价格也比较昂贵，或某些备品备件已停产，此时，企业应考虑自己设计、自己制造（或外包）来获得备品备件，这种情况对企业的维护部门有较高的要求。对于那些投资巨大、连续型生产的成套设备，备品备件很有可能会成为制约生产的一个瓶颈，企业应考虑建立自制备品备件的能力。有些损坏的零部件经过维修后，还可以继续使用，对这种情况，企业的维护部门应对其进行修理和验证，确保该零部件能继续服役。

设备备品备件的管理是一个比较复杂的工作，企业对其的依赖程度也不一样，需要根据不同的维护模式进行灵活的管理。事后维护由于不能准确预测设备故障的时间、部位及所需要的备品备件，故必须储备必要的品种和数量。预防性维护由于是按计划进行的，故所需的备品备件数量、型号和时间比较准确，此类备品备件不能有较长的库存时间。预见性维护不仅能保持设备良好的技术状态，还可以避免预防性维护中维修和更换零件的盲目性，但其投入的成本和技术含量也比较高，对备品备件的管理要求也会比较高。

5.4 实验室及仪器管理

IATF 16949:2016 对实验室及仪器管理的核心要求，见表 5-13。

表 5-13 关于实验室及仪器管理的核心要求

条　款	核心内容	实施措施
7.1.5.3.1 内部实验室	应确定范围……应至少规定并实施： a. 技术程序的充分性 b. 人员的资格 c. 产品试验 d. 标准溯源 e. 顾客要求，如果有 f. 相关记录的评审	实验室管理流程
7.1.5.3.2 外部实验室	……应有确定的范围，并且： • 应通过国家认可……校准证书或测试报告应包括认可标志 • 顾客接受 当没有合资格实验室时，校准可由制造商进行	
7.1.5.2.1 校准/验证记录	……记录应包括： a. 工程变更引发的修订 b. 超出规范的读数 c. 超出规范的风险评估 d. 校准不合格，应保留先前测量结果有效性的形成文件，包括最后一次校准日期和下一次校准到期日 e. 如可疑品已发运，通知顾客 f. 校准/验证后符合规范的声明 g. 软件版本符合规定的验证 h. 量具校准和维护记录 i. 软件的验证	仪器计量流程 计量报告
7.1.5.1.1 测量系统分析	……应分析控制计划中的每种测量系统的变差……方法和接受标准应符合参考手册，如顾客认可，可使用其他分析方法和接收标准	MSA 分析报告

　　检测、试验仪器设备和实验室是产品实物质量的重要保障。仪器管理的第一个重点是计量管理，相对来说企业这方面的工作实施比较规范，本书不再赘述；第二个重点是测量系统分析，AIAG 有出版相应的手册，具体的操作方法本书也不再赘述，需要特别强调的是：不需要对每台仪器或设备进行测量系统（MSA）研究，可以对具有相同特征（如测量范围、分辨率、重复性等）的仪器进行分组，并且可以使用样品仪器进行统计学研究。本书只分析第三个重点：实验室。

5.4.1 实验室的范围

　　生产线上（如终检区、半成品工序）所布置的检验、测量和测试设备不属于实验室的管理范围。实验室设施的管理包括三项内容：试验项目、试验设备和试验标准，具体格式参考案例 5-4。

【案例 5-4】实验室范围

实验室范围，见表 5-14。

表 5-14　实验室范围

序　号	项　　目	设　　备	标　　准
01	盐雾试验	××××-××	GB-×××××
	……	……	……
××	卡尺计量	块规	GB-××××
	……	……	……

其中的试验项目包括产品测试与试验、内部计量两大类。设备包括设备名称或型号。标准可以选择：国际标准、国家标准、行业标准、顾客标准或企业标准。在计量中可能会存在认可实验室，但是该外部实验室非常偏远和/或昂贵，检验或测试设备制造商在附近并且可用，检验和测试设备的制造商有资格校准他们设计和制造的设备（即使该制造商没有获得 ISO/IEC 17025 认证）。这种计量工作需要获得顾客的批准。

5.4.2　实验室的技术程序

不同的工作程序会产生不同的工作结果，如实验室取样和生产部门送样，就会产生截然不同的试验数据。企业应对一些试验的关键程序作出明确、合理的定义，才能确保试验结果的有效性。

5.4.3　校准证书或测试报告

条款"7.1.5.3.2 外部实验室"要求外部实验室提供的报告和证书上必须要有国家相应的认可标志。我国的实验室认可形式，见表 5-15。

表 5-15　CNSA、CMA 和 CAL 的区别

	认可 CNAS	资质认定（计量认证）CMA	审查认可 CAL
目的	提高实验室管理水平和技术能力	提高质检机构管理水平和技术能力	提高质检中心管理水平和技术能力
依据	ISO 17025：2015 GB/T 27025—2008 CNAS CL 01：2008	根据《中华人民共和国计量法》第二十二条制定《实验室和检查机构资质认定管理办法》	《产品质量法实施细则》第十九条，《中华人民共和国标准化法》第十九条制定

续上表

	认可 CNAS	资质认定(计量认证)CMA	审查认可 CAL
性质	自愿(对于国家级实验室是必须的)	强制，未经计量认证的质检机构不得向社会出具公证数据	强制，代表政府行使产品质量监督、行业抽查、评比
对象	第一、二、三方检测、校准实验室	第三方质检机构(检测实验室)	第三方国家、部委、省质检中心
类型	仅有国家认可	国家和省两级认可	国家、部委或省两级认可
实施	CNAS	省级质量技术监督部门 国家认证认可监督管理委员会	省级部级质量技术监督部门 国家认证认可监督管理委员会

企业在使用外部实验室之前必须确认其是否具备以上资质，以及相应的测试报告和计量报告上是否有相应的认可标志，简单地说计量报告至少要有 CNAS、CMA 和 CAL 的认可标志，测试报告至少需要有 CNAS 和 CAL 的认可标志。如果企业的产品要出口海外，请查询相关国家的法律法规要求。

5.5　应急计划

IATF 16949:2016 对应急计划的核心要求，见表 5-16。

表 5-16　关于应急计划的核心要求

条　款	核心内容	实施措施
6.1.2.3　应急计划	……应： a. 识别和评价设施设备的内外部风险 b. 制定应急计划 c. 保证供应的连续性：关键设备故障、外部提供的产品、过程和服务中断、常见自然灾害、火灾、公共事业中断、对信息系统的网络攻击、劳动力短缺、基础设施破坏 d. 通知顾客和其他相关方，告知其程度和持续时间 e. 定期测试其有效性(包括模拟) f. 采用多方论证方法对其评审、更新 g. 形成文件，并保留描述修订以及更改授权人员形成文件的信息 ……应确认产品持续符合顾客规范	通知书 测试计划及报告 应急计划评审报告

企业管理从本质上说，就是管理各种风险和机会，换句话说，风险和机会是每时每刻都存在的，管理得当就是机会，管理不当就是风险。应急一般是指针对突发具有破坏力事件采取预防、响应和恢复的活动与计划。应急工作的主要目标是：对突发事故灾害做出预警；控制事故灾害发生与扩大；开展有效救援，减少损失和迅速恢复正常状

态。应急计划又称应急预案，一般是针对可能的重大事故或灾害，为保证迅速、有序、有效地开展应急与救援行动、降低事故损失而预先制定的有关计划或方案。

虽然应急计划涵盖的范围很广，但从 IATF 16949：2016 质量管理体系条款"6.1.2.3 应急计划"的要求可以看出，企业在策划、建立和实施质量管理体系时，仅针对那些可能会影响顾客订单交付的突发事件，才需要预先制定有关计划或方案，以确保订单能按顾客要求的数量和日期交付。

应急计划管理工作是一个长期而持续的过程，其工作的阶段如图 5-10 所示。

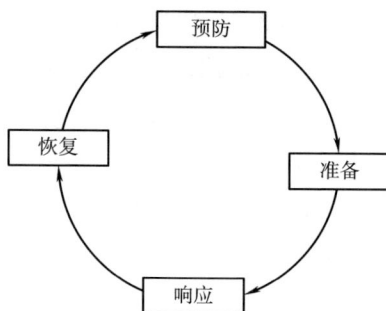

图 5-10 应急计划的阶段

应急计划每个阶段的工作内容与措施，见表 5-17。

表 5-17 应急计划的阶段及工作内容

阶　　段		内容与措施
预防	无论事故是否发生，企业运营都处于风险之中	产能规划 EHS 管理规划 应急培训 监测预警 制定标准
准备	事故发生之前采取的行动，目的是提高应急能力	应急计划（预案） 应急组织系统 应急资源
响应	事故即将发生或发生期间采取的挽救产能，稳定和控制事态的一系列行动	启动应急计划 报告有关顾客
恢复	使生产恢复到正常状态，包括短期恢复和长期恢复	损失评估 事后检讨 更新应急计划

应急计划的工作重点应放在预防和准备上，即使事前做了周密的策划，找来了专业的人员，如果事发前未能预先提防或者事后应对不及时，之前的努力很可能立即被瓦解，就如同一个登山老手，即使身经百战，只要有一次失误，很可能会丧失生命。所

以针对日常的运营，企业应制定各种运营标准，严格依据标准作业；一旦有事故的苗头发生，管理者应迅速准确地将该信息传递给关联的部门或人员，迅速调配应急资源，迅速协调；再就是要求管理人员对事故的发展态势有准确的判断，准确地采取事先策划好的行动方案；最后，通过应急行动方案能将事故带来的影响消除，确保生产能恢复到正常状态。

5.5.1 哪些事件需要制订应急计划

IATF 16949：2016 仅提到针对"关键设备故障、外部提供的产品、过程和服务中断、常见自然灾害、火灾、公共事业中断、对信息系统的网络攻击、劳动力短缺、基础设施破坏"事故需要制定应急计划。但在实际的工作中，很多事故需要提前制定应急计划来响应，尤其是顾客对应急计划的要求比"6.1.2.3 应急计划"列举的要多，如图 5-11 所示。

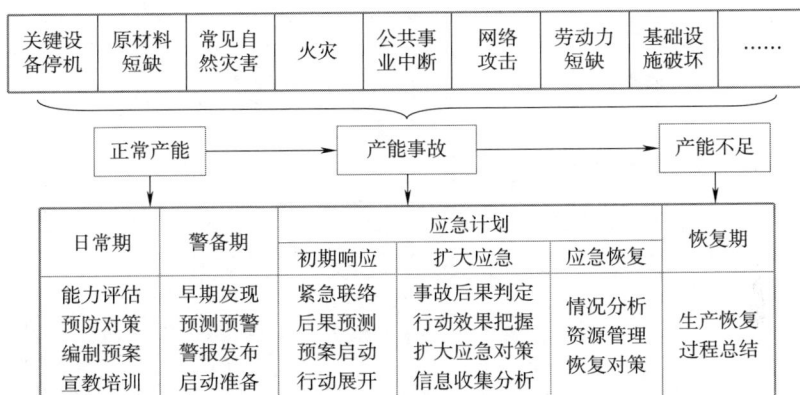

图 5-11　应急计划流程

在应急管理中，风险总是以各种不同的形式出现，以下列举的各项风险很可能对顾客的订单交付产生负面的影响。

- 基础设施类：如，公用事业（水电气等）中断、软件系统故障、运输中断；
- 制造设备类：如，关键设备/机器故障、工装故障、关键仪器故障；
- 人力资源类：如，劳动力短缺、关键人员的流失等；
- 物料供应类：如，关键原料的获取、物料供应中断、主要物料整批不良、成品被顾客整批退货；
- 自然灾害：如，暴雨、台风、暴雪、冰雹等。

5.5.2 预防阶段

应急计划说的是如何进行预防和响应，但是风险是一种不确定的状况，可能造成负面的后果，其影响的范围包括订单的进度、产品的质量和成本等。所以，企业要管控订单在执行过程中可能出现的风险，首要的任务就是预先做好完善的计划，将所有设想得到的风险先行纳入。预防阶段的首要工作就是建立企业的风险清单，将可能影响到顾客订单交付的事件全部识别出来，然后针对这些事件进行风险评估。为了便于量化评估，我们给出风险评估的具体方法，见表 5-18。

表 5-18　风险评估

风险严重性 A	等 级	等 值	描述（以下的数据企业可以自行设置）			
指风险对订单交付造成的危害程度	很大	5	例如进度延误大于 30％			
	比较大	4	例如进度延误 20％～30％			
	中等	3	例如进度延误低于 20％			
	小	2	例如进度延误低于 10％			
	很小	1	例如进度延误低于 5％			
风险可能性 B	等级	等值	描述（以下的概率企业可以自行设置）			
指风险发生的概率	很高	5	风险发生的概率为 1.0～0.8			
	比较高	4	风险发生的概率为 0.8～0.6			
	中等	3	风险发生的概率为 0.6～0.4			
	低	2	风险发生的概率为 0.4～0.2			
	很低	1	风险发生的概率为 0.2～0.0			
风险系数 C＝A×B		风险可能性 A				
		很高 5	比较高 4	中等 3	低 2	很低 1
风险可能性 B	很大 5	25	20	15	10	5
	比较大 4	20	16	12	8	4
	中等 3	15	12	9	6	3
	小 2	10	8	6	4	2
	很小 1	5	4	3	2	1
风险系数值为 10～25，应当优先处理						

根据评估的结果，企业应该对风险系数值为 10～25 的事故确定为关键风险，制定不同的优先措施：对于风险系数为 25 的事故，最重要的预防措施就是在规划产能时，将产能的安全系数提高一些；风险系数在 20～16 的事故，应制定应对措施（如 EHS 应急预案），并定期培训演练；风险系数在 15～10 的事故，应制定标准，进行监测预警。应急计划的核心内容可以包括：明确可能的事故及后果；应急各方的职责；应急资源（人员、设备、设施、物资、经费保障）；应急措施；应急行动的指挥与协调；现场恢复；应急训练和演习等。

5.5.3　准备阶段

所谓的准备就是事故发生之前采取的行动，准备好各种应对方案，目的是提高应急能力。除了在预防阶段制定的应急计划外，最重要的就是有人来负责应急计划的实施，因此企业就需要建立相应的应急组织系统，根据应急计划配置相应的应急资源。

以下的案例是对测试活动如何进行风险识别、评估和预防措施的准备。

【案例5-5】测试活动业务连续性分析

测试活动业务连续性分析，见表5-19。

表 5-19　测试活动业务连续性分析

运营活动	最低资源需求	资源的漏洞	风险事件	后果	严重性	可能性	风险系数	预防措施
测试	人员	人力资源的备份不足	员工短缺	人力不足、生产能力下降	5	3	15	1. 提高薪酬福利 2. 培养多能工，进行关键岗位储备
			重大传染病		5	1	5	1. 建立传染病预警机制 2. 定期进行厂区卫生消毒 3. 卫生习惯和良好生活方式的知识宣讲
			人员罢工		5	1	5	1. 建立员工访谈机制，及时化解员工问题和矛盾 2. 定期开展员工心理咨询和工作问题分析解答交流
			大规模人员离职		5	1	5	1. 建立员工意见信箱，及时掌握员工心态 2. 企业内部矛盾及时化解并积极解决
			集体性食物中毒		5	1	5	1. 建立食物采购卫生标准制度及验收责任制，确保食物安全、卫生 2. 食物作业现场保持干净、卫生 3. 食物作业现场定期消毒处理
			竞争对手挖角		3	4	12	1. 培养员工企业归属感意识 2. 建立良好的员工激励和晋升机制 3. 良好、健康的企业文化
	......							

5.5.4 响应阶段

响应是指事故即将发生或发生期间采取的挽救产能,稳定和控制事态的一系列行动,比如:将订单转到其他生产现场。企业应根据业务连续性分析的结果,将其中的高风险事项建立如表 5-20 所示的风险应对措施清单。

表 5-20 风险应对措施清单

风险类别	风险系数	处理方法			转移对象				成　本
		避免	自留	转移	外发加工	物流公司	备库存	……	
关键设备故障									
1									
2									
供应中断									
1									
2									
自然灾害									
1									
2									
火灾									
1									
2									
公共事业中断									
1									
2									
网络攻击									
1									
2									
劳动力短缺									
1									
2									
基础设施损坏									
1									
2									

其中的自留是指企业自己根据相应的业务流程来承担;避免是指不去做某事而避开风险;转移是指在契约关系方之间进行。处理方式遵循:避免、自留、转移的顺序进行。成熟的企业优先考虑前端处理方式,风险的处理越靠前,企业就越主动,处理成本就越好控制。任何风险的应对措施都需要达成以下目标:

- 确保企业的运营效率；
- 确保有效的内部控制；
- 确保企业合法合规经营。

5.5.5　恢复阶段

恢复是指使生产恢复到正常状态，包括短期恢复和长期恢复。短期恢复就是采取一些临时性的措施，尽可能在规定的时间将订单交付完成，然后再来评估损失和分析根本原因，针对根本原因采取的措施就是长期恢复。如果措施的成效显著，则可以组织人员对应急计划进行更新的评审，内容包括：应急计划的完整性、准确性、实用性、符合性等。风险事件最终可能发生也可能不发生。人们对待风险有两种态度：一种是被动态度，可比作救火模式；另一种是主动态度，可比作防火模式。应急计划或应急管理属于防火模式，目的就是防止风险产生真正的危害。

5.6　保障模块小结：团队赋能、供应及时、设备稳定、未雨绸缪

企业的管理体系建立好之后，在实施的时候遇到的第一个问题就是该为这些过程配置什么样的资源？对于具体的过程来说，资源的需求不外乎这几个因素：首要的因素就是要找到对的人，并对这个对的人进行能力开发，确保他能更有效地完成工作，经验告诉我们找对人成功一半，找错人一定失败；第二个因素就是基础设施，俗话说，工欲善其事必先利其器；第三个因素就是要为人和基础设施创造一个合适的空间；最后，为过程的实施提供后勤保障。

根据体系四要素模型，企业可以参考图 5-12 创建一个有效的保障体系。保障体系要实现几个基本目标：人工成本、采购成本、投资成本、运维成本、应急损失的占比目标

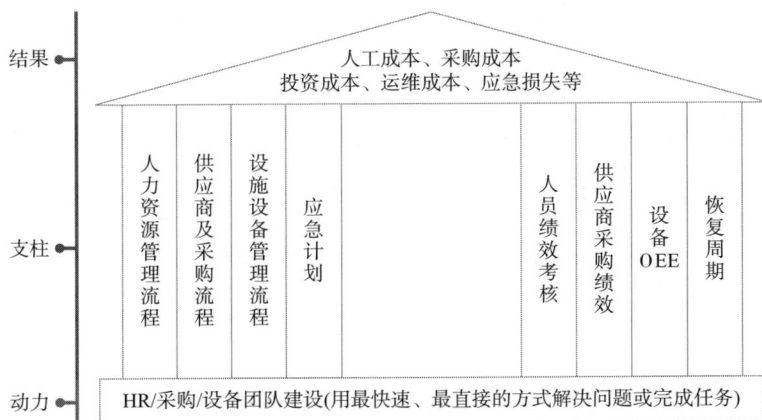

图 5-12　保障体系的要素构成

（以销售额为基准）。为此企业应建立人力资源管理流程、供应商及采购流程、设施设备管理流程和应急计划，确保人员/设备能力和物资供应的保障；对突发事件建立预警机制和响应方案；通过人员绩效考核、采购绩效、设备 OEE 和灾害恢复周期评价上述的流程运营是否符合预期结果；最后是 HR、采购、设备团队建设，确保他们能用最快速、最直接的方式解决各类问题或完成指派的任务。